JINGJI SHUXUE JICHU

经济数学基础

（2）

主　编　闫杰生

副主编　庞进丽　张　彬　鲁丽萍

陈元安　陈　飞

河南大学出版社

·郑州·

图书在版编目(CIP)数据

经济数学基础(2)/闫杰生主编. —郑州:河南大学出版社,2014.2(2018.2 重印)
ISBN 978-7-5649-0641-2

Ⅰ.①经… Ⅱ.①闫… Ⅲ.①经济数学-高等学校-教材 Ⅳ.①F224.0

中国版本图书馆 CIP 数据核字(2014)第 026140 号

责任编辑 李亚涛
责任校对 付会娟
封面设计 王四朋

出版发行 河南大学出版社
地址:郑州市郑东新区商务外环中华大厦 2401 号　　邮编:450046
电话:0371-86059712(高等教育出版分社)
0371-86059713(营销部)　　网址:www.hupress.com

排　版 郑州市今日文教印制有限公司
印　刷 郑州市运通印刷有限公司
版　次 2014 年 2 月第 1 版　　**印　次** 2018 年 2 月第 2 次印刷
开　本 787mm×1092mm 1/16　　**印　张** 15
字　数 328 千字　　**定　价** 26.00 元

(本书如有印装质量问题,请与河南大学出版社营销部联系调换)

前　　言

自经济学作为一门学科出现，数学就在研究和说明经济思想中扮演着重要的角色.

数学具有精确严密的特点，并能清晰地解决复杂的问题，这使得数学方法在分析经济问题时具有很高的价值.不仅许多经济学概念可以用数学去度量(如价格、商品数量以及货币等)，而且数学还可以帮助我们研究这些数量之间的关系.经济模型把数学和经济学有机地结合在了一起.

本书是为适应高职高专数学教学发展，按“教、学、用”一体化的思路，征求经济学各专业教师的意见，经过深入调研，为高职高专经济和管理类专业学生编写而成的.在编写过程中，努力做到知识体系完整、框架结构合理、内容编选丰富、教与学相结合、学与用相呼应，并努力实现理论扎实严谨、行文深入浅出、用例通俗实用，以此来满足高职高专学生学习的需求.

本书全面系统地介绍了相关的数学基础，并且在不失数学本身的严密性和精确性的前提下，打破了经济学和数学分别教学的常规，将经济学与数学有机结合在一起，不但清晰地表达了相关的数学主题，而且比较完美地将这些主题与经济问题相结合.教会学生利用数学知识解决相关的经济问题是本书的主题之一.

本书具有以下突出特点：

(1)经济知识与数学内容衔接合理，且相互融合，体现了数学教学的适用性；数学语言与经济语言简练适度，概念清晰，方法简明；重视经济应用，其他应用相对淡化.

(2)内容内涵丰富，体现以数学思想为核心；以经济应用为主线，体现数学教学的应用性；知识案例一体化，“教、学、用”合而为一，体现工学结合思想；适度安排数学实验教学，体现了数学教学的工具性.

(3)重视基本计算，难题计算相对淡化；例题习题难易程度层次分明，便于学生学习和教师讲授；各章有小结、知识脉络、常见题型，自成体系，便于梳理和掌握；每章后配有复习题，在书末附有答案，便于学生进行巩固练习.

本书主要内容包括行列式、矩阵、线性方程组、概率论基础、数理统计基础、MATLAB基础与入门等，共六章.

本书由闫杰生总策划、组织实施.本册编者的具体分工如下：闫杰生、鲁丽萍，第一章；鲁丽萍，第二章；张彬，第三章；庞进丽，第四章；鲁丽萍、陈飞，第五章；陈元安，第六章、附录. 在编写的过程中，得到商丘职业技术学院领导、经贸系经济学专业教师和河南大学出版社的支持与帮助，并提出许多宝贵意见，同时我们参阅了同行许多新的科研成果，在此一并表示感谢.

疏漏与不足之处，望不吝赐教.

闫杰生

2014 年 2 月

目　　录

第一章　行列式

学习目标

1. 了解 n 阶行列式的定义，了解解方程组的克莱姆法则.
2. 理解行列式的性质，会利用行列式的性质计算行列式.
3. 掌握二阶、三阶行列式的计算方法.

在经济活动和科学技术中，许多问题都可直接或近似地表示成一些变量间的线性关系，线性代数是研究变量之间线性关系的数学方法，而行列式是线性代数的一个基本概念，它是讨论线性方程组(即多元一次方程组)理论的有力工具. 本章将在二阶、三阶行列式定义的基础上，进一步学习 n 阶行列式的定义、性质以及克莱姆法则和它们的应用.

1.1　行列式的定义

1.1.1　二阶行列式

例 1　某企业生产甲、乙两类产品，已知生产 1 个单位的甲产品需要投入成本 3 万元，可得利润 2000 元；生产 1 个单位的乙产品需投入 2 万元，可得利润 1000 元. 若计划可投入 130 万元，要求利润达到 80000 元，试确定甲、乙两产品的产量.

解　设甲、乙产品的产量为 x_1, x_2，则有二元线性方程组

$$\begin{cases} 3x_1 + 2x_2 = 130; \\ 2000x_1 + 1000x_2 = 8000. \end{cases}$$

第二式可简化为

$$2x_1+x_2=80;$$

用消元法解之,得

$$x_1=30,x_2=20.$$

上述问题用一般数学式表示为

$$\begin{cases}a_{11}x_1+a_{12}x_2=b_1;\\a_{21}x_1+a_{22}x_2=b_2.\end{cases}\tag{1.1.1}$$

用加减消元法来求解:将方程组中第一个方程的两边同乘以 a_{22},第二个方程的两边同乘以 a_{12},然后相减,消去 x_2 可得到 x_1;用类似方法消去 x_1 可得 x_2,即

$$\begin{cases}(a_{11}a_{22}-a_{12}a_{21})x_1=b_1a_{22}-a_{12}b_2;\\(a_{11}a_{22}-a_{12}a_{21})x_2=a_{11}b_2-b_1a_{21}.\end{cases}$$

若 $a_{11}a_{22}-a_{12}a_{21}\neq0$,那么方程组(1.1.1)的解为

$$\begin{cases}x_1=\dfrac{b_1a_{22}-a_{12}b_2}{a_{11}a_{22}-a_{12}a_{21}};\\[2ex]x_2=\dfrac{a_{11}b_2-b_1a_{21}}{a_{11}a_{22}-a_{12}a_{21}}.\end{cases}\tag{1.1.2}$$

为了便于表示讨论上述结果,规定记号 $\begin{vmatrix}a&b\\c&d\end{vmatrix}=ad-bc$,并称为**二阶行列式**.根据二阶行列式的概念,方程组(1.1.1)中的未知量 x_1,x_2 的系数可以用二阶行列式表示为

$$D=\begin{vmatrix}a_{11}&a_{12}\\a_{21}&a_{22}\end{vmatrix}=a_{11}a_{22}-a_{12}a_{21}.$$

其中 $a_{11},a_{12},a_{21},a_{22}$ 称为这个二阶行列式的**元素**,横排称为**行**,竖排称为**列**,从左上角到右下角的对角线称为行列式的**主对角线**,从右上角到左下角的对角线称为行列式的**次对角线**,即二阶行列式由两行两列共 4 个元素构成的,其右端为二阶行列式的展开式,我们常把 D 叫做线性方程组(1.1.1)的**系数行列式**. 利用二阶行列式的概念,(1.1.2)式中的分子可以分别记为

$$D_1=\begin{vmatrix}b_1&a_{12}\\b_2&a_{22}\end{vmatrix},\qquad D_2=\begin{vmatrix}a_{11}&b_1\\a_{21}&b_2\end{vmatrix}.$$

因此,当系数行列式 $D\neq0$ 时,二元一次方程组(1.1.1)的解就可以简单地表示为

$$x_1=\frac{D_1}{D},\quad x_2=\frac{D_2}{D}.\tag{1.1.3}$$

例 2 计算下列各行列式:

(1) $\begin{vmatrix}2&-3\\4&-6\end{vmatrix}$; (2) $\begin{vmatrix}a+1&1\\1&a-1\end{vmatrix}$.

解 (1) $\begin{vmatrix}2&-3\\4&-6\end{vmatrix}=2\times(-6)-(-3)\times4=0$;

(2) $\begin{vmatrix}a+1&1\\1&a-1\end{vmatrix}=(a+1)\times(a-1)-1\times1=a^2.$

例 3 用二阶行列式解二元一次方程组$\begin{cases}5x_1+2x_2=2;\\5x_1+4x_2=3.\end{cases}$

解 因为系数行列式

$$D=\begin{vmatrix}5&2\\5&4\end{vmatrix}=10\neq0,$$

所以方程组有解,且

$$D_1=\begin{vmatrix}2&2\\3&4\end{vmatrix}=2,\quad D_2=\begin{vmatrix}5&2\\5&3\end{vmatrix}=5.$$

由公式(1.1.3)知,方程组的解为

$$x_1=\frac{D_1}{D}=\frac{1}{5},\quad x_2=\frac{D_2}{D}=\frac{1}{2}.$$

1.1.2 三阶行列式

类似地,对于三元一次方程组

$$\begin{cases}a_{11}x_1+a_{12}x_2+a_{13}x_3=b_1;\\a_{21}x_1+a_{22}x_2+a_{23}x_3=b_2;\\a_{31}x_1+a_{32}x_2+a_{33}x_3=b_3.\end{cases}\tag{1.1.4}$$

用消元法解得 x_1 的表达式为

$$\begin{aligned}&(a_{11}a_{22}a_{33}+a_{12}a_{23}a_{31}+a_{13}a_{21}a_{32}-a_{11}a_{23}a_{32}-a_{12}a_{21}a_{33}-a_{13}a_{22}a_{31})x_1\\&=b_1a_{22}a_{33}+a_{12}a_{23}b_3+a_{13}b_2a_{32}-b_1a_{23}a_{32}-a_{13}a_{22}b_3-a_{12}b_2a_{33}.\end{aligned}$$

为了便于表示三元一次方程组(1.1.4)的解,引进记号

$$\begin{aligned}\begin{vmatrix}a_{11}&a_{12}&a_{13}\\a_{21}&a_{22}&a_{23}\\a_{31}&a_{32}&a_{33}\end{vmatrix}&=(-1)^{1+1}a_{11}\begin{vmatrix}a_{22}&a_{23}\\a_{32}&a_{33}\end{vmatrix}+(-1)^{1+2}a_{12}\begin{vmatrix}a_{21}&a_{23}\\a_{31}&a_{33}\end{vmatrix}+(-1)^{1+3}a_{13}\begin{vmatrix}a_{21}&a_{22}\\a_{31}&a_{32}\end{vmatrix}\\&=a_{11}(a_{22}a_{33}-a_{23}a_{32})-a_{12}(a_{21}a_{33}-a_{23}a_{31})+a_{13}(a_{21}a_{32}-a_{22}a_{31})\\&=a_{11}a_{22}a_{33}-a_{11}a_{23}a_{32}-a_{12}a_{21}a_{33}+a_{12}a_{23}a_{31}+a_{13}a_{21}a_{32}-a_{13}a_{22}a_{31},\end{aligned}$$

称其为**三阶行列式**,用 D 表示,即

$$D=\begin{vmatrix}a_{11}&a_{12}&a_{13}\\a_{21}&a_{22}&a_{23}\\a_{31}&a_{32}&a_{33}\end{vmatrix}.$$

其中$\begin{vmatrix}a_{22}&a_{23}\\a_{32}&a_{33}\end{vmatrix}$是原三阶行列式 D 中划去元素 a_{11} 所在的第 1 行、第 1 列后剩下的元素,按原来的顺序组成的二阶行列式,称它为元素 a_{11} 的**余子式**,记作 M_{11},即 $M_{11}=\begin{vmatrix}a_{22}&a_{23}\\a_{32}&a_{33}\end{vmatrix}$. 类似地,记 $M_{12}=\begin{vmatrix}a_{21}&a_{23}\\a_{31}&a_{33}\end{vmatrix}$, $M_{13}=\begin{vmatrix}a_{21}&a_{22}\\a_{31}&a_{32}\end{vmatrix}$,并且令 $A_{ij}=(-1)^{i+j}$

$M_{ij}(i,j=1,2,3)$，称为元素 a_{ij} 的**代数余子式**. 因此，三阶行列式也可以表示为

$$D=\begin{vmatrix} a_{11} & a_{12} & a_{13} \\ a_{21} & a_{22} & a_{23} \\ a_{31} & a_{32} & a_{33} \end{vmatrix}=a_{11}A_{11}+a_{12}A_{12}+a_{13}A_{13}=\sum_{j=1}^{3}a_{1j}A_{1j}.$$

即三阶行列式是按它的第 1 行展开，它的值等于第 1 行的每个元素与它各自的代数余子式乘积之和，这样就可以转化为二阶行列式进行计算. 三阶行列式是由 3 行 3 列共 9 个元素构成的，它的展开式中有 6 个乘积项，每个乘积项由来自不同行、不同列 3 个元素相乘得到，且带正号和负号的项各一半，可用下图表示.

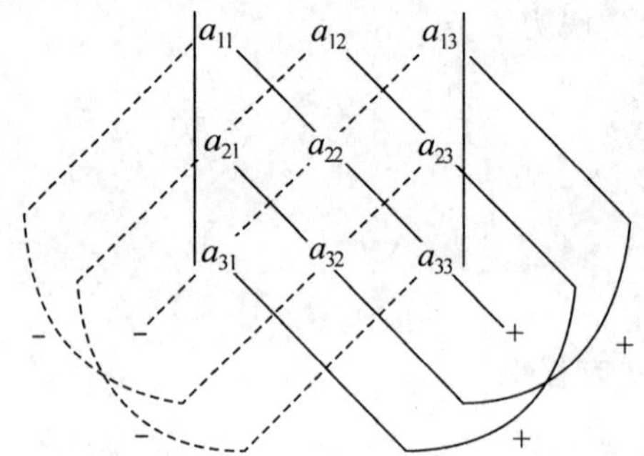

利用三阶行列式的概念，当方程组(1.1.4)的系数行列式 $D\neq 0$ 时，它的解也可以简洁地表示为

$$x_1=\frac{D_1}{D},\ x_2=\frac{D_2}{D},\ x_3=\frac{D_3}{D}. \tag{1.1.5}$$

其中，D_1,D_2,D_3 是将方程组(1.1.4)中的系数行列式 D 中的第 1,2,3 列分别换成常数列得到的三阶行列式，即

$$D_1=\begin{vmatrix} b_1 & a_{12} & a_{13} \\ b_2 & a_{22} & a_{23} \\ b_3 & a_{32} & a_{33} \end{vmatrix},\quad D_2=\begin{vmatrix} a_{11} & b_1 & a_{13} \\ a_{21} & b_2 & a_{23} \\ a_{31} & b_3 & a_{33} \end{vmatrix},\quad D_3=\begin{vmatrix} a_{11} & a_{12} & b_1 \\ a_{21} & a_{22} & b_2 \\ a_{31} & a_{32} & b_3 \end{vmatrix}.$$

例 4 在 $D=\begin{vmatrix} 2 & 0 & 3 \\ -1 & 2 & 1 \\ 1 & 1 & -1 \end{vmatrix}$ 中，分别写出元素 $a_{12}=0$ 和 $a_{23}=1$ 的余子式和代数余子式，并求 D 的值.

解 元素 $a_{12}=0$ 的余子式为 $M_{12}=\begin{vmatrix} -1 & 1 \\ 1 & -1 \end{vmatrix}$，

代数余子式为 $A_{12}=(-1)^{1+2}M_{12}=(-1)^{1+2}\begin{vmatrix} -1 & 1 \\ 1 & -1 \end{vmatrix}$；

元素 $a_{23}=1$ 的余子式为 $M_{23}=\begin{vmatrix} 2 & 0 \\ 1 & 1 \end{vmatrix}$，

代数余子式为 $A_{23}=(-1)^{2+3}M_{23}=(-1)^{2+3}\begin{vmatrix} 2 & 0 \\ 1 & 1 \end{vmatrix}$.

$$D=\begin{vmatrix}2&0&3\\-1&2&1\\1&1&-1\end{vmatrix}$$

$$=(-1)^{1+1}\times2\times\begin{vmatrix}2&1\\1&-1\end{vmatrix}+(-1)^{1+2}\times0\times\begin{vmatrix}-1&1\\1&-1\end{vmatrix}+(-1)^{1+3}\times3\times\begin{vmatrix}-1&2\\1&1\end{vmatrix}$$

$$=2\times(-3)+3\times(-3)=-15.$$

例 5 计算行列式 $D=\begin{vmatrix}-1&0&-1\\3&2&-4\\-2&4&3\end{vmatrix}$.

解 $D=(-1)^{1+1}\times(-1)\times\begin{vmatrix}2&-4\\4&3\end{vmatrix}+(-1)^{1+2}\times0\times\begin{vmatrix}3&-4\\-2&3\end{vmatrix}+(-1)^{1+3}\times(-1)\times\begin{vmatrix}3&2\\-2&4\end{vmatrix}$

$=(-1)\times(6+16)+(-1)\times(12+4)$

$=-38.$

例 6 某工厂有 3 个车间，各车间互相提供产品(或劳务)，现知 2010 年各车间出厂产量及对其他车间的消耗如表 1－1 所示.

表 1－1

消耗系数＼车间	1	2	3	出厂产量（万元）	总产量（万元）
1	0.1	0.3	0.4	95	x_1
2	0.2	0	0.1	100	x_2
3	0.3	0.2	0.1	0	x_3

表中第 1 列消耗系数 0.1，0.2，0.3 表示第一车间生产 1 万元的产品需分别消耗第一、二、三车间 0.1 万元，0.2 万元，0.3 万元的产品，第 2、3 列类同，求全年各车间的总产量.

解 依题意，可构造方程组如下：

$$\begin{cases}0.1x_1+0.3x_2+0.4x_3=x_1-95;\\0.2x_1\qquad\quad+0.1x_3=x_2-100;\\0.3x_1+0.2x_2+0.1x_3=x_3.\end{cases}$$

整理得

$$\begin{cases}0.9x_1-0.3x_2-0.4x_3=95;\\-0.2x_1+x_2-0.1x_3=100;\\0.3x_1+0.2x_2-0.9x_3=0.\end{cases}$$

系数行列式为

$$D=\begin{vmatrix}0.9 & -0.3 & -0.4\\ -0.2 & 1 & -0.1\\ 0.3 & 0.2 & -0.9\end{vmatrix}=-0.593\neq 0,$$

$$D_1=\begin{vmatrix}95 & -0.3 & -0.4\\ 100 & 1 & -0.1\\ 0 & 0.2 & -0.9\end{vmatrix}=-118.6,\quad D_2=\begin{vmatrix}0.9 & 95 & -0.4\\ -0.2 & 100 & -0.1\\ 0.3 & 0 & -0.9\end{vmatrix}=-88.95,$$

$$D_3=\begin{vmatrix}0.9 & -0.3 & 95\\ -0.2 & 1 & 100\\ 0.3 & 0.2 & 0\end{vmatrix}=-59.3.$$

所以方程组的解为

$$x_1=\frac{D_1}{D}=200,x_2=\frac{D_2}{D}=150,x_3=\frac{D_3}{D}=100.$$

1.1.3 行列式的性质

从三阶行列式定义可以看出，用定义计算三阶行列式的值是比较麻烦的，为了简化三阶行列式的计算，下面介绍二阶、三阶行列式的几个性质(以下简称行列式的性质).

如果把三阶行列式

$$D=\begin{vmatrix}a_{11} & a_{12} & a_{13}\\ a_{21} & a_{22} & a_{23}\\ a_{31} & a_{32} & a_{33}\end{vmatrix}$$

中的行与列按原来的顺序互换，则得到新的行列式

$$D^T=\begin{vmatrix}a_{11} & a_{21} & a_{31}\\ a_{12} & a_{22} & a_{32}\\ a_{13} & a_{23} & a_{33}\end{vmatrix}.$$

我们称行列式 D^T 为 D 的**转置行列式**. 显然 D 也是 D^T 的转置行列式.

性质 1.1 行列式 D 与它的转置行列式 D^T 的值相等，即 $D=D^T$.

例如，行列式 $D=\begin{vmatrix}2 & -1 & 4\\ 1 & 3 & 1\\ 0 & 2 & 1\end{vmatrix}=11$，其转置行列式 $D^T=\begin{vmatrix}2 & 1 & 0\\ -1 & 3 & 2\\ 4 & 1 & 1\end{vmatrix}=11$.

性质 1.1 表明，在行列式中行和列的地位是对称的，因此凡是对行成立的性质，对列也同样成立.

性质 1.2 行列式 D 的值等于它的任意一行(或列)中每个元素与它们各自的代数余子式乘积之和，即行列式可以按任意一行或列展开.

例如，三阶行列式

$$D=\sum_{k=1}^{3}a_{ik}A_{ik} \text{ 或 } D=\sum_{k=1}^{3}a_{kj}A_{kj}\text{，其中 } i,j=1,2,3. \tag{1.1.6}$$

例 7 设三阶行列式 $D=\begin{vmatrix}1 & 3 & 2\\ -2 & 3 & -1\\ 2 & 4 & 2\end{vmatrix}$.

(1)按第 3 行展开，并求其值；

(2)按第 2 列展开，并求其值.

解 (1)因为

$$A_{31}=(-1)^{3+1}M_{31}=-\begin{vmatrix}3 & 2\\ 3 & -1\end{vmatrix}=-9,$$

$$A_{32}=(-1)^{3+2}M_{32}=-\begin{vmatrix}1 & 2\\ -2 & -1\end{vmatrix}=-3,$$

$$A_{33}=(-1)^{3+3}M_{33}=-\begin{vmatrix}1 & 3\\ -2 & 3\end{vmatrix}=9,$$

所以

$$D=a_{31}A_{31}+a_{32}A_{32}+a_{33}A_{33}=2\times(-9)+4\times(-3)+2\times 9=-12.$$

(2)因为

$$A_{12}=(-1)^{1+2}M_{12}=-\begin{vmatrix}-2 & -1\\ 2 & 2\end{vmatrix}=2,$$

$$A_{22}=(-1)^{2+2}M_{22}=\begin{vmatrix}1 & 2\\ 2 & 2\end{vmatrix}=-2,$$

$$A_{32}=(-1)^{3+2}M_{32}=\begin{vmatrix}1 & 2\\ -2 & -1\end{vmatrix}=-3,$$

所以

$$D=a_{12}A_{12}+a_{22}A_{22}+a_{32}A_{32}=3\times 2+3\times(-2)+4\times(-3)=-12.$$

由性质 1.2 可以看出利用定义计算行列式时，当行列式的某一行(或列)元素中零元素较多时，可按该行(或列)展开. 例如：

$$D=\begin{vmatrix}2 & 0 & 4\\ 3 & -7 & 5\\ 1 & 0 & 0\end{vmatrix}=1\times(-1)^{3+1}\begin{vmatrix}0 & 4\\ -7 & 5\end{vmatrix}=28.$$

性质 1.3 将行列式的任意两行(或列)互换，行列式的值改变符号.

例如，三阶行列式 $D=\begin{vmatrix}2 & -1 & 4\\ 0 & 2 & 1\\ 1 & 3 & 1\end{vmatrix}$，将第 2 行与第 3 行互换得行列式

$$D_1=\begin{vmatrix}2 & -1 & 4\\ 1 & 3 & 1\\ 0 & 2 & 1\end{vmatrix}.$$

计算 D 与 D_1，则 $D=11$，$D_1=-11$.

性质 1.4 行列式中两行(或列)对应元素全部相同，行列式的值为零.

例如，三阶行列式

$$D=\begin{vmatrix} a_{11} & a_{12} & a_{13} \\ a_{21} & a_{22} & a_{23} \\ a_{21} & a_{22} & a_{23} \end{vmatrix}=a_{11}\begin{vmatrix} a_{22} & a_{23} \\ a_{22} & a_{23} \end{vmatrix}-a_{12}\begin{vmatrix} a_{21} & a_{23} \\ a_{21} & a_{23} \end{vmatrix}+a_{13}\begin{vmatrix} a_{21} & a_{22} \\ a_{21} & a_{22} \end{vmatrix} \tag{1.1.7}$$

$$=a_{11}\times 0-a_{12}\times 0+a_{13}\times 0=0.$$

事实上，如果三阶行列式 D 第 i 行的元素与第 j 行的对应元素相等，若交换 D 的第 i 行和第 j 行的元素得到的结果仍是 D，但由性质 1.3，交换了两行，行列式改变符号，所以有 $D=-D$，于是 $2D=0$，所以 $D=0$.

性质 1.5 行列式一行(或列)的公因子可以提到行列式记号的外面.

例如，三阶行列式

$$D=\begin{vmatrix} a_{11} & a_{12} & a_{13} \\ ka_{21} & ka_{22} & ka_{23} \\ a_{31} & a_{32} & a_{33} \end{vmatrix}=k\begin{vmatrix} a_{11} & a_{12} & a_{13} \\ a_{21} & a_{22} & a_{23} \\ a_{31} & a_{32} & a_{33} \end{vmatrix}. \tag{1.1.8}$$

在(1.1.8) 中令 $k=0$ 可得：

推论 1.1 如果行列式中有一行(或列)的全部元素都是零，那么这个行列式的值是零.

同样由性质 1.2 可以得到下面性质成立.

性质 1.6 行列式中某一行(或列)的每一个元素如果可以写成两数之和 $a_{ij}=b_{ij}+c_{ij}$ $(j=1,2,3)$，那么此行列式等于两个行列式之和，这两个行列式的第 i 行的元素分别是 b_{i1},b_{i2},b_{i3} 和 c_{i1},c_{i2},c_{i3}，其他各行(或列)的元素与原行列式相应各行(或列)的元素相同.

例如，二阶行列式

$$\begin{vmatrix} a & b \\ c+d & e+f \end{vmatrix}=a(e+f)-b(c+d)=(ae-bc)+(af-bd)$$

$$=\begin{vmatrix} a & b \\ c & e \end{vmatrix}+\begin{vmatrix} a & b \\ d & f \end{vmatrix}.$$

由性质 1.4 和性质 1.5，可以得到下列推论：

推论 1.2 行列式中如果两行(或列)对应成比例，那么行列式的值为零.

推论 1.3 行列式 D 中任意一行(或列)的元素与另一行(或列)对应元素的代数余子式乘积之和等于零，即当 $i\neq j$ 时，

$$\sum_{k=1}^{3}a_{ik}A_{jk}=0 \text{ 或 } \sum_{k=1}^{3}a_{ki}A_{ki}=0. \tag{1.1.9}$$

事实上，在(1.1.7)中第 2 行元素 a_{21},a_{22},a_{23} 分别乘以第 3 行的代数余子式 A_{31},A_{32}，A_{33} 即得上式.

这样由性质 1.2 和推论 1.3 可得结论：

$$\sum_{k=1}^{3} a_{ik}A_{jk} = \begin{cases} D, & 当\ i=j, \\ 0, & 当\ i \neq j; \end{cases}$$

或

$$\sum_{k=1}^{3} a_{ki}A_{kj} = \begin{cases} D, & 当\ i=j, \\ 0, & 当\ i \neq j. \end{cases}$$

性质 1.7 在行列式中,把某一行(或列)的倍数加到另一行(或列)对应的元素上去,那么行列式的值不变.

例如,二阶行列式

$$\begin{aligned} \begin{vmatrix} a_1 & a_2 \\ b_1+ka_1 & b_2+ka_2 \end{vmatrix} &= a_1(b_2+ka_2)-a_2(b_1+ka_1) \\ &= (a_1b_2-a_2b_1)+k(a_1a_2-a_2a_1) \\ &= \begin{vmatrix} a_1 & a_2 \\ b_1 & b_2 \end{vmatrix}. \end{aligned} \tag{1.1.10}$$

(1.1.10)式的左端就是把$\begin{vmatrix} a_1 & a_2 \\ b_1 & b_2 \end{vmatrix}$的第 1 行的 k 倍加到第 2 行对应的元素上去得到的行列式.

例 8 利用行列式的性质计算下列行列式的值:

(1) $D_1=\begin{vmatrix} 1 & 0 & 1 \\ 2 & 1 & 1 \\ 3 & 2 & 1 \end{vmatrix}$; (2) $D_2=\begin{vmatrix} 2 & -1 & 3 \\ 298 & 101 & 197 \\ 3 & 1 & 2 \end{vmatrix}$;

(3) $D_3=\begin{vmatrix} -b & c & e \\ bd & -cd & ed \\ bf & cf & -ef \end{vmatrix}$.

解 (1)利用行列式性质 1.7,把 D_1 的第 3 列的(−1)倍加到第 1 列上,再由性质 1.4 可计算 D_1 的值,即

$$D_1=\begin{vmatrix} 1 & 0 & 1 \\ 2 & 1 & 1 \\ 3 & 2 & 1 \end{vmatrix}=\begin{vmatrix} 0 & 0 & 1 \\ 1 & 1 & 1 \\ 2 & 2 & 1 \end{vmatrix}=0.$$

(2)把 D_2 的第 2 行的元素分别看成 300−2,100+1,200−3,由性质 1.6,可把 D_2 分成两个行列式的和,即

$$\begin{aligned} D_2 &= \begin{vmatrix} 2 & -1 & 3 \\ 300-2 & 100+1 & 200-3 \\ 3 & 1 & 2 \end{vmatrix} \\ &= \begin{vmatrix} 2 & -1 & 3 \\ 300 & 100 & 200 \\ 3 & 1 & 2 \end{vmatrix} + \begin{vmatrix} 2 & -1 & 3 \\ -2 & 1 & -3 \\ 3 & 1 & 2 \end{vmatrix}. \end{aligned}$$

由推论 1.2,得

$$\begin{vmatrix} 2 & -1 & 3 \\ 300 & 100 & 200 \\ 3 & 1 & 2 \end{vmatrix}=0,\quad \begin{vmatrix} 2 & -1 & 3 \\ -2 & 1 & -3 \\ 3 & 1 & 2 \end{vmatrix}=0.$$

所以 $D_2=0$.

(3)先利用性质 1.5 分别提取第 2 行和第 3 行的公因子 d,f,得

$$D_3=df\begin{vmatrix} -b & c & e \\ b & -c & e \\ b & c & -e \end{vmatrix},$$

由性质 1.7,把第 2 行的 1 倍加到第 1 行上,再按第 1 行展开即得

$$D_3=df\begin{vmatrix} 0 & 0 & 2e \\ b & -c & e \\ b & c & -e \end{vmatrix}=2dfe\begin{vmatrix} b & -c \\ b & c \end{vmatrix}=4bcdef.$$

例 9 证明:

$$D=\begin{vmatrix} a_1+b_1x & a_1x+b_1 & c_1 \\ a_2+b_2x & a_2x+b_2 & c_2 \\ a_3+b_3x & a_3x+b_3 & c_3 \end{vmatrix}=(1-x^2)\begin{vmatrix} a_1 & b_1 & c_1 \\ a_2 & b_2 & c_2 \\ a_3 & b_3 & c_3 \end{vmatrix}.$$

证 利用性质 1.6 把原行列式拆成 4 个行列式之和,即

$$\begin{aligned} D &= \begin{vmatrix} a_1+b_1x & a_1x+b_1 & c_1 \\ a_2+b_2x & a_2x+b_2 & c_2 \\ a_3+b_3x & a_3x+b_3 & c_3 \end{vmatrix} \\ &= \begin{vmatrix} a_1 & a_1x+b_1 & c_1 \\ a_2 & a_2x+b_2 & c_2 \\ a_3 & a_3x+b_3 & c_3 \end{vmatrix}+\begin{vmatrix} b_1x & a_1x+b_1 & c_1 \\ b_2x & a_2x+b_2 & c_2 \\ b_3x & a_3x+b_3 & c_3 \end{vmatrix} \\ &= \begin{vmatrix} a_1 & a_1x & c_1 \\ a_2 & a_2x & c_2 \\ a_3 & a_3x & c_3 \end{vmatrix}+\begin{vmatrix} a_1 & b_1 & c_1 \\ a_2 & b_2 & c_2 \\ a_3 & b_3 & c_3 \end{vmatrix}+\begin{vmatrix} b_1x & a_1x & c_1 \\ b_2x & a_2x & c_2 \\ b_3x & a_3x & c_3 \end{vmatrix}+\begin{vmatrix} b_1x & b_1 & c_1 \\ b_2x & b_2 & c_2 \\ b_3x & b_3 & c_3 \end{vmatrix}. \end{aligned}$$

由推论 1.2 可知第 1 个和第 4 个行列式为零,由性质 1.3 和性质 1.4,得

$$\begin{aligned} D &= \begin{vmatrix} a_1 & b_1 & c_1 \\ a_2 & b_2 & c_2 \\ a_3 & b_3 & c_3 \end{vmatrix}+\begin{vmatrix} b_1x & a_1x & c_1 \\ b_2x & a_2x & c_2 \\ b_3x & a_3x & c_3 \end{vmatrix}=\begin{vmatrix} a_1 & b_1 & c_1 \\ a_2 & b_2 & c_2 \\ a_3 & b_3 & c_3 \end{vmatrix}+x^2\begin{vmatrix} b_1 & a_1 & c_1 \\ b_2 & a_2 & c_2 \\ b_3 & a_3 & c_3 \end{vmatrix} \\ &= \begin{vmatrix} a_1 & b_1 & c_1 \\ a_2 & b_2 & c_2 \\ a_3 & b_3 & c_3 \end{vmatrix}-x^2\begin{vmatrix} a_1 & b_1 & c_1 \\ a_2 & b_2 & c_2 \\ a_3 & b_3 & c_3 \end{vmatrix}=(1-x^2)\begin{vmatrix} a_1 & b_1 & c_1 \\ a_2 & b_2 & c_2 \\ a_3 & b_3 & c_3 \end{vmatrix}. \end{aligned}$$

1.2 n 阶行列式

1.2.1 n 阶行列式的定义

用二阶、三阶行列式可以表示二元、三元线性方程组的解，那么 n 个方程组成的 n 元线性方程组的解是否也能用行列式表示呢？为此，我们引入 n 阶行列式的定义，并将二阶、三阶行列式的定义推广到 n 阶行列式.

定义 1.1 由 n^2 个数组成的 n 行 n 列数表，并在左右数表两边各加一竖线，即

$$D=\begin{vmatrix} a_{11} & a_{12} & \cdots & a_{1n} \\ a_{21} & a_{22} & \cdots & a_{2n} \\ \vdots & \vdots & \vdots & \vdots \\ a_{n1} & a_{n2} & \cdots & a_{nn} \end{vmatrix}$$

称为 n **阶行列式**，它代表一个由确定的运算关系得到的数.

$$D = a_{11}A_{11} + a_{12}A_{12} + \cdots + a_{1n}A_{1n} = \sum_{j=1}^{n} a_{1j}A_{1j}\ , \tag{1.2.1}$$

它是按第 1 行展开的，其中 a_{ij} 称为 D 的第 i 行第 j 列元素$(i,j=1,2,\cdots,n)$，$A_{ij}=(-1)^{i+j}M_{ij}$，称为 a_{ij} 的**代数余子式**，M_{ij} 是由 D 中划去第 i 行和第 j 列后剩下的元素按原来顺序组成的 $n-1$ 阶行列式，被称为 a_{ij} 的**余子式**，即

$$M_{ij}=\begin{vmatrix} a_{11} & \cdots & a_{1(j-1)} & a_{1(j+1)} & \cdots & a_{1n} \\ \vdots & \vdots & \vdots & \vdots & \vdots & \vdots \\ a_{(i-1)1} & \cdots & a_{(i-1)(j-1)} & a_{(i-1)(j+1)} & \cdots & a_{(i-1)n} \\ a_{(i+1)1} & \cdots & a_{(i+1)(j-1)} & a_{(i+1)(j+1)} & \cdots & a_{(i+1)n} \\ \vdots & \vdots & \vdots & \vdots & \vdots & \vdots \\ a_{n1} & \cdots & a_{n(j-1)} & a_{n(j+1)} & \cdots & a_{nn} \end{vmatrix},$$

显然 A_{ij} 只与元素 a_{ij} 所在位置有关，而与元素 a_{ij} 本身大小无关. 特别地，当 $n=1$ 时，一阶行列式 $|a|=a$（此处 $|a|$ 不是 a 的绝对值).

例如，(1) 二阶行列式

$$\begin{vmatrix} a_{11} & a_{12} \\ a_{21} & a_{22} \end{vmatrix} = a_{11}A_{11} + a_{12}A_{12} = a_{11}a_{22} - a_{12}a_{21};$$

(2)四阶行列式 $D=\begin{vmatrix}1 & 2 & -1 & 3\\ 2 & 3 & 3 & 1\\ -1 & 0 & 2 & 5\\ 4 & 9 & 3 & 6\end{vmatrix}$ 中元素 a_{23} 的余子式为划去第 2 行和第 3 列后剩下的元素按原来顺序组成的三阶行列式，即 $M_{23}=\begin{vmatrix}1 & 2 & 3\\ -1 & 0 & 5\\ 4 & 9 & 6\end{vmatrix}$，$a_{23}$ 的代数余子式为

$$A_{23}=(-1)^{2+3}M_{23}=(-1)^{2+3}\begin{vmatrix}1 & 2 & 3\\ -1 & 0 & 5\\ 4 & 9 & 6\end{vmatrix}.$$

通过二阶、三阶行列式的展开式可以推出，n 阶行列式的展开式中共有 $n!$ 个乘积项，每个乘积项中含有 n 个取自不同行、不同列的元素，并且带正号和带负号的项各占一半．从定义中可以看出，一个数字组成的行列式其结果是一个数值．

例 1 计算下列行列式：

$$(1)D_1=\begin{vmatrix}0 & 0 & 3 & -3\\ 0 & 3 & 7 & 8\\ 2 & 4 & 5 & 1\\ 0 & 0 & 3 & -2\end{vmatrix};$$

$$(2)D_2=\begin{vmatrix}a_{11} & 0 & \cdots & 0\\ a_{21} & a_{22} & \cdots & 0\\ \vdots & \vdots & \vdots & \vdots\\ a_{n1} & a_{n2} & \cdots & a_{nn}\end{vmatrix}.$$

解 (1)由定义得

$$D_1=\begin{vmatrix}0 & 0 & 3 & -3\\ 0 & 3 & 7 & 8\\ 2 & 4 & 5 & 1\\ 0 & 0 & 3 & -2\end{vmatrix}=(-1)^{3+1}\times 2\times\begin{vmatrix}0 & 3 & -3\\ 3 & 7 & 8\\ 0 & 3 & -2\end{vmatrix}$$

$$=2\times(-1)^{2+1}\times 3\times\begin{vmatrix}3 & -3\\ 3 & -2\end{vmatrix}=-18;$$

$$(2)D_2=\begin{vmatrix}a_{11} & 0 & \cdots & 0\\ a_{21} & a_{22} & \cdots & 0\\ \vdots & \vdots & \vdots & \vdots\\ a_{n1} & a_{n2} & \cdots & a_{nn}\end{vmatrix}=a_{11}\times(-1)^{1+1}\begin{vmatrix}a_{22} & 0 & \cdots & 0\\ a_{32} & a_{33} & \cdots & 0\\ \vdots & \vdots & \vdots & \vdots\\ a_{n2} & a_{n3} & \cdots & a_{nn}\end{vmatrix}$$

$$=a_{11}a_{22}\times(-1)^{1+1}\begin{vmatrix} a_{33} & 0 & \cdots & 0 \\ a_{43} & a_{44} & \cdots & 0 \\ \vdots & \vdots & \vdots & \vdots \\ a_{n3} & a_{n4} & \cdots & a_{nn} \end{vmatrix}$$

$$=\cdots=a_{11}a_{22}\cdots a_{nn}.$$

注 在(2)的第二步中，a_{22} 在新的 $n-1$ 阶行列式中的位置是第 1 行第 1 列的元素，因此其代数余子式符号为$(-1)^{1+1}$，而不是$(-1)^{2+2}$.

类似地，n **阶主对角行列式**(即所有非零元素都在主对角线上的行列式)的值也等于主对角线上元素的乘积，即

$$\begin{vmatrix} a_{11} & 0 & \cdots & 0 \\ 0 & a_{22} & \cdots & 0 \\ \vdots & \vdots & \vdots & \vdots \\ 0 & 0 & \cdots & a_{nn} \end{vmatrix}=a_{11}a_{22}\cdots a_{nn}.$$

由性质 1.1 和 n **阶下三角行列式**(即主对角线上方的所有元素都为零)的结论可知，n **阶上三角行列式**(即主对角线下方的所有元素都为零的行列式)的值也等于主对角线上元素的乘积，即

$$\begin{vmatrix} a_{11} & a_{12} & \cdots & a_{1n} \\ 0 & a_{22} & \cdots & a_{2n} \\ \vdots & \vdots & \vdots & \vdots \\ 0 & 0 & \cdots & a_{nn} \end{vmatrix}=a_{11}a_{22}\cdots a_{nn}.$$

由例 1 可知，n 阶行列式在 n 比较小或行列式比较特殊的情况下，用定义计算方便，但对于一般的行列式而言，用定义计算是比较麻烦的，因为用定义计算 n 阶行列式需要计算 n 个 $n-1$ 阶行列式，这个工作量是很大的. 上一节介绍的三阶行列式的性质都可以推广到 n 阶行列式，因此，计算 n 阶行列式可以用定义，也可以用性质.

1.2.2 n 阶行列式的计算

行列式的基本计算方法有两种：一是根据行列式的特点，利用行列式的性质，把它逐步化为一个与其等值的上(或下)三角行列式，由上一节的结论可知，这时行列式的值就是主对角线上元素的乘积，这种方法一般称为“化三角形法”. 另一种基本方法是选择零元素最多的行(或列)，按这一行(或列)展开；也可以先利用性质把某一行(或列)的元素化为仅有一个非零元素，然后再按这一行(或列)展开，这种方法一般称为“降阶法”.

在利用行列式的性质计算行列式时，我们用一些记号表示行(或列)变换，为此，规定：

(1)记号 $k\cdot r_i$ 表示将第 i 行(或列)乘以 k；

(2)记号 $r_i(k)$ 表示将第 i 行(或列)提取公因子 k；

(3)记号(r_i,r_j)表示第 i 行(或列)与第 j 行(或列)互换；

(4)记号 $r_i+k\cdot r_j$ 表示第 i 行(或列)加上第 j 行(或列)的 k 倍.

上面 4 种记号写在等号上面表示行变换,写在等号下面表示列变换.若连续几次行(或列)变换,按顺序写在等号上(或下)方.

例如,r_2+2r_1 表示第 2 行(或列)加上第 1 行(或列)的 2 倍,此时注意在此变换中,第 2 行(或列)的元素变化,而第 1 行(或列)的元素不变.

例 2 计算四阶行列式

$$D=\begin{vmatrix}1&2&0&2\\1&3&5&0\\0&1&5&6\\1&2&2&1\end{vmatrix}.$$

解 利用行列式性质,把 D 化为上三角行列式,再求值.

$$D=\begin{vmatrix}1&2&0&2\\1&3&5&0\\0&1&5&6\\1&2&2&1\end{vmatrix}\xlongequal[r_4+(-1)r_1]{r_2+(-1)r_1}\begin{vmatrix}1&2&0&2\\0&1&5&-2\\0&1&5&6\\0&0&2&-1\end{vmatrix}$$

$$\xlongequal{r_3+(-1)r_2}\begin{vmatrix}1&2&0&2\\0&1&5&-2\\0&0&0&8\\0&0&2&-1\end{vmatrix}\xlongequal{(r_3,r_4)}-\begin{vmatrix}1&2&0&2\\0&1&5&-2\\0&0&2&-1\\0&0&0&8\end{vmatrix}=-16.$$

例 3 计算四阶行列式

$$D=\begin{vmatrix}3&-7&2&4\\-2&5&1&-3\\1&-5&-1&2\\4&-6&3&8\end{vmatrix}.$$

解 先利用行列式性质,交换第 1 行与第 3 行,使 D 的第 1 行第 1 列的元素为 1,再利用行列式性质,把 D 的第 1 列中除 a_{11} 外其余的元素都化为零.

$$D=\begin{vmatrix}3&-7&2&4\\-2&5&1&-3\\1&-5&-1&2\\4&-6&3&8\end{vmatrix}\xlongequal{(r_1,r_3)}-\begin{vmatrix}1&-5&-1&2\\-2&5&1&-3\\3&-7&2&4\\4&-6&3&8\end{vmatrix}$$

$$\xlongequal{\substack{r_2+2r_1\\r_3+(-3)r_1\\r_4+(-4)r_1}}-\begin{vmatrix}1&-5&-1&2\\0&-5&-1&1\\0&8&5&-2\\0&14&7&0\end{vmatrix}.$$

再按第 1 列展开,

$$D=-\begin{vmatrix}-5 & -1 & 1\\ 8 & 5 & -2\\ 14 & 7 & 0\end{vmatrix}\xlongequal{r_3(7)}(-7)\times\begin{vmatrix}-5 & -1 & 1\\ 8 & 5 & -2\\ 2 & 1 & 0\end{vmatrix}$$

$$\xlongequal[r_1+(-2)r_2]{}(-7)\times\begin{vmatrix}-3 & -1 & 1\\ -2 & 5 & -2\\ 0 & 1 & 0\end{vmatrix}.$$

再按第 3 行展开,

$$D=(-1)^{3+2}\times(-7)\begin{vmatrix}-3 & 1\\ -2 & -2\end{vmatrix}=56.$$

例 2 用的是“化三角形法”,例 3 用的是“降阶法”.

把行列式化为上三角行列式的一般步骤为:

(1)把 a_{11} 变换为 1. 例 3 是通过行变换来实现的,有时可以利用性质把某行(或列)的元素的 k 倍加到第 1 行(或列)对应元素上去,使 a_{11} 变为 1,有时也可以把第 1 行乘以 $\frac{1}{a_{11}}$ 来实现,但要注意尽量避免将元素化为分数,否则将给后面的计算增加困难.

(2)把第 1 行分别乘以 $-a_{21},-a_{31},\cdots,-a_{n1}$ 加到第 $2,3,\cdots,n$ 行对应元素上,把第 1 列 a_{11} 以下的元素全部化为零.

(3)从第 2 行依次用类似的方法把主对角线 $a_{22},a_{33},\cdots,a_{(n-1)(n-1)}$ 以下的元素全部化为零,即可得上三角行列式.

注 在上述变换过程中,主对角线上元素 $a_{ii}(i=1,2,\cdots,n-1)$ 不能为零,若出现零,可通过行交换或列交换使得主对角线上的元素不为零.

例 4 计算四阶行列式

$$D=\begin{vmatrix}\frac{3}{2} & \frac{1}{2} & -\frac{1}{2} & 0\\ 5 & 1 & 2 & -1\\ \frac{2}{3} & 0 & 1 & \frac{1}{3}\\ 0 & -5 & 3 & 1\end{vmatrix}.$$

解 为避免分数运算,利用性质 1.5,把第 1 行和第 3 行的分数元素化为整数,即

$$D=\frac{1}{3}\times\frac{1}{2}\times\begin{vmatrix}3 & 1 & -1 & 0\\ 5 & 1 & 2 & -1\\ 2 & 0 & 3 & 1\\ 0 & -5 & 3 & 1\end{vmatrix}\xlongequal{r_1+(-1)r_3}\frac{1}{6}\times\begin{vmatrix}1 & 1 & -4 & -1\\ 5 & 1 & 2 & -1\\ 2 & 0 & 3 & 1\\ 0 & -5 & 3 & 1\end{vmatrix}$$

$$\xlongequal[r_3+(-2)r_1]{r_2+(-5)r_1}\frac{1}{6}\times\begin{vmatrix}1 & 1 & -4 & -1\\ 0 & -4 & 22 & 4\\ 0 & -2 & 11 & 3\\ 0 & -5 & 3 & 1\end{vmatrix}.$$

再按第一列展开，

$$D=\frac{1}{6}\times\begin{vmatrix}-4&22&4\\-2&11&3\\-5&3&1\end{vmatrix}\xlongequal{r_1+(-2)r_2}\frac{1}{6}\times\begin{vmatrix}0&0&-2\\-2&11&3\\-5&3&1\end{vmatrix}$$

$$=\frac{1}{6}\times(-2)\times\begin{vmatrix}-2&11\\-5&3\end{vmatrix}=-\frac{49}{3}.$$

例 5 计算四阶行列式

$$D=\begin{vmatrix}b&a&a&a\\a&b&a&a\\a&a&b&a\\a&a&a&b\end{vmatrix}(a\neq 0,b\neq 0).$$

分析 这个行列式的特点是各行的 4 个数之和相等，都等于 $3a+b$，若把第 2，3，4 列元素同时加到对应的第 1 列，提出公因子 $3a+b$，再利用性质 1.7，把第 1 行第 1 列元素所在的列的其余元素化为 0，可得到一个上三角行列式.

解 $$D=\begin{vmatrix}3a+b&a&a&a\\3a+b&b&a&a\\3a+b&a&b&a\\3a+b&a&a&b\end{vmatrix}=(3a+b)\times\begin{vmatrix}1&a&a&a\\1&b&a&a\\1&a&b&a\\1&a&a&b\end{vmatrix}$$

$$\xlongequal[r_4+(-1)r_1]{\substack{r_2+(-1)r_1\\r_3+(-1)r_1}}(3a+b)\times\begin{vmatrix}1&a&a&a\\0&b-a&0&0\\0&0&b-a&0\\0&0&0&b-a\end{vmatrix}$$

$$=(3a+b)(b-a)^3.$$

例 6 解方程

$$\begin{vmatrix}1&4&3&2\\2&x+4&6&4\\3&-2&x&1\\-3&2&5&-1\end{vmatrix}=0.$$

解法一

$$\begin{vmatrix}1&4&3&2\\2&x+4&6&4\\3&-2&x&1\\-3&2&5&-1\end{vmatrix}\xlongequal{\substack{r_2+(-2)r_1\\r_3+r_4}}\begin{vmatrix}1&4&3&2\\0&x-4&0&0\\0&0&x+5&0\\-3&2&5&-1\end{vmatrix}$$

$$=(x-4)\times(-1)^{2+2}\times\begin{vmatrix}1&3&2\\0&x+5&0\\-3&5&-1\end{vmatrix}$$

$$=(x-4)\times(x+5)\times(-1)^{2+2}\times\begin{vmatrix}1 & 2\\ -3 & -1\end{vmatrix}$$

$$=5(x-4)(x+5).$$

由 $5(x-4)(x+5)=0$，得 $x_1=-5, x_2=4$，所以方程的解是 $x_1=-5, x_2=4$.

解法二 令 $x+4=8$，即 $x=4$，则行列式的第 2 行是第 1 行的 2 倍，根据推论 1.2，行列式为零，所以 $x=4$ 是方程的一个解.

再令 $x=-5$，则行列式的第 3 行是第 4 行的 -1 倍，根据推论 1.2，行列式为零，所以 $x=-5$ 是方程的另一个解.

注意：在用解法二解方程时，易漏掉方程的根.

1.3 克莱姆法则

在前面我们提到，含有 n 个未知数的 n 个方程的线性方程组其解能否像二元、三元一次方程组一样用行列式表示呢？我们现在解决这个问题.

设含有 n 个未知数的 n 个方程的线性方程组一般形式为

$$\begin{cases}a_{11}x_1+a_{12}x_2+\cdots+a_{1n}x_n=b_1;\\ a_{21}x_1+a_{22}x_2+\cdots+a_{2n}x_n=b_2;\\ \cdots\cdots\cdots\cdots\cdots\cdots\cdots\cdots\cdots\cdots\\ a_{n1}x_1+a_{n2}x_2+\cdots+a_{nn}x_n=b_n.\end{cases}\tag{1.3.1}$$

由系数 a_{ij} 构成的 n 阶行列式

$$D=\begin{vmatrix}a_{11} & a_{12} & \cdots & a_{1n}\\ a_{21} & a_{22} & \cdots & a_{2n}\\ \vdots & \vdots & \vdots & \vdots\\ a_{n1} & a_{n2} & \cdots & a_{nn}\end{vmatrix}.\tag{1.3.2}$$

称为线性方程组(1.3.1)的**系数行列式**.

把行列式 D 的第 j 列元素 $a_{1j}, a_{2j}, \cdots, a_{nj}$ 换成方程组(1.3.1)的常数项 $b_1, b_2, \cdots, b_n$ 得到的行列式，常用

$$D_j=\begin{vmatrix}a_{11} & \cdots & a_{1(j-1)} & b_1 & a_{1(j+1)} & \cdots & a_{1n}\\ a_{21} & \cdots & a_{2(j-1)} & b_2 & a_{2(j+1)} & \cdots & a_{2n}\\ \vdots & \vdots & \vdots & \vdots & \vdots & \vdots & \vdots\\ a_{n1} & \cdots & a_{n(j-1)} & b_n & a_{n(j+1)} & \cdots & a_{nn}\end{vmatrix}\quad(j=1,2,\cdots,n),\tag{1.3.3}$$

显然，将 D_j 按第 j 列展开，即有

$$D_j=b_1A_{1j}+b_2A_{2j}+\cdots+b_nA_{nj}.$$

假设(1.3.1)式有解，并令 $x_1=c_1, x_2=c_2, \cdots, x_n=c_n$ 是它的一个解，那么将 $x_i=c_i(i=1,$

$2,\cdots,n$)代入(1.3.1)得

$$\begin{cases}a_{11}c_1+a_{12}c_2+\cdots+a_{1n}c_n=b_1;\\a_{21}c_1+a_{22}c_2+\cdots+a_{2n}c_n=b_2;\\\cdots\cdots\cdots\cdots\cdots\cdots\cdots\cdots\cdots\cdots\\a_{n1}c_1+a_{n2}c_2+\cdots+a_{nn}c_n=b_n.\end{cases}\tag{1.3.4}$$

用 D 的第 j 列元素的代数余子式 $A_{1j},A_{2j},\cdots,A_{nj}$ 分别乘以(1.3.4)式的第1个、第2个、…、第 n 个等式,再把 n 个等式两边相加得到

$$\begin{aligned}&(a_{11}A_{1j}+a_{21}A_{2j}+\cdots+a_{n1}A_{nj})c_1+\cdots+(a_{1j}A_{1j}+a_{2j}A_{2j}+\cdots+a_{nj}A_{nj})c_j+\cdots\\&+(a_{1n}A_{1j}+a_{2n}A_{2j}+\cdots+a_{nn}A_{nj})c_n\\=&b_1A_{1j}+b_2A_{2j}+\cdots+b_nA_{nj}.\end{aligned}$$

由1.1节中的性质1.2和推论1.3可得

$$D\cdot c_j=D_j\,(j=1,2,\cdots,n).$$

当 $D\neq0$,线性方程组有解,且解是唯一的,

$$c_1=\frac{D_1}{D},c_2=\frac{D_2}{D},\cdots,c_n=\frac{D_n}{D}.\tag{1.3.5}$$

另一方面,将(1.3.5)式代入方程组(1.3.1),可以验证它满足方程组(1.3.1),所以(1.3.5)式是方程组(1.3.1)的解,由此,我们知道下面的定理.

定理1.1(克莱姆法则) 若线性方程组(1.3.1)的系数行列式 $D\neq0$,则方程组(1.3.1)有且只有唯一解

$$x_j=\frac{D_j}{D}\quad(j=1,2,\cdots,n).\tag{1.3.6}$$

其中行列式 D_j 是把行列式 D 的第 j 列元素 $a_{1j},a_{2j},\cdots,a_{nj}$ 换成方程组(1.3.1)的常数项 $b_1,b_2,\cdots,b_n$ 得到的行列式(1.3.3).

例1 用克莱姆法则解线性方程组

$$\begin{cases}2x_1+x_2-5x_3+x_4=8;\\x_1-3x_2-6x_4=9;\\2x_2-x_3+2x_4=-5;\\x_1+4x_2-7x_3+6x_4=0.\end{cases}$$

解 $$D=\begin{vmatrix}2&1&-5&1\\1&-3&0&-6\\0&2&-1&2\\1&4&-7&6\end{vmatrix}=\begin{vmatrix}0&7&-5&13\\1&-3&0&-6\\0&2&-1&2\\0&7&-7&12\end{vmatrix}$$

$$=-\begin{vmatrix}7&-5&13\\2&-1&2\\7&-7&12\end{vmatrix}=-\begin{vmatrix}-3&-5&3\\0&-1&0\\-7&-7&-2\end{vmatrix}$$

$$=\begin{vmatrix}-3&3\\-7&-2\end{vmatrix}=27\neq0,$$

所以方程组有唯一解，且

$$D_1=\begin{vmatrix}8 & 1 & -5 & 1\\ 9 & -3 & 0 & -6\\ 0 & 4 & -7 & 6\end{vmatrix}=81;\quad D_2=\begin{vmatrix}2 & 8 & -5 & 1\\ 1 & 9 & 0 & -6\\ 0 & -5 & -1 & 2\\ 1 & 0 & -7 & 6\end{vmatrix}=-108;$$

$$D_3=\begin{vmatrix}2 & 1 & 8 & 1\\ 1 & -3 & 9 & -6\\ 0 & 2 & -5 & 2\\ 1 & 4 & 0 & 6\end{vmatrix}=-27;\quad D_4=\begin{vmatrix}2 & 1 & -5 & 8\\ 1 & -3 & 0 & 9\\ 0 & 2 & -1 & -5\\ 1 & 4 & -7 & 0\end{vmatrix}=27;$$

所以方程组的解是

$$x_1=\frac{D_1}{D}=3,\quad x_2=\frac{D_2}{D}=-4,\quad x_3=\frac{D_3}{D}=-1,\quad x_4=\frac{D_4}{D}=1.$$

如果线性方程组(1.3.1)的常数项均为零时，即

$$\begin{cases}a_{11}x_1+a_{12}x_2+\cdots+a_{1n}x_n=0;\\ a_{21}x_1+a_{22}x_2+\cdots+a_{2n}x_n=0;\\ \cdots\cdots\cdots\cdots\cdots\cdots\cdots\cdots\cdots\cdots\\ a_{n1}x_1+a_{n2}x_2+\cdots+a_{nn}x_n=0\end{cases}\tag{1.3.7}$$

称为**齐次线性方程组**，线性方程组(1.3.1)称为**非齐次线性方程组**.

齐次线性方程组总是有解的，因为(0,0,…,0)就是一个解，称为**零解**. 对于齐次线性方程组来说，我们主要是研究它除了零解以外还有没有其他解，或者说，它有没有非零解.

此时行列式 D_j 第 j 列的元素都是零，所以 $D_j=0(j=1,2,\cdots,n)$，因此当方程组(1.3.7)的系数行列式 $D\neq 0$ 时，由克莱姆法则知道它有唯一解 $x_j=0(j=1,2,\cdots,n)$，于是我们得到下面的推论.

推论 1.4 若齐次线性方程组(1.3.7)的系数行列式 $D\neq 0$，则方程组只有零解.

由推论 1.4 的等价命题可得推论 1.5.

推论 1.5 齐次线性方程组(1.3.7)有非零解的必要条件是系数行列式 $D=0$.

例 2 判断下列齐次线性方程组是否有非零解.

$$\begin{cases}x_1+2x_2-4x_3+2x_4=0;\\ 3x_1-x_2+2x_3-x_4=0;\\ -2x_1+4x_2-x_3+3x_4=0;\\ 3x_1+9x_2-7x_3+6x_4=0.\end{cases}$$

解 因为系数行列式

$$D=\begin{vmatrix}1&2&-4&2\\3&-1&2&-1\\-2&4&-1&3\\3&9&-7&6\end{vmatrix}=\begin{vmatrix}1&2&-4&2\\0&-7&14&-7\\0&8&-9&7\\0&3&5&0\end{vmatrix}$$

$$=-7\times\begin{vmatrix}1&2&-4&2\\0&1&-2&1\\0&8&-9&7\\0&3&5&0\end{vmatrix}=-7\times\begin{vmatrix}1&-2&1\\8&-9&7\\3&5&0\end{vmatrix}$$

$$=-7\times\begin{vmatrix}1&-2&1\\0&7&-1\\0&11&-3\end{vmatrix}=-7\times\begin{vmatrix}7&-1\\11&-3\end{vmatrix}$$

$$=(-7)\times(-10)=70\neq 0.$$

由推论 1.4 可知此齐次线性方程组只有零解.

例 3 若齐次线性方程组

$$\begin{cases}x_1+4x_2+2x_3=0;\\2x_1+(7-k)x_2-4x_3=0;\\4x_1+10x_2-(6+k)x_3=0\end{cases}$$

有非零解，试求 k 的值.

解 由推论 1.5 可知，齐次线性方程组有非零解的必要条件是系数行列式 $D=0$，因此

$$D=\begin{vmatrix}1&4&2\\2&7-k&-4\\4&10&-6-k\end{vmatrix}=\begin{vmatrix}1&4&2\\0&-1-k&-8\\0&-6&-14-k\end{vmatrix}$$

$$=\begin{vmatrix}-1-k&-8\\-6&-14-k\end{vmatrix}=(-1-k)(-14-k)-(-6)(-8)$$

$$=(k+17)(k-2)=0.$$

所以方程组有非零解时，$k=-17$ 或 $k=2$.

用克莱姆法则解线性方程组时，此线性方程组要满足：(1)方程个数与未知数个数相同；(2)系数行列式 $D\neq 0$. 对于其他情况的线性方程组，在以后的学习中再进一步讨论. 但是用克莱姆法则解线性方程组时，需要计算 $n+1$ 个 n 阶行列式，这个计算量是很大的. 因此解线性方程组时，一般不用克莱姆法则. 但是克莱姆法则在理论上具有重要的意义，其意义主要在于它给出了方程组的解与它的系数、常数项间的依赖关系，这一点在以后许多问题的讨论中是重要的.

本章小节

一、本章主要内容

本章内容主要包括行列式定义、性质和计算方法以及行列式在解线性方程组时的应用.

二、行列式的定义

行列式的定义有两种,一种是行列式按第 1 行元素 a_{1j} 定义,等于第 1 行的每个元素分别乘以它们的代数余子式 A_{1j} 之和,即 $D=\sum_{j=1}^{n}a_{1j}A_{1j}$. 另一种是由排列来定义的,首先作所有可能位于不同行和不同列元素构成的乘积,把构成这些乘积的元素按行指标排成自然顺序,然后由列指标的排列的奇偶性来决定这一项的符号. 其中涉及元素 a_{ij} 的代数余子式 A_{ij} 和余子式 M_{ij}. M_{ij} 是由行列式中划去第 i 行和第 j 列后剩下的元素按原来顺序组成的 $n-1$ 阶行列式,即 $A_{ij}=(-1)^{i+j}M_{ij}$.

三、行列式的性质及计算

1. 行列式的性质有 7 条,其中最主要的是第 7 条.

性质 1 行列式 D 与它的转置行列式 D^T 的值相等,即 $D=D^T$.

性质 2 行列式 D 的值等于它的任意一行(或列)中每个元素与它们各自的代数余子式乘积之和,即行列式可以按任意一行或列展开. 例如对于三阶行列式来说,

$$D=\sum_{k=1}^{3}a_{ik}A_{ik} \text{ 或 } D=\sum_{k=1}^{3}a_{kj}A_{kj}\text{,其中 } i,j=1,2,3.$$

性质 3 将行列式的任意两行(或列)互换,行列式的值改变符号.

性质 4 行列式中两行(或列)对应元素全部相同,行列式的值为零.

性质 5 行列式一行(或列)的公因子可以提到行列式记号的外面.

性质 6 行列式中某一行(或列)的每一个元素如果可以写成两数之和,例如对于三阶行列式来说,第 $i(i=1,2,3)$ 行元素可以表示成

$$a_{ij}=b_{ij}+c_{ij}(j=1,2,3),$$

那么此行列式等于两个行列式之和,这两个行列式的第 i 行的元素分别是 b_{i1}, b_{i2}, b_{i3} 和 c_{i1}, c_{i2}, c_{i3},其他各行(或列)的元素与原行列式相应各行(或列)的元素相同.

性质 7 在行列式中,把某一行(或列)的倍数加到另一行(或列)对应的元素上去,那么行列式的值不变.

2. 在行列式的计算中,当阶数较低时,可按定义来计算,当阶数较高时,可采用下列两种方法:一种是"化三角形法",即利用性质把行列式化为三角行列式并进行计算;另一种是"降阶法",即利用性质把阶数较高的行列式化为阶数较低的行列式,再求值.

3. 在计算时,要细心,首先观察行列式的各行(或各列)元素的特点,然后选择利用哪一个性质把行列式的计算简化,注意在计算时尽量避免分数运算.

4. 行列式的展开有二种方法：一种是由定义按行列式的第一行展开，另一种是根据性质 2 按行列式的任一行(或列)展开.

5. 用克莱姆法则解线性方程组时，须注意两个前提条件：一是方程个数与未知数个数相同，二是系数行列式 $D\neq 0$. 当这两个条件满足时，非齐次线性方程组有且只有唯一解：

$$x_j=\frac{D_j}{D}\ (j=1,2,\cdots,n).$$

若齐次线性方程组的系数行列式 $D\neq 0$，则方程组只有零解；若齐次线性方程组有非零解，则 $D=0$.

习题 1

1. 计算下列二阶、三阶行列式：

(1) $\begin{vmatrix}5&2\\7&3\end{vmatrix}$； (2) $\begin{vmatrix}0&0\\1&1\end{vmatrix}$； (3) $\begin{vmatrix}-1&3&2\\3&5&-1\\2&-1&6\end{vmatrix}$； (4) $\begin{vmatrix}0&1&-3\\-1&0&2\\3&-2&0\end{vmatrix}$.

2. 利用行列式来解下列方程组：

(1) $\begin{cases}2x_1-x_2=-1;\\ x_1+x_2=2;\end{cases}$ (2) $\begin{cases}2x_1+3x_2=0;\\5x_1-4x_2=0;\end{cases}$

(3) $\begin{cases}x_1+2x_2-x_3=-5;\\2x_1-x_2+x_3=6;\\x_1-x_2=3;\end{cases}$ (4) $\begin{cases}x_1+x_2-x_3=1;\\2x_1-x_2+2x_3=2;\\3x_1+x_2-x_3=0.\end{cases}$

3. 计算下列行列式：

(1) $\begin{vmatrix}1&0&1\\2&1&1\\3&2&1\end{vmatrix}$； (2) $\begin{vmatrix}5&-1&3\\3&2&1\\295&201&97\end{vmatrix}$；

(3) $\begin{vmatrix}1&\frac{3}{2}&0\\3&\frac{1}{2}&2\\-1&2&-3\end{vmatrix}$； (4) $\begin{vmatrix}a-5&-2&4\\-2&a-2&2\\4&2&a-5\end{vmatrix}$.

4. 证明：

$$\begin{vmatrix}b+c&c+a&a+b\\b_1+c_1&c_1+a_1&a_1+b_1\\b_2+c_2&c_2+a_2&a_2+b_2\end{vmatrix}=2\begin{vmatrix}a&b&c\\a_1&b_1&c_1\\a_2&b_2&c_2\end{vmatrix}.$$

5. 计算下列行列式：

$$D=\begin{vmatrix} 2 & 3 & 150 & 97 & 508 \\ -1 & 4 & 43 & 78 & 968 \\ 0 & 0 & 2 & 1 & 0 \\ 0 & 0 & 0 & 3 & 4 \\ 0 & 0 & 1 & 0 & 2 \end{vmatrix}.$$

6. 写出四阶行列式

$$\begin{vmatrix} 2 & 1 & 4 & -4 \\ 3 & -1 & 2 & -1 \\ 1 & 3 & 3 & -2 \\ 5 & 0 & 6 & 2 \end{vmatrix}$$

的元素 $a_{33}=3, a_{14}=-4$ 的余子式和代数余子式.

7. 用行列式定义计算下列行列式：

(1) $\begin{vmatrix} 0 & a_1 & 0 & 0 & 0 \\ 0 & 0 & a_2 & 0 & 0 \\ 0 & 0 & 0 & a_3 & 0 \\ 0 & 0 & 0 & 0 & a_4 \\ a_5 & b & c & d & e \end{vmatrix}$；　　(2) $\begin{vmatrix} 0 & 0 & 0 & 5 & 5 \\ 0 & 0 & 4 & 1 & 0 \\ 0 & 3 & 2 & 0 & 0 \\ 2 & 3 & 0 & 0 & 0 \\ 4 & 0 & 0 & 0 & 1 \end{vmatrix}$.

8. 计算下列行列式：

(1) $\begin{vmatrix} 0 & 1 & 1 & 1 \\ 1 & 0 & 1 & 1 \\ 1 & 1 & 0 & 1 \\ 1 & 1 & 1 & 1 \end{vmatrix}$；　　(2) $\begin{vmatrix} 3 & -7 & 2 & 4 \\ -2 & 5 & 1 & -3 \\ 1 & -5 & -1 & 2 \\ 4 & -6 & 3 & 8 \end{vmatrix}$；

(3) $\begin{vmatrix} 1 & 0 & -2 & 4 \\ -3 & 7 & 2 & 1 \\ 2 & 1 & -5 & -3 \\ 0 & -4 & 11 & 12 \end{vmatrix}$；　　(4) $\begin{vmatrix} 4 & 1 & -2 & -3 \\ -2 & -3 & 6 & 4 \\ 3 & -4 & 5 & 2 \\ 5 & 2 & 3 & 7 \end{vmatrix}$.

9. 解下列方程组：

(1) $\begin{vmatrix} x & 1 & 1 \\ 1 & x & 1 \\ 1 & 1 & x \end{vmatrix}=0$；　　(2) $\begin{vmatrix} 1 & -2 & 2 & 3 \\ 2 & x+2 & 4 & 6 \\ -1 & 2 & x+4 & -9 \\ 1 & -2 & x & 9 \end{vmatrix}=0$.

10. 用克莱姆法则解线性方程组：

(1) $\begin{cases} 2x_1+3x_2+11x_3+5x_4=2, \\ x_1+x_2+5x_3+2x_4=1, \\ -x_2-7x_3=-5, \\ -2x_3+2x_4=-4; \end{cases}$　　(2) $\begin{cases} x_1+x_2+x_3+x_4=5, \\ x_1+2x_2-x_3+x_4=-2, \\ 2x_1+3x_2-x_3-5x_4=-2, \\ 3x_1+x_2+2x_3+3x_4=4. \end{cases}$

11. 判断下列齐次线性方程组是否有非零解：

(1) $\begin{cases} -x_1+2x_2+2x_3=0; \\ 4x_1+x_2-2x_3=0; \\ x_2+4x_3=0; \end{cases}$　　(2) $\begin{cases} x_1+3x_2-9x_3+7x_4=0; \\ -3x_1-x_2+8x_3+x_4=0; \\ x_1-3x_2+5x_3-x_4=0; \\ x_1+x_2-4x_3-7x_4=0. \end{cases}$

12. k 取何值时，齐次线性方程组

$$\begin{cases} x_1+x_2+kx_3=0; \\ -x_1+kx_2+x_3=0; \\ x_1-x_2+2x_3=0 \end{cases}$$

有非零解？

疑难解析和典型例题分析

例 1　计算下列行列式：

(1) $D_1=\begin{vmatrix} 0 & a_{12} & 0 & 0 \\ 0 & 0 & 0 & a_{24} \\ a_{31} & 0 & 0 & 0 \\ 0 & 0 & a_{43} & 0 \end{vmatrix}$；　(2) $D_2=\begin{vmatrix} 0 & a_1 & a_2 & a_3 & a_4 \\ -a_1 & 0 & b_1 & b_2 & b_3 \\ -a_2 & -b_1 & 0 & c_1 & c_2 \\ -a_3 & -b_2 & -c_1 & 0 & d \\ -a_4 & -b_3 & -c_2 & -d & 0 \end{vmatrix}$；

(3) $D_3=\begin{vmatrix} 1 & 3 & 3 & \cdots & 3 \\ 3 & 2 & 3 & \cdots & 3 \\ 3 & 3 & 3 & \cdots & 3 \\ \vdots & \vdots & \vdots & \vdots & \vdots \\ 3 & 3 & 3 & \cdots & n \end{vmatrix}$；　(4) $D_4=\begin{vmatrix} 1 & 1 & 1 & 1 \\ 4 & 3 & 7 & -5 \\ 16 & 9 & 49 & 25 \\ 64 & 27 & 343 & -125 \end{vmatrix}$.

解　(1)

$$\begin{aligned} D_1 &= a_{12}(-1)^{1+2}\begin{vmatrix} 0 & 0 & a_{24} \\ a_{31} & 0 & 0 \\ 0 & a_{43} & 0 \end{vmatrix} \\ &= -a_{12}a_{24}(-1)^{1+3}\begin{vmatrix} a_{31} & 0 \\ 0 & a_{43} \end{vmatrix} \\ &= -a_{12}a_{24}a_{31}a_{43}. \end{aligned}$$

(2) 该行列式第 i 行第 j 列的元素等于第 j 行第 i 列元素的相反数，即 $a_{ij}=-a_{ji}$，具有这种特点的行列式称为**反对称行列式**. 因为

$$D_2^T=\begin{vmatrix}0&-a_1&-a_2&-a_3&-a_4\\a_1&0&-b_1&-b_2&-b_3\\a_2&b_1&0&-c_1&-c_2\\a_3&b_2&c_1&0&-d\\a_4&b_3&c_2&d&0\end{vmatrix},$$

所以 $D_2^T=(-1)^5D_2$，且由行列式性质得 $D_2^T=D_2$. 所以 $D_2=-D_2$，即 $D_2=0$.

用此方法可证明任何奇数阶反对称行列式的值等于零.

(3)该行列式的特点是除主对角线上的元素依次为 $1,2,\cdots,n$ 外，其余元素均为 3，将各行依次减去第 3 行，然后化为上三角行列式.

$$D_3=\begin{vmatrix}1&3&3&\cdots&3\\3&2&3&\cdots&3\\3&3&3&\cdots&3\\\vdots&\vdots&\vdots&\vdots&\vdots\\3&3&3&\cdots&n\end{vmatrix}=\begin{vmatrix}-2&0&0&0&\cdots&0\\0&-1&0&0&\cdots&0\\3&3&3&3&\cdots&3\\0&0&0&1&\cdots&0\\\vdots&\vdots&\vdots&\vdots&\vdots&\vdots\\0&0&0&0&\cdots&n-3\end{vmatrix}$$

$$\xlongequal{r_3+1.5r_1}\begin{vmatrix}-2&0&0&0&\cdots&0\\0&-1&0&0&\cdots&0\\0&3&3&3&\cdots&3\\0&0&0&1&\cdots&0\\\vdots&\vdots&\vdots&\vdots&\vdots&\vdots\\0&0&0&0&\cdots&n-3\end{vmatrix}\xlongequal{r_3+3r_2}\begin{vmatrix}-2&0&0&0&\cdots&0\\0&-1&0&0&\cdots&0\\0&0&3&3&\cdots&3\\0&0&0&1&\cdots&0\\\vdots&\vdots&\vdots&\vdots&\vdots&\vdots\\0&0&0&0&\cdots&n-3\end{vmatrix}$$

$$=(-2)\times(-1)\times3\times1\times2\times\cdots\times(n-3)$$

$$=6(n-3)!.$$

(4)该行列式为**范德蒙行列式**. 对于范德蒙行列式有如下结论(证明略)：

$$D=\begin{vmatrix}1&1&1&\cdots&1\\a_1&a_2&a_3&\cdots&a_n\\a_1^2&a_2^2&a_3^2&\cdots&a_n^2\\\vdots&\vdots&\vdots&\vdots&\vdots\\a_1^{n-1}&a_2^{n-1}&a_3^{n-1}&\cdots&a_n^{n-1}\end{vmatrix}=\prod_{n\geqslant i>j\geqslant1}(a_i-a_j).\quad(n\geqslant2)$$

利用范德蒙行列式的结果进行计算.

$$D_4=\begin{vmatrix}1&1&1&1\\4&3&7&-5\\4^2&3^2&7^2&(-5)^2\\4^3&3^3&7^3&(-5)^3\end{vmatrix}$$

$$=(3-4)(7-4)(-5-4)(7-3)(-5-3)(-5-7)$$

$$=10368.$$

例 2 计算 n 阶行列式

$$D=\begin{vmatrix}1 & 1 & 1 & \cdots & 1\\ 1 & 2 & 0 & \cdots & 0\\ 1 & 0 & 3 & \cdots & 0\\ \vdots & \vdots & \vdots & \vdots & \vdots\\ 1 & 0 & 0 & \cdots & n\end{vmatrix}.$$

解 这是**爪形行列式**,除第 1 行、第 1 列、主对角线上的元素外其余元素均为零,一般可按行(或列)提公因子,再化为上三角行列式.

$$D=\begin{vmatrix}1 & 1 & 1 & \cdots & 1\\ 1 & 2 & 0 & \cdots & 0\\ 1 & 0 & 3 & \cdots & 0\\ \vdots & \vdots & \vdots & \vdots & \vdots\\ 1 & 0 & 0 & \cdots & n\end{vmatrix}\xlongequal[j=1,2,\cdots,n]{r_j\left(\frac{1}{j}\right)}n!\begin{vmatrix}1 & \frac{1}{2} & \frac{1}{3} & \cdots & \frac{1}{n}\\ 1 & 1 & 0 & \cdots & 0\\ 1 & 0 & 1 & \cdots & 0\\ \vdots & \vdots & \vdots & \vdots & \vdots\\ 1 & 0 & 0 & \cdots & 1\end{vmatrix}$$

$$\xlongequal[j=2,3,\cdots,n]{r_1-r_j}n!\begin{vmatrix}1-\frac{1}{2}-\frac{1}{3}-\cdots-\frac{1}{n} & \frac{1}{2} & \frac{1}{3} & \cdots & \frac{1}{n}\\ 0 & 1 & 0 & \cdots & 0\\ 0 & 0 & 1 & \cdots & 0\\ \vdots & \vdots & \vdots & \vdots & \vdots\\ 0 & 0 & 0 & \cdots & 1\end{vmatrix}$$

$$=\left(1-\frac{1}{2}-\frac{1}{3}-\cdots-\frac{1}{n}\right)n!.$$

第二章　矩　　阵

学习目标

1. 了解矩阵的概念，了解矩阵的秩的概念.
2. 理解逆矩阵的概念及逆矩阵存在的充分必要条件.
3. 掌握几种特殊矩阵，掌握矩阵的线性运算、乘法运算、转置运算及其运算规则.
4. 掌握矩阵初等变换的概念并会运用矩阵的行初等变换求矩阵的秩和逆矩阵.

在人们日常的经济活动中，在生产经营管理和市场商品流通中，有许多问题的数量关系不能用两个变量间的关系来表达，为了表示和解决这类多个变量间的问题(例如多个学生、多个学科成绩，多种产品、多种规格、多种价格，多种原料、多种产品、多个产地、多个销售地等)，我们就要学习矩阵，因为矩阵是处理这类问题最有力的工具. 同时，矩阵还是数学的一个重要分支——线性代数的核心内容. 本章主要介绍矩阵的概念、特殊矩阵、矩阵的运算、矩阵的初等变换、方阵的行列式、逆矩阵的概念及其求法、简单的矩阵方程及其解法，以及如何运用矩阵解决实际问题等内容.

2.1　矩阵的概念及特殊矩阵

例 1　某城市甲、乙、丙三个长途客运站，分别向 A、B、C 三个城市开城际班车，每天发车的车次统计如表 2－1 所示(单位:次).

表 2—1

站＼城市	A	B	C
甲	3	2	4
乙	2	4	2
丙	4	1	3

这个统计表可以简写成一个 3 行 3 列数表

$$\begin{pmatrix} 3 & 2 & 4 \\ 2 & 4 & 2 \\ 4 & 1 & 3 \end{pmatrix}.$$

例 2 含有 n 个未知数、m 个方程的线性方程组

$$\begin{cases} a_{11}x_1+a_{12}x_2+\cdots+a_{1n}x_n=b_1; \\ a_{21}x_1+a_{22}x_2+\cdots+a_{2n}x_n=b_2; \\ \cdots\cdots\cdots\cdots\cdots\cdots\cdots\cdots\cdots\cdots \\ a_{m1}x_1+a_{m2}x_2+\cdots+a_{mn}x_n=b_m. \end{cases}$$

如果把它的系数 $a_{ij}(i=1,2,\cdots,m,j=1,2,\cdots,n)$ 和常数项 $b_i(i=1,2,\cdots,m)$ 按原来的顺序写出，就可以得到一个 m 行 $n+1$ 列的数表

$$\begin{pmatrix} a_{11} & a_{12} & \cdots & a_{1n} & b_1 \\ a_{21} & a_{22} & \cdots & a_{2n} & b_2 \\ \vdots & \vdots & \vdots & \vdots & \vdots \\ a_{m1} & a_{m2} & \cdots & a_{mn} & b_m \end{pmatrix},$$

那么这个数表就可以清晰表达这一线性方程组.

因为这些数字是有规则地排列在一起，形状像矩形，所以称之为矩阵. 下面给出矩阵的定义.

定义 2.1 由 $m\times n$ 个数 a_{ij} 排列成 m 行(横向)、n 列(纵向)的数表

$$\begin{pmatrix} a_{11} & a_{12} & \cdots & a_{1n} \\ a_{21} & a_{22} & \cdots & a_{2n} \\ \vdots & \vdots & \vdots & \vdots \\ a_{m1} & a_{m2} & \cdots & a_{mn} \end{pmatrix}$$

称为 **m 行 n 列矩阵**，简称 **$m\times n$ 矩阵**.

矩形数表外用圆括号括起来，通常用大写字母 $\boldsymbol{A},\boldsymbol{B},\boldsymbol{C},\boldsymbol{D},\cdots$ 表示. 也可简记为 $\boldsymbol{A}=(a_{ij})_{m\times n}$ 或 $\boldsymbol{A}_{m\times n}$，其中 a_{ij} 为 $\boldsymbol{A}$ 的第 i 行第 j 列的元素. 元素都是实数的矩阵称为**实矩阵**，元素都是复数的矩阵称为**复矩阵**，本章只研究实矩阵. 特别的，当 $m=n$ 时称 $\boldsymbol{A}=(a_{ij})_{n\times n}$ 为 **n 阶方阵**. 在 n 阶方阵中，从左上角到右下角的对角线称为**主对角线**，从右上角到左下角的对角线称为**次对角线**.

2.1.2 常用特殊矩阵

1. 行矩阵

当 $m=1$ 时,矩阵只有 1 行,称**行矩阵**,即 $\boldsymbol{A}=(a_{11},a_{12},a_{13}\cdots,a_{1n})$.

2. 列矩阵

当 $n=1$ 时,矩阵只有 1 列,称**列矩阵**,即 $\boldsymbol{A}=\begin{pmatrix}a_{11}\\a_{21}\\\vdots\\a_{m1}\end{pmatrix}$.

3. 上(下)三角阵

主对角线下方的元素都是 0 的方阵称为**上三角阵**(如 $\boldsymbol{A}$),

主对角线上方的元素都是 0 的方阵称为**下三角阵**(如 $\boldsymbol{B}$).

$$\boldsymbol{A}=\begin{pmatrix}-2&4&0\\0&1&-3\\0&0&5\end{pmatrix},\quad \boldsymbol{B}=\begin{pmatrix}1&0&0&0\\5&3&0&0\\0&4&1&0\\7&0&2&6\end{pmatrix}.$$

4. 对角阵

既是下三角阵,又是上三角阵,即非零元素都在主对角线上的方阵称为**对角阵**. 如

$$\boldsymbol{A}=\begin{pmatrix}1&0&0\\0&2&0\\0&0&4\end{pmatrix}.$$

显然,对角矩阵是由主对角线上的元素确定.

5. 数量矩阵

主对角线上的元素都相等的对角阵称为**数量矩阵**. 如

$$\boldsymbol{A}=\begin{pmatrix}5&0&0&0\\0&5&0&0\\0&0&5&0\\0&0&0&5\end{pmatrix}.$$

6. 单位矩阵

主对角线上元素都是 1 的数量矩阵称为**单位矩阵**,记作 $\boldsymbol{I}$ 或 $\boldsymbol{E}$. 如二阶单位矩阵

$$\boldsymbol{E}=\begin{pmatrix}1&0\\0&1\end{pmatrix}.$$

7. 零矩阵

所有元素都等于 0 的矩阵称为**零矩阵**,记作 $\boldsymbol{O}$. 如

$$
\boldsymbol{O}=\begin{pmatrix} 0 & 0 & 0 & 0 \\ 0 & 0 & 0 & 0 \\ 0 & 0 & 0 & 0 \\ 0 & 0 & 0 & 0 \end{pmatrix}.
$$

8. 负矩阵

在矩阵 $\boldsymbol{A}=(a_{ij})_{m\times n}$ 中各个元素前面都添上负号(即取相反数)得到的矩阵称为 $\boldsymbol{A}$ 的**负矩阵**,记作 $-\boldsymbol{A}$,即 $-\boldsymbol{A}=(-a_{ij})_{m\times n}$. 如

$$
\boldsymbol{A}=\begin{pmatrix} -1 & 1 & 1 \\ 2 & -9 & 2 \\ 3 & 2 & 4 \end{pmatrix},\quad -\boldsymbol{A}=\begin{pmatrix} 1 & -1 & -1 \\ -2 & 9 & -2 \\ -3 & -2 & -4 \end{pmatrix}.
$$

2.2 矩阵的运算

从实际问题中抽象出来的矩阵就是一个数表,可以进行加法、减法、数乘、乘法、转置和求逆等运算. 这些运算都有相应的运算规则,其中的一些运算规则与数的运算规则很相像,但也有一些不同之处.

2.2.1 矩阵相等

定义 2.2 如果两个矩阵 $\boldsymbol{A}=(a_{ij})_{m\times n}$ 和 $\boldsymbol{B}=(b_{ij})_{m\times n}$ 的行数和列数分别相同,而且各对应元素相等,则称矩阵 $\boldsymbol{A}$ 与矩阵 $\boldsymbol{B}$ **相等**,记作 $\boldsymbol{A}=\boldsymbol{B}$. 即如果 $\boldsymbol{A}=(a_{ij})_{m\times n}$ 和 $\boldsymbol{B}=(b_{ij})_{m\times n}$,且 $a_{ij}=b_{ij}\,(i=1,2,\cdots,m;j=1,2,\cdots,n)$,那么 $\boldsymbol{A}=\boldsymbol{B}$.

由定义 2.2 可知,用等式表示两个 $m\times n$ 矩阵相等,等价于元素之间的 $m\times n$ 个等式.

例 1 设矩阵 $\boldsymbol{A}=\begin{pmatrix} a & 3 & -2 \\ -1 & 4 & b \\ 5 & 2 & -3 \end{pmatrix}$,$\boldsymbol{B}=\begin{pmatrix} -2 & 3 & c \\ -4 & 4 & 6 \\ 5 & d & -3 \end{pmatrix}$,且 $\boldsymbol{A}=\boldsymbol{B}$,求 a,b,c,d.

解 根据定义,由 $\boldsymbol{A}=\boldsymbol{B}$,即

$$
\begin{pmatrix} a & 3 & -2 \\ -1 & 4 & b \\ 5 & 2 & -3 \end{pmatrix}=\begin{pmatrix} -2 & 3 & c \\ -1 & 4 & 6 \\ 5 & d & -3 \end{pmatrix},
$$

得 $a=-2,b=6,c=-2,d=2$.

2.2.2 矩阵的加法

定义 2.3 设 $\boldsymbol{A}=(a_{ij})_{m\times n}$ 和 $\boldsymbol{B}=(b_{ij})_{m\times n}$ 是两个 $m\times n$ 矩阵，规定：

$$\boldsymbol{A}+\boldsymbol{B}=(a_{ij}+b_{ij})=\begin{pmatrix} a_{11}+b_{11} & a_{12}+b_{12} & \cdots & a_{1n}+b_{1n} \\ a_{21}+b_{21} & a_{22}+b_{22} & \cdots & a_{2n}+b_{2n} \\ \vdots & \vdots & \vdots & \vdots \\ a_{m1}+b_{m1} & a_{m2}+b_{m2} & \cdots & a_{mn}+b_{mn} \end{pmatrix},$$

称矩阵 $\boldsymbol{A}+\boldsymbol{B}$ 为 $\boldsymbol{A}$ 与 $\boldsymbol{B}$ 的和. 称矩阵求和的运算为**矩阵的加法**.

由定义 2.3 可知，只有行数、列数分别相同的两个矩阵，才能作加法运算.

例 2 现有两种物资(单位:吨)要从三个产地运往三个销地，其调运方案分别为矩阵 $\boldsymbol{A}$ 与矩阵 $\boldsymbol{B}$：

$$\boldsymbol{A}=\begin{pmatrix} 10 & 0 & 20 \\ 20 & 20 & 10 \\ 30 & 0 & 10 \end{pmatrix},\quad \boldsymbol{B}=\begin{pmatrix} 0 & 40 & 20 \\ 0 & 10 & 10 \\ 30 & 20 & 10 \end{pmatrix}.$$

试问:从各产地运往各销地两种物资的总运量是多少?

解 设矩阵 $\boldsymbol{C}$ 为两种物资的总运量，那么矩阵 $\boldsymbol{C}$ 是 $\boldsymbol{A}$ 与 $\boldsymbol{B}$ 的和，即

$$\boldsymbol{C}=\boldsymbol{A}+\boldsymbol{B}=\begin{pmatrix} 10 & 0 & 20 \\ 20 & 20 & 10 \\ 30 & 0 & 10 \end{pmatrix}+\begin{pmatrix} 0 & 40 & 20 \\ 0 & 10 & 10 \\ 30 & 20 & 10 \end{pmatrix}$$

$$=\begin{pmatrix} 10+0 & 0+40 & 20+20 \\ 20+0 & 20+10 & 10+10 \\ 30+30 & 0+20 & 10+10 \end{pmatrix}=\begin{pmatrix} 10 & 40 & 40 \\ 20 & 30 & 20 \\ 60 & 20 & 20 \end{pmatrix}.$$

定义 2.4 如果 $\boldsymbol{A}=(a_{ij})_{m\times n}$ 和 $\boldsymbol{B}=(b_{ij})_{m\times n}$，由矩阵加法运算和负矩阵的概念，规定

$$\boldsymbol{A}-\boldsymbol{B}=\boldsymbol{A}+(-\boldsymbol{B})=(a_{ij})_{m\times n}+(-b_{ij})_{m\times n}=(a_{ij}-b_{ij})_{m\times n},$$

称矩阵 $\boldsymbol{A}-\boldsymbol{B}$ 为 $\boldsymbol{A}$ 与 $\boldsymbol{B}$ 的**差**.

例 3 甲，乙两化工厂在 2006 年和 2007 年所生产的 3 种化工产品 A_1，A_2，A_3 的数量如表 2—2 所示(单位:万吨).

表 2—2

年份 / 产品 / 工厂	2006			2007		
	A_1	A_2	A_3	A_1	A_2	A_3
甲	45	36	28	47	37	28
乙	41	32	33	42	31	35

(1)作矩阵 $\boldsymbol{A}$ 和 $\boldsymbol{B}$ 分别表示 2006 年和 2007 年工厂甲、乙生产各化工产品的数量；

(2)计算矩阵 $\boldsymbol{A}+\boldsymbol{B}$ 和 $\boldsymbol{B}-\boldsymbol{A}$，并说明其经济意义.

解 (1)$\boldsymbol{A}=\begin{pmatrix}45 & 36 & 28\\41 & 32 & 33\end{pmatrix}$,$\boldsymbol{B}=\begin{pmatrix}47 & 37 & 28\\42 & 31 & 35\end{pmatrix}$;

(2)$\boldsymbol{A}+\boldsymbol{B}=\begin{pmatrix}92 & 73 & 56\\83 & 63 & 68\end{pmatrix}$,$\boldsymbol{B}-\boldsymbol{A}=\begin{pmatrix}2 & 1 & 0\\1 & -1 & 2\end{pmatrix}$,

矩阵 $\boldsymbol{A}+\boldsymbol{B}$ 说明这两年甲,乙两厂生产的 3 种化工产品的数量,$\boldsymbol{B}-\boldsymbol{A}$ 说明甲,乙两厂在 2007 年比 2006 年生产的 3 种化工产品的增量.

矩阵加法运算规则

设 $\boldsymbol{A},\boldsymbol{B},\boldsymbol{C}$ 都是 $m\times n$ 矩阵,$\boldsymbol{O}$ 为 $m\times n$ 零矩阵,则矩阵运算满足:

(1)加法交换律:$\boldsymbol{A}+\boldsymbol{B}=\boldsymbol{B}+\boldsymbol{A}$.

(2)加法结合律:$(\boldsymbol{A}+\boldsymbol{B})+\boldsymbol{C}=\boldsymbol{A}+(\boldsymbol{B}+\boldsymbol{C})$.

(3)零矩阵满足:$\boldsymbol{A}+\boldsymbol{O}=\boldsymbol{A}$.

(4)$\boldsymbol{A}+(-\boldsymbol{A})=\boldsymbol{O}$.

(5)$\boldsymbol{A}-\boldsymbol{B}=-(\boldsymbol{B}-\boldsymbol{A})$.

2.2.3 矩阵的数乘

定义 2.5 设 k 是任意一个实数,$\boldsymbol{A}=(a_{ij})_{m\times n}$ 是一个 $m\times n$ 矩阵,规定:

$$k\boldsymbol{A}=(ka_{ij})_{m\times n}\begin{pmatrix}ka_{11} & ka_{12} & \cdots & ka_{1n}\\ka_{21} & ka_{22} & \cdots & ka_{2n}\\\vdots & \vdots & \vdots & \vdots\\ka_{m1} & ka_{m2} & \cdots & ka_{mn}\end{pmatrix},$$

称该矩阵为数 k 与矩阵 $\boldsymbol{A}$ 的**数量乘积**,或称之为**矩阵的数乘**.

由定义 2.5 可知,数 k 乘一个矩阵,需要用数 k 去乘矩阵的每个元素.特别的,当 $k=-1$时,$k\boldsymbol{A}=-\boldsymbol{A}$,得到 $\boldsymbol{A}$ 的负矩阵.

例 4 设从某三个生产地区到另外三个销售地区的距离(单位:km)为

$$\boldsymbol{A}=\begin{pmatrix}40 & 60 & 60\\100 & 100 & 60\\100 & 50 & 40\end{pmatrix}.$$

已知货物每吨的运费是 3 元/km,那么,各地区之间每吨货物的运费可记为

$$3\boldsymbol{A}=\begin{pmatrix}3\times40 & 3\times60 & 3\times60\\3\times100 & 3\times100 & 3\times60\\3\times100 & 3\times50 & 3\times40\end{pmatrix}=\begin{pmatrix}120 & 180 & 180\\300 & 300 & 180\\300 & 150 & 120\end{pmatrix}.$$

数乘矩阵的运算规则

对数 k,l 和矩阵 $\boldsymbol{A}=(a_{ij})_{m\times n}$,$\boldsymbol{B}=(b_{ij})_{m\times n}$,

(1)数与矩阵的分配律:$k(\boldsymbol{A}+\boldsymbol{B})=k\boldsymbol{A}+k\boldsymbol{B}$;

(2)矩阵与数的分配律:$(k+l)\boldsymbol{A}=k\boldsymbol{A}+l\boldsymbol{A}$;

(3)数与矩阵的结合律：$(kl)\boldsymbol{A}=k(l\boldsymbol{A})=l(k\boldsymbol{A})$；

(4)数 1 与矩阵满足：$1\boldsymbol{A}=\boldsymbol{A}$.

例 5 已知矩阵

$$\boldsymbol{A}=\begin{pmatrix}2&1\\3&0\\-1&4\end{pmatrix},\boldsymbol{B}=\begin{pmatrix}2&3\\4&-5\\0&8\end{pmatrix},\text{求 }3\boldsymbol{A}-2\boldsymbol{B}.$$

解 $$3\boldsymbol{A}-2\boldsymbol{B}=3\times\begin{pmatrix}2&1\\3&0\\-1&4\end{pmatrix}-2\times\begin{pmatrix}2&3\\4&-5\\0&8\end{pmatrix}$$

$$=\begin{pmatrix}3\times2-2\times2&3\times1-2\times3\\3\times3-2\times4&3\times0-2\times(-5)\\3\times(-1)-2\times0&3\times4-2\times8\end{pmatrix}=\begin{pmatrix}2&-3\\1&10\\-3&-4\end{pmatrix}.$$

2.2.4 矩阵的乘法

例 6 某地区甲、乙、丙三家商场同时销售两种品牌的家用电器，如果用矩阵 $\boldsymbol{A}$ 表示各商场销售这两种家用电器的日平均销售量(单位：台)，用矩阵 $\boldsymbol{B}$ 表示两种家用电器的单位售价(单位：千元)和单位利润(单位：千元)：

$$\boldsymbol{A}=\begin{matrix} & \text{电器 1} & \text{电器 2} & \\ & \left(\begin{matrix}20\\25\\18\end{matrix}\right. & \left.\begin{matrix}10\\11\\9\end{matrix}\right) & \begin{matrix}\text{甲}\\\text{乙}\\\text{丙}\end{matrix}\end{matrix},\quad \boldsymbol{B}=\begin{matrix} & \text{售价} & \text{利润} & \\ & \left(\begin{matrix}3.5\\5\end{matrix}\right. & \left.\begin{matrix}0.8\\1.2\end{matrix}\right) & \begin{matrix}\text{电器 1}\\\text{电器 2}\end{matrix}\end{matrix},$$

用矩阵 $\boldsymbol{C}=(c_{ij})_{3\times2}$ 表示这三家商场销售两种家用电器的每日总收入和总利润，那么 $\boldsymbol{C}$ 中的元素分别为

$$\text{总收入}\begin{cases}c_{11}=20\times3.5+10\times5=120;\\c_{21}=25\times3.5+11\times5=142.5;\\c_{31}=18\times3.5+9\times5=108;\end{cases}$$

$$\text{总利润}\begin{cases}c_{12}=20\times0.8+10\times1.2=28;\\c_{22}=25\times0.8+11\times1.2=33.2;\\c_{32}=18\times0.8+9\times1.2=25.2;\end{cases}$$

$$\boldsymbol{C}=\begin{pmatrix}c_{11}&c_{12}\\c_{21}&c_{22}\\c_{31}&c_{32}\end{pmatrix}=\begin{pmatrix}120&28\\142.5&33.2\\108&25.2\end{pmatrix}.$$

其中，矩阵 $\boldsymbol{C}$ 中的第 i 行第 j 列的元素是矩阵 $\boldsymbol{A}$ 第 i 行元素与矩阵 $\boldsymbol{B}$ 第 j 列对应元素的乘积之和.

类似于上述矩阵 $\boldsymbol{A},\boldsymbol{B},\boldsymbol{C}$ 之间的关系，下面给出矩阵乘法的定义.

定义 2.6 设 $\boldsymbol{A}$ 是一个 $m\times s$ 矩阵，$\boldsymbol{B}$ 是一个 $s\times n$ 矩阵，

$$\boldsymbol{A}=\begin{pmatrix} a_{11} & a_{12} & \cdots & a_{1s} \\ a_{21} & a_{22} & \cdots & a_{2s} \\ \vdots & \vdots & \vdots & \vdots \\ a_{m1} & a_{m2} & \cdots & a_{ms} \end{pmatrix}, \quad \boldsymbol{B}=\begin{pmatrix} b_{11} & b_{12} & \cdots & b_{1n} \\ b_{21} & b_{22} & \cdots & b_{2n} \\ \vdots & \vdots & \vdots & \vdots \\ b_{s1} & b_{s2} & \cdots & b_{sn} \end{pmatrix},$$

则称 $m\times n$ 矩阵 $\boldsymbol{C}=(c_{ij})_{m\times n}$ 为矩阵 $\boldsymbol{A}$ 与 $\boldsymbol{B}$ 的**乘积**，其中

$$\begin{aligned} c_{ij} &= a_{i1}b_{1j}+a_{i2}b_{2j}+\cdots+a_{is}b_{sj} \\ &= \sum_{k=1}^{s} a_{ik}b_{kj}\,(i=1,2,\cdots,m;\ j=1,2,\cdots,n), \end{aligned}$$

记作 $\boldsymbol{C}=\boldsymbol{AB}$.

由定义 2.6 可知：

(1)只有当左矩阵 $\boldsymbol{A}$ 的列数等于右矩阵 $\boldsymbol{B}$ 的行数时，$\boldsymbol{A}$ 和 $\boldsymbol{B}$ 才能作乘法运算；

(2)两个矩阵的乘积 $\boldsymbol{C}=\boldsymbol{AB}$ 亦是矩阵，它的行数等于左矩阵 $\boldsymbol{A}$ 的行数，它的列数等于右矩阵 $\boldsymbol{B}$ 的列数；

(3)乘积矩阵 $\boldsymbol{C}=\boldsymbol{AB}$ 中的第 i 行第 j 列的元素等于 $\boldsymbol{A}$ 的第 i 行元素与 $\boldsymbol{B}$ 的第 j 列对应元素的乘积之和，故简称**行乘列法则**.

例 7 设矩阵

$$\boldsymbol{A}=\begin{pmatrix} 1 & 2 \\ -1 & 0 \\ 1 & -2 \end{pmatrix}, \boldsymbol{B}=\begin{pmatrix} -1 & 1 \\ 1 & 2 \end{pmatrix},$$

求 $\boldsymbol{AB},\boldsymbol{BA}$.

解 (1)
$$\begin{aligned} \boldsymbol{AB} &= \begin{pmatrix} 1 & 2 \\ -1 & 0 \\ 1 & -2 \end{pmatrix}\begin{pmatrix} -1 & 1 \\ 1 & 2 \end{pmatrix} \\ &= \begin{pmatrix} 1\times(-1)+2\times1 & 1\times1+2\times2 \\ -1\times(-1)+0\times1 & -1\times1+0\times2 \\ 1\times(-1)+(-2)\times1 & 1\times1+(-2)\times2 \end{pmatrix} \\ &= \begin{pmatrix} 1 & 5 \\ 1 & -1 \\ -3 & -3 \end{pmatrix}. \end{aligned}$$

(2)因为 $\boldsymbol{A}$ 只有 3 行，$\boldsymbol{B}$ 有 2 列，所以 $\boldsymbol{BA}$ 无意义.

例 8 设矩阵

$$\boldsymbol{A}=\begin{pmatrix} 1 & 2 \\ 4 & 3 \end{pmatrix}, \boldsymbol{B}=\begin{pmatrix} 1 & 5 \\ 3 & 2 \end{pmatrix},$$

求 $\boldsymbol{AB},\boldsymbol{BA}$.

解 (1)$\boldsymbol{AB}=\begin{pmatrix}1\times1+2\times3 & 1\times5+2\times2\\4\times1+3\times3 & 4\times5+3\times2\end{pmatrix}=\begin{pmatrix}7 & 9\\13 & 26\end{pmatrix}$,

(2)$\boldsymbol{BA}=\begin{pmatrix}1\times1+5\times4 & 1\times2+5\times3\\3\times1+2\times4 & 3\times2+2\times3\end{pmatrix}=\begin{pmatrix}21 & 17\\11 & 12\end{pmatrix}$,

很明显 $\boldsymbol{AB}\neq\boldsymbol{BA}$.

例 9 设矩阵

$$\boldsymbol{A}=\begin{pmatrix}0 & 0\\0 & 1\end{pmatrix},\boldsymbol{B}=\begin{pmatrix}1 & 1\\0 & 0\end{pmatrix},$$

求 $\boldsymbol{AB}$ 和 $\boldsymbol{BA}$.

解

$$\boldsymbol{AB}=\begin{pmatrix}0 & 0\\0 & 1\end{pmatrix}\times\begin{pmatrix}1 & 1\\0 & 0\end{pmatrix}=\begin{pmatrix}0 & 0\\0 & 0\end{pmatrix},$$

$$\boldsymbol{BA}=\begin{pmatrix}1 & 1\\0 & 0\end{pmatrix}\times\begin{pmatrix}0 & 0\\0 & 1\end{pmatrix}=\begin{pmatrix}0 & 1\\0 & 0\end{pmatrix}.$$

由例 7、例 8、例 9 可知,当乘积矩阵 $\boldsymbol{AB}$ 有意义时,$\boldsymbol{BA}$ 不一定有意义;即使乘积矩阵 $\boldsymbol{AB}$ 和 $\boldsymbol{BA}$ 都有意义时,$\boldsymbol{AB}$ 和 $\boldsymbol{BA}$ 也不一定相等.因此,矩阵乘法不满足交换律,在以后进行矩阵乘法时,一定要注意乘法的次序,不能随意改变.

矩阵乘法不满足交换律是对一般情况而言的,但是,若两个矩阵 $\boldsymbol{A}$ 和 $\boldsymbol{B}$ 满足 $\boldsymbol{AB}=\boldsymbol{BA}$,则称矩阵 $\boldsymbol{A}$ 和 $\boldsymbol{B}$ 是**可交换的**.n 阶数量矩阵与所有 n 阶方阵可交换,反之,能够与所有 n 阶方阵可交换的矩阵一定是 n 阶数量矩阵.单位矩阵在矩阵乘法中,将起着类似于数 1 在数的乘法中的作用,容易验证,在可以相乘的前提下,对任意矩阵总有

$$\boldsymbol{EA}=\boldsymbol{A},\boldsymbol{AE}=\boldsymbol{A}.$$

例 10 设矩阵

$$\boldsymbol{A}=\begin{pmatrix}-1 & 4\\1 & 2\end{pmatrix},\boldsymbol{B}=\begin{pmatrix}0 & 4\\1 & 3\end{pmatrix},$$

试问矩阵 $\boldsymbol{A}$ 和 $\boldsymbol{B}$ 是否可交换?

解 因为

$$\boldsymbol{AB}=\begin{pmatrix}-1 & 4\\1 & 2\end{pmatrix}\times\begin{pmatrix}0 & 4\\1 & 3\end{pmatrix}=\begin{pmatrix}4 & 8\\2 & 0\end{pmatrix},$$

$$\boldsymbol{BA}=\begin{pmatrix}0 & 4\\1 & 3\end{pmatrix}\times\begin{pmatrix}-1 & 4\\1 & 2\end{pmatrix}=\begin{pmatrix}4 & 8\\2 & 0\end{pmatrix},$$

即 $\boldsymbol{AB}=\boldsymbol{BA}$,所以矩阵 $\boldsymbol{A}$ 和 $\boldsymbol{B}$ 是可交换的.

在满足两个矩阵相乘的条件下,零矩阵和任何矩阵的乘积都是零矩阵,反之则不然,即当 $\boldsymbol{AB}=\boldsymbol{O}$,不能推出 $\boldsymbol{A}$ 和 $\boldsymbol{B}$ 中至少有一个是零矩阵.例如,在例 9 中矩阵 $\boldsymbol{A}$ 和 $\boldsymbol{B}$ 都是非零矩阵($\boldsymbol{A}\neq\boldsymbol{O},\boldsymbol{B}\neq\boldsymbol{O}$),但是矩阵 $\boldsymbol{A}$ 和 $\boldsymbol{B}$ 的乘积矩阵 $\boldsymbol{AB}$ 是一个零矩阵($\boldsymbol{AB}=\boldsymbol{O}$).即两个非零矩阵的乘积可能是零矩阵,这种现象在数的乘法运算中是不可能出现的.

例 11 设矩阵

$$A=\begin{pmatrix}1&3&2\\3&0&6\end{pmatrix},B=\begin{pmatrix}0&3\\2&0\\0&5\end{pmatrix},C=\begin{pmatrix}0&5\\2&0\\0&4\end{pmatrix},$$

求 $\boldsymbol{AB}$ 和 $\boldsymbol{AC}$.

解

$$\boldsymbol{AB}=\begin{pmatrix}1&3&2\\3&0&6\end{pmatrix}\times\begin{pmatrix}0&3\\2&0\\0&5\end{pmatrix}=\begin{pmatrix}6&13\\0&39\end{pmatrix},$$

$$\boldsymbol{AC}=\begin{pmatrix}1&3&2\\3&0&6\end{pmatrix}\times\begin{pmatrix}0&5\\2&0\\0&4\end{pmatrix}=\begin{pmatrix}6&13\\0&39\end{pmatrix}.$$

一般地，当乘积矩阵 $\boldsymbol{AB}=\boldsymbol{AC}$，且 $\boldsymbol{A}\neq\boldsymbol{O}$ 时，不能消去矩阵 $\boldsymbol{A}$，而得到 $\boldsymbol{B}=\boldsymbol{C}$. 这说明矩阵乘法也不满足消去律. 矩阵乘法不满足交换律、消去律，以及两个非零矩阵的乘积有可能是零矩阵，这些都是矩阵乘法与数的乘法不同之处. 但是矩阵乘法与数的乘法也有相似的地方，或者说有相似的运算规则.

矩阵乘法运算规则

(1)乘法结合律：$(\boldsymbol{AB})\boldsymbol{C}=\boldsymbol{A}(\boldsymbol{BC})$.

(2)左乘分配律：$\boldsymbol{A}(\boldsymbol{B}+\boldsymbol{C})=\boldsymbol{AB}+\boldsymbol{AC}$;

右乘分配律：$(\boldsymbol{A}+\boldsymbol{B})\boldsymbol{C}=\boldsymbol{AC}+\boldsymbol{BC}$.

(3)数乘结合律：$k(\boldsymbol{AB})=(k\boldsymbol{A})\boldsymbol{B}=\boldsymbol{A}(k\boldsymbol{B})$，其中 k 是一个常数.

(4)对 $\boldsymbol{A}=(a_{ij})_{m\times n},\boldsymbol{E}_{m\times m},\boldsymbol{E}_{n\times n},\boldsymbol{O}_{m\times m},\boldsymbol{O}_{n\times n}$ 有

$$\boldsymbol{A}=\boldsymbol{E}_{m\times m}\boldsymbol{A}=\boldsymbol{AE}_{n\times n};\boldsymbol{O}_{m\times m}\boldsymbol{A}=\boldsymbol{AO}_{n\times n}=\boldsymbol{O}_{m\times n}.$$

运算规则的证明略.

对 m 个矩阵的乘法运算可以作类似讨论. 特别地，当 $\boldsymbol{A}$ 是 n 阶方阵时，我们规定：

$$\boldsymbol{A}^m=\underbrace{\boldsymbol{AA}\cdots\boldsymbol{A}}_{m个},$$

称 $\boldsymbol{A}^m$ 为**方阵 $\boldsymbol{A}$ 的 m 次幂**，其中 m 是正整数.

当 $m=0$ 时，规定 $\boldsymbol{A}^m=\boldsymbol{E}$，显然有

$$\boldsymbol{A}^k\boldsymbol{A}^l=\boldsymbol{A}^{k+l},(\boldsymbol{A}^k)^l=\boldsymbol{A}^{kl}.\text{(其中 }k,l\text{ 是任意正整数)}$$

因矩阵乘法不满足交换律，因此，一般地

$$(\boldsymbol{AB})^k\neq\boldsymbol{A}^k\boldsymbol{B}^k.$$

例 12 3 个工厂 2009 年生产甲，乙，丙，丁 4 种产品，其单位成本如表 2－3 所示(单位：百元).

表 2—3

工厂＼产品	甲	乙	丙	丁
Ⅰ	3.5	4.2	2.9	3.3
Ⅱ	3.4	4.3	3.1	3.0
Ⅲ	3.6	4.1	3.0	3.2

现生产甲 200 件,乙 300 件,丙 400 件,丁 500 件,问由哪个工厂生产成本最低?

解 设矩阵 $\boldsymbol{A}$ 表示各工厂生产 4 种产品的单位成本,设矩阵 $\boldsymbol{B}$ 表示生产 4 种产品的产量,则有

$$\boldsymbol{A}=\begin{pmatrix}3.5 & 4.2 & 2.9 & 3.3\\ 3.4 & 4.3 & 3.1 & 3.0\\ 3.6 & 4.1 & 3.0 & 3.2\end{pmatrix},\boldsymbol{B}=\begin{pmatrix}200\\ 300\\ 400\\ 500\end{pmatrix},$$

$$\boldsymbol{AB}=\begin{pmatrix}3.5 & 4.2 & 2.9 & 3.3\\ 3.4 & 4.3 & 3.1 & 3.0\\ 3.6 & 4.1 & 3.0 & 3.2\end{pmatrix}\begin{pmatrix}200\\ 300\\ 400\\ 500\end{pmatrix}=(4770\quad 4710\quad 4750),$$

所以由工厂Ⅱ生产所需成本最低.

2.2.5 矩阵的转置

定义 2.7 将一个矩阵

$$\boldsymbol{A}=\begin{pmatrix}a_{11} & a_{12} & \cdots & a_{1n}\\ a_{21} & a_{22} & \cdots & a_{2n}\\ \vdots & \vdots & \vdots & \vdots\\ a_{m1} & a_{m2} & \cdots & a_{mn}\end{pmatrix}$$

的行和列按顺序互换得到的 $n\times m$ 矩阵,称为 $\boldsymbol{A}$ 的**转置矩阵**,记作 $\boldsymbol{A}^T$,即

$$\boldsymbol{A}^T=\begin{pmatrix}a_{11} & a_{21} & \cdots & a_{m1}\\ a_{12} & a_{22} & \cdots & a_{m2}\\ \vdots & \vdots & \vdots & \vdots\\ a_{1n} & a_{2n} & \cdots & a_{mn}\end{pmatrix}.$$

由定义 2.7 可知,转置矩阵 $\boldsymbol{A}^T$ 的第 i 行第 j 列的元素等于矩阵 $\boldsymbol{A}$ 的第 j 行第 i 列的元素.

例 13 设矩阵

$$\boldsymbol{A}=\begin{pmatrix}3 & -2\\ 4 & 3\end{pmatrix},\quad \boldsymbol{B}=\begin{pmatrix}2 & 3 & -2\\ 5 & -4 & 1\end{pmatrix},$$

计算:(1)$|\boldsymbol{A}|$(指由 $\boldsymbol{A}$ 的元素构成的行列式),$|\boldsymbol{A}^T|$; (2)$(\boldsymbol{AB})^T$,$\boldsymbol{A}^T\boldsymbol{B}^T$,$\boldsymbol{B}^T\boldsymbol{A}^T$.

解 (1)$|\boldsymbol{A}|=\begin{vmatrix}3 & -2\\4 & 3\end{vmatrix}=17$; $|\boldsymbol{A}^T|=\begin{vmatrix}3 & 4\\-2 & 3\end{vmatrix}=17$,

显然$|\boldsymbol{A}|=|\boldsymbol{A}^T|$.

(2)$\boldsymbol{AB}=\begin{pmatrix}3 & -2\\4 & 3\end{pmatrix}\begin{pmatrix}2 & 3 & -2\\5 & -4 & 1\end{pmatrix}=\begin{pmatrix}-4 & 17 & -8\\23 & 0 & -5\end{pmatrix}$,

$$(\boldsymbol{AB})^T=\begin{pmatrix}-4 & 23\\17 & 0\\-8 & -5\end{pmatrix}.$$

又因为 $\boldsymbol{A}^T=\begin{pmatrix}3 & 4\\-2 & 3\end{pmatrix}$,$\boldsymbol{B}^T=\begin{pmatrix}2 & 5\\3 & -4\\-2 & 1\end{pmatrix}$,$\boldsymbol{A}^T\boldsymbol{B}^T$ 无意义.

$$\boldsymbol{B}^T\boldsymbol{A}^T=\begin{pmatrix}2 & 5\\3 & -4\\-2 & 1\end{pmatrix}\begin{pmatrix}3 & 4\\-2 & 3\end{pmatrix}=\begin{pmatrix}-4 & 23\\17 & 0\\-8 & -5\end{pmatrix},$$

显然$(\boldsymbol{AB})^T=\boldsymbol{B}^T\boldsymbol{A}^T$.

矩阵的转置满足下列运算法则(k 为任意实数):

(1)$(\boldsymbol{A}^T)^T=\boldsymbol{A}$;

(2)$(k\boldsymbol{A})^T=k\boldsymbol{A}^T$;

(3)$(\boldsymbol{A}+\boldsymbol{B})^T=\boldsymbol{A}^T+\boldsymbol{B}^T$;

(4)$(\boldsymbol{AB})^T=\boldsymbol{B}^T\boldsymbol{A}^T$.

矩阵转置的运算法则的证明略.

矩阵转置的运算规则(4)还可以推广到多个矩阵相乘的情况,即

$$(\boldsymbol{A}_1\boldsymbol{A}_2\cdots\boldsymbol{A}_k)^T=\boldsymbol{A}_k^T\cdots\boldsymbol{A}_2^T\boldsymbol{A}_1^T.$$

定义 2.8 如果矩阵 $\boldsymbol{A}=(a_{ij})$满足 $\boldsymbol{A}=\boldsymbol{A}^T$,则称 $\boldsymbol{A}$ 是**对称矩阵**.

由定义 2.8 知,对称矩阵一定是方阵,并且它的第 i 行第 j 列的元素等于矩阵 $\boldsymbol{A}$ 的第 j 行第 i 列的元素,即 $a_{ij}=a_{ji}(i=1,2,\cdots;j=1,2,\cdots)$.例如,矩阵

$$\boldsymbol{A}=\begin{pmatrix}4 & 5 & 6\\5 & 3 & 1\\6 & 1 & 7\end{pmatrix},\quad \boldsymbol{B}=\begin{pmatrix}1 & 0 & 1 & 1\\0 & 4 & 2 & 0\\1 & 2 & -1 & 3\\1 & 0 & 3 & 5\end{pmatrix}$$

分别是一个三阶对称矩阵和一个四阶对称矩阵.显然,单位矩阵、数量矩阵、对角矩阵都是对称矩阵的特例.

例 14 $\boldsymbol{A}$ 和 $\boldsymbol{B}$ 都是三阶对称矩阵:

$$\boldsymbol{A}=\begin{pmatrix}3 & -2 & 4\\2 & 3 & -5\\1 & 0 & 6\end{pmatrix},\quad \boldsymbol{B}=\begin{pmatrix}-2 & 1 & 0\\3 & -2 & 3\\0 & 3 & -1\end{pmatrix}.$$

求 $\boldsymbol{A}+\boldsymbol{B}, \boldsymbol{A}-\boldsymbol{B}, 3\boldsymbol{A}-2\boldsymbol{B}$.

解 $\boldsymbol{A}+\boldsymbol{B}=\begin{pmatrix}3 & -2 & 4\\2 & 3 & -5\\1 & 0 & 6\end{pmatrix}+\begin{pmatrix}-2 & 1 & 0\\3 & -2 & 3\\0 & 3 & -1\end{pmatrix}=\begin{pmatrix}1 & -1 & 4\\5 & 1 & -2\\1 & 3 & 5\end{pmatrix}$;

$$\boldsymbol{A}-\boldsymbol{B}=\begin{pmatrix}3 & -2 & 4\\2 & 3 & -5\\1 & 0 & 6\end{pmatrix}-\begin{pmatrix}-2 & 1 & 0\\3 & -2 & 3\\0 & 3 & -1\end{pmatrix}=\begin{pmatrix}5 & -3 & 4\\-1 & 5 & -8\\1 & -3 & 7\end{pmatrix};$$

$$3\boldsymbol{A}-2\boldsymbol{B}=3\times\begin{pmatrix}3 & -2 & 4\\2 & 3 & -5\\1 & 0 & 6\end{pmatrix}-2\times\begin{pmatrix}-2 & 1 & 0\\3 & -2 & 3\\0 & 3 & -1\end{pmatrix}=\begin{pmatrix}13 & -8 & 12\\0 & 13 & -21\\3 & -6 & 20\end{pmatrix}.$$

2.2.3 矩阵的初等变换

定义 2.9 矩阵进行下列三种变换，称为**矩阵的初等行变换**：

(1)对换矩阵的第 i 行和第 j 行两行的位置；

(2)用一个非零数 k 乘矩阵的第 i 行的所有元素；

(3)将矩阵的第 j 行所有元素的 k 倍加到第 i 行的对应元素.

(1)称为**对换变换**，记为 $r_i\leftrightarrow r_j$；(2)称为**倍乘变换**，记为 kr_i；(3)称为**倍加变换**，记为 r_i+kr_j.

在定义 2.9 中，若把对矩阵的行实行的三种变换改为列变换，我们就能得到对矩阵的三种列变换，并将其称为**矩阵的初等列变换**.三种矩阵的初等列变换分别计为 $c_i\leftrightarrow c_j, kc_i, c_i+kc_j$.矩阵的初等行变换和初等列变换统称为初等变换，本书只讨论矩阵的初等行变换.矩阵 $\boldsymbol{A}$ 经过初等行变换后变为 $\boldsymbol{B}$，用 $\boldsymbol{A}\to\boldsymbol{B}$ 表示，并称矩阵 $\boldsymbol{A}$ 与 $\boldsymbol{B}$ 是**等价**的.

例如，设矩阵

$$\boldsymbol{A}=\begin{pmatrix}1 & -1 & 2\\0 & 1 & 1\\2 & 3 & -4\end{pmatrix},$$

其初等行变换如下：

$$\boldsymbol{A}=\begin{pmatrix}1 & -1 & 2\\0 & 1 & 1\\2 & 3 & -4\end{pmatrix}\xrightarrow{r_1\leftrightarrow r_2}\begin{pmatrix}0 & 1 & 1\\1 & -1 & 2\\2 & 3 & -4\end{pmatrix};$$

$$\boldsymbol{A}=\begin{pmatrix}1 & -1 & 2\\0 & 1 & 1\\2 & 3 & -4\end{pmatrix}\xrightarrow{2\times r_2}\begin{pmatrix}1 & -1 & 2\\0 & 2 & 2\\2 & 3 & -4\end{pmatrix};$$

$$\boldsymbol{A}=\begin{pmatrix}1 & -1 & 2\\0 & 1 & 1\\2 & 3 & -4\end{pmatrix}\xrightarrow{r_2+2r_1}\begin{pmatrix}1 & -1 & 2\\2 & -1 & 5\\2 & 3 & -4\end{pmatrix}.$$

矩阵经过初等变换后，其元素发生变化，但是其本身所有的许多特性是保持不变的.

初等行变换在矩阵理论中具有十分重要的作用.但是，如果矩阵的初等行变换只能用语言加以说明，而不能表现为符号运算，那么它将不能成为一种有效的数学方法而充分发挥作用.下面我们把矩阵的初等行变换表示为矩阵的乘法运算.例如

(1)
$$\boldsymbol{A}=\begin{pmatrix}1&-1&2\\0&1&1\\2&3&-4\end{pmatrix}\xrightarrow{r_1\leftrightarrow r_2}\begin{pmatrix}0&1&1\\1&-1&2\\2&3&-4\end{pmatrix},$$

$$\begin{pmatrix}0&1&0\\1&0&0\\0&0&1\end{pmatrix}\boldsymbol{A}=\begin{pmatrix}0&1&0\\1&0&0\\0&0&1\end{pmatrix}\begin{pmatrix}1&-1&2\\0&1&1\\2&3&-4\end{pmatrix}=\begin{pmatrix}0&1&1\\1&-1&2\\2&3&-4\end{pmatrix}.$$

(2)
$$\boldsymbol{A}=\begin{pmatrix}1&2&3\\2&0&6\\3&6&4\end{pmatrix}\xrightarrow{2\times r_2}\begin{pmatrix}1&2&3\\4&0&12\\3&6&4\end{pmatrix},$$

$$\begin{pmatrix}1&0&0\\0&2&0\\0&0&1\end{pmatrix}\boldsymbol{A}=\begin{pmatrix}1&0&0\\0&2&0\\0&0&1\end{pmatrix}\begin{pmatrix}1&2&3\\2&0&6\\3&6&4\end{pmatrix}=\begin{pmatrix}1&2&3\\4&0&12\\3&6&4\end{pmatrix}.$$

(3)
$$\boldsymbol{A}=\begin{pmatrix}1&2&3\\2&0&6\\3&6&4\end{pmatrix}\xrightarrow{r_3+10\times r_1}\begin{pmatrix}1&2&3\\2&0&6\\13&26&34\end{pmatrix},$$

$$\begin{pmatrix}1&0&0\\0&1&0\\10&0&1\end{pmatrix}\boldsymbol{A}=\begin{pmatrix}1&0&0\\0&1&0\\10&0&1\end{pmatrix}\begin{pmatrix}1&2&3\\2&0&6\\3&6&4\end{pmatrix}=\begin{pmatrix}1&2&3\\2&0&6\\13&26&34\end{pmatrix}.$$

由此可见，矩阵左乘以上三种矩阵，分别等于使第 1 行、第 2 行的元素互换，第 2 行的元素都乘以 2，第 1 行的元素都乘以 10 分别加至第 3 行的对应元素三种变换.而左边所乘的三个三阶矩阵恰好是对单位矩阵作同样的初等行变换得到的，它们称为初等矩阵.下面给出初等矩阵的定义.

定义 2.10 由单位矩阵 $\boldsymbol{E}$ 经过一次初等变换得到的矩阵称为**初等矩阵**.

对应于三种初等行变换有三种类型的初等矩阵：

(1)由单位矩阵 E 的第 i 行和第 j 列对换位置而得到的初等矩阵叫**初等对换矩阵**，记为 $\boldsymbol{E}(i,j)$；

(2)由单位矩阵 E 的第 i 行乘以 k 得到的初等矩阵叫**初等倍乘矩阵**，其中 $k\neq0$，记为 $\boldsymbol{E}(kr_i)$；

(3)由单位矩阵 E 的第 j 行乘以 k 加至第 i 行而得到的初等矩阵叫**初等倍加矩阵**，记为 $\boldsymbol{E}(r_i+kr_j)$.

例如，设 $\boldsymbol{E}$ 为三阶单位矩阵 $\boldsymbol{E}$.互换单位矩阵 $\boldsymbol{E}$ 的第 1 行、第 2 行，

$$E=\begin{pmatrix}1&0&0\\0&1&0\\0&0&1\end{pmatrix}\xrightarrow{r_1\leftrightarrow r_2}\begin{pmatrix}0&1&0\\1&0&0\\0&0&1\end{pmatrix}=E(1,2);$$

用一个非零数 2 遍乘单位矩阵 E 的第 2 行，

$$E=\begin{pmatrix}1&0&0\\0&1&0\\0&0&1\end{pmatrix}\xrightarrow{2\times r_2}\begin{pmatrix}1&0&0\\0&2&0\\0&0&1\end{pmatrix}=E(2\times r_2);$$

用一个数 10 乘单位矩阵 E 的第 1 行，再加到第 3 行，

$$E=\begin{pmatrix}1&0&0\\0&1&0\\0&0&1\end{pmatrix}\xrightarrow{r_3+10\times r_1}\begin{pmatrix}1&0&0\\0&1&0\\10&0&1\end{pmatrix}=E(r_3+10\times r_1).$$

可以证明，初等矩阵的转置仍为初等矩阵.

定理 2.1 对 $A_{m\times n}$ 矩阵进行一次初等行变换相当于在 A 的左边乘上一个相应的 m 阶的初等矩阵.(证明略)

例 15 已知 $A=\begin{pmatrix}1&2\\0&1\\2&0\end{pmatrix}$,

求:$A(2,3)$,$E(2,3)A$;$A(4\times r_3)$,$E(4\times r_3)A$;$A(r_1+4\times r_3)$,$E(r_1+4\times r_3)A$.

解

$$A=\begin{pmatrix}1&2\\0&1\\2&0\end{pmatrix}\xrightarrow{r_2\leftrightarrow r_3}\begin{pmatrix}1&2\\2&0\\0&1\end{pmatrix}=A(2,3),$$

$$E(2,3)A=\begin{pmatrix}1&0&0\\0&0&1\\0&1&0\end{pmatrix}\begin{pmatrix}1&2\\0&1\\2&0\end{pmatrix}=\begin{pmatrix}1&2\\2&0\\0&1\end{pmatrix},$$

即

$$A(2,3)=E(2,3)A;$$

$$A(4\times r_3)=\begin{pmatrix}1&2\\0&1\\8&0\end{pmatrix},$$

$$E(4\times r_3)A=\begin{pmatrix}1&0&0\\0&1&0\\0&0&4\end{pmatrix}\begin{pmatrix}1&2\\0&1\\2&0\end{pmatrix}=\begin{pmatrix}1&2\\0&1\\8&0\end{pmatrix},$$

即

$$A(4\times r_3)=E(4\times r_3)A;$$

$$A(r_1+4\times r_3)=\begin{pmatrix}9&2\\0&1\\2&0\end{pmatrix},$$

$$\boldsymbol{E}(r_1+4\times r_3)\boldsymbol{A}=\begin{pmatrix}1&0&4\\0&1&0\\0&0&1\end{pmatrix}\begin{pmatrix}1&2\\0&1\\2&0\end{pmatrix}=\begin{pmatrix}9&2\\0&1\\2&0\end{pmatrix},$$

即

$$\boldsymbol{A}(r_1+4\times r_3)=\boldsymbol{E}(r_1+4\times r_3)\boldsymbol{A}.$$

定理 2.1 说明:矩阵的第 i 行和第 j 行的互换相当于矩阵左乘 $\boldsymbol{E}(i,j)$,矩阵的第 i 行乘 k 倍相当于矩阵左乘 $\boldsymbol{E}(k\times r_i)$,把矩阵的第 j 行乘 k 加至第 i 行相当于矩阵左乘 $\boldsymbol{E}(r_i+k\times r_j)$.

2.3 逆矩阵

上一节我们学习了矩阵的加法、减法、数乘和乘法,而数字的运算除了加法、减法、乘法,还有除法运算,那么,在矩阵的运算中,能不能进行除法运算呢?我们现在就来回答这个问题.为了弄清这个问题,我们先回顾数的乘法和除法之间的关系.

设 a 和 b 为两个数,当 $a\neq 0$ 时,a 的倒数存在,且 $b\div a=b\times\frac{1}{a}$,但是,当 $a=0$ 时,a 的倒数不存在,上述除法也就不能进行.因此,除法的关键是除数 a 必须有倒数 $\frac{1}{a}$,a 的倒数 $\frac{1}{a}$ 叫 a 的逆,即 $\frac{1}{a}=a^{-1}$,只要 $a\neq 0$,a 就可逆,并且满足关系

$$a\cdot\frac{1}{a}=a\cdot a^{-1}=a^{-1}\cdot a=1.$$

类似的,矩阵 $\boldsymbol{A}$ 是否存在逆矩阵,就是看是否存在一个矩阵 $\boldsymbol{A}^{-1}$,使得

$$\boldsymbol{A}\times\boldsymbol{A}^{-1}=\boldsymbol{A}^{-1}\times\boldsymbol{A}=\boldsymbol{E}.$$

那么,矩阵 $\boldsymbol{A}$ 满足什么条件时,$\boldsymbol{A}$ 一定有逆矩阵?逆矩阵有什么性质?怎样求 $\boldsymbol{A}$ 的逆矩阵?这些是本节要解决的问题.

2.3.1 逆矩阵的概念

定义 2.11 对于矩阵 $\boldsymbol{A}$,若存在矩阵 $\boldsymbol{B}$,使得 $\boldsymbol{AB}=\boldsymbol{BA}=\boldsymbol{E}$,则称矩阵 $\boldsymbol{A}$ 为**可逆矩阵**(简称**可逆阵**),并把矩阵 $\boldsymbol{B}$ 称为 $\boldsymbol{A}$ 的**逆矩阵**(简称为 $\boldsymbol{A}$ 的**逆阵**,或 $\boldsymbol{A}$ 的**逆**).可逆阵亦称**非退化阵**、**非奇异阵**或**满秩阵**,不可逆的矩阵也称**退化阵**、**奇异阵**或**降秩阵**.

一般地,$\boldsymbol{A}$ 的逆矩阵记作 $\boldsymbol{A}^{-1}$(读作"$\boldsymbol{A}$ 逆"),即若 $\boldsymbol{AB}=\boldsymbol{BA}=\boldsymbol{E}$,则 $\boldsymbol{B}=\boldsymbol{A}^{-1}$,于是,若 $\boldsymbol{A}$ 是可逆矩阵,则存在矩阵 $\boldsymbol{A}^{-1}$,满足

$$\boldsymbol{AA}^{-1}=\boldsymbol{A}^{-1}\boldsymbol{A}=\boldsymbol{E}.$$

根据可逆矩阵的定义，$\boldsymbol{A}$ 和 $\boldsymbol{A}^{-1}$ 要满足条件 $\boldsymbol{A}\boldsymbol{A}^{-1}=\boldsymbol{A}^{-1}\boldsymbol{A}=\boldsymbol{E}$，那么，$\boldsymbol{A}$ 的列数等于 $\boldsymbol{A}^{-1}$的行数，$\boldsymbol{A}^{-1}$的列数等于 $\boldsymbol{A}$ 的行数. 若 $\boldsymbol{A}=(a_{ij})_{m\times n}$，则 $\boldsymbol{A}^{-1}=(b_{ij})_{n\times m}$，从而 $\boldsymbol{A}\boldsymbol{A}^{-1}=(c_{ij})_{m\times m}$，$\boldsymbol{A}^{-1}\boldsymbol{A}=(d_{ij})_{n\times n}$. 要使 $\boldsymbol{A}\boldsymbol{A}^{-1}=\boldsymbol{A}^{-1}\boldsymbol{A}=\boldsymbol{E}$ 成立，必须 $m=n$，也就是说只有方阵才可能可逆，并且方阵与其逆同阶. 从定义式可看出，若 $\boldsymbol{A}$ 是可逆阵，则 $\boldsymbol{A}$ 必是方阵，此外，对于方阵 $\boldsymbol{A}$，若有矩阵 $\boldsymbol{B}$ 使得 $\boldsymbol{A}\boldsymbol{B}=\boldsymbol{E}$ 成立，就能说明 $\boldsymbol{A}$ 是可逆阵，且 $\boldsymbol{B}$ 是 $\boldsymbol{A}$ 的逆阵（自然必是与 $\boldsymbol{A}$ 同阶的方阵），亦即，对于方阵 $\boldsymbol{A}$ 和 $\boldsymbol{B}$，若 $\boldsymbol{A}\boldsymbol{B}=\boldsymbol{E}$，则必有 $\boldsymbol{B}\boldsymbol{A}=\boldsymbol{E}$，故 $\boldsymbol{A}\boldsymbol{B}=\boldsymbol{B}\boldsymbol{A}=\boldsymbol{E}$ 成立. 当然，此法对于非方阵是不成立的.

例 1 设 $\boldsymbol{A}=\begin{pmatrix}1&2\\2&3\end{pmatrix}$，$\boldsymbol{B}=\begin{pmatrix}-3&2\\2&-1\end{pmatrix}$，验证 $\boldsymbol{A}$ 是否为 $\boldsymbol{B}$ 的逆矩阵.

解 因为

$$\boldsymbol{A}\boldsymbol{B}=\begin{pmatrix}1&2\\2&3\end{pmatrix}\begin{pmatrix}-3&2\\2&-1\end{pmatrix}=\begin{pmatrix}1&0\\0&1\end{pmatrix},$$

$$\boldsymbol{B}\boldsymbol{A}=\begin{pmatrix}-3&2\\2&-1\end{pmatrix}\begin{pmatrix}1&2\\2&3\end{pmatrix}=\begin{pmatrix}1&0\\0&1\end{pmatrix},$$

所以 $\boldsymbol{A}\boldsymbol{B}=\boldsymbol{B}\boldsymbol{A}=\boldsymbol{E}$，故 $\boldsymbol{A}$ 是 $\boldsymbol{B}$ 的逆矩阵.

例 2 已知

$$\boldsymbol{A}=\begin{pmatrix}1&0&1\\0&1&1\\1&1&0\end{pmatrix},\quad \boldsymbol{B}=\begin{pmatrix}1&2&1\\3&1&1\\1&1&1\end{pmatrix},$$

求 $\boldsymbol{A}\boldsymbol{B}$ 与 $\boldsymbol{B}\boldsymbol{A}$，并判定 $\boldsymbol{A}$ 和 $\boldsymbol{B}$ 是否互逆.

解

$$\boldsymbol{A}\boldsymbol{B}=\begin{pmatrix}1&0&1\\0&1&1\\1&1&0\end{pmatrix}\begin{pmatrix}1&2&1\\3&1&1\\1&1&1\end{pmatrix}=\begin{pmatrix}2&3&2\\4&2&2\\4&3&2\end{pmatrix},$$

$$\boldsymbol{B}\boldsymbol{A}=\begin{pmatrix}1&2&1\\3&1&1\\1&1&1\end{pmatrix}\begin{pmatrix}1&0&1\\0&1&1\\1&1&0\end{pmatrix}=\begin{pmatrix}2&3&3\\4&2&4\\2&2&2\end{pmatrix}.$$

因为 $\boldsymbol{A}\boldsymbol{B}\neq\boldsymbol{B}\boldsymbol{A}$，所以 $\boldsymbol{A}$ 和 $\boldsymbol{B}$ 不是互逆矩阵.

2.3.2 逆矩阵的性质

逆矩阵有如下性质：

(1)若 $\boldsymbol{A}$ 可逆，则其逆矩阵唯一；

(2)若 $\boldsymbol{A}$ 可逆，则 $\boldsymbol{A}^{-1}$也可逆且$(\boldsymbol{A}^{-1})^{-1}=\boldsymbol{A}$；

(3)若 $\boldsymbol{A}$ 可逆，则 $\boldsymbol{A}^{T}$ 也可逆，且$(\boldsymbol{A}^{T})^{-1}=(\boldsymbol{A}^{-1})^{T}$；

(4)若 $\boldsymbol{A}$ 可逆，且数 $k\neq0$，则 $k\boldsymbol{A}$ 也可逆，且$(k\boldsymbol{A})^{-1}=k^{-1}\boldsymbol{A}^{-1}$；

(5)若 $\boldsymbol{A},\boldsymbol{B}$ 为同阶方阵且均可逆，则 $\boldsymbol{AB}$ 也可逆，且 $(\boldsymbol{AB})^{-1}=\boldsymbol{B}^{-1}\boldsymbol{A}^{-1}$.

证 (1)假设 $\boldsymbol{B}$ 和 $\boldsymbol{C}$ 都是 $\boldsymbol{A}$ 的逆矩阵，则有

$$\boldsymbol{B}=\boldsymbol{BE}=\boldsymbol{B}(\boldsymbol{AC})=(\boldsymbol{BA})\boldsymbol{C}=\boldsymbol{EC}=\boldsymbol{C}.$$

所以 $\boldsymbol{A}$ 的逆矩阵唯一.

(2)因为

$$\boldsymbol{A}(\boldsymbol{A}^{-1})=(\boldsymbol{A}^{-1})\boldsymbol{A}=\boldsymbol{E},$$

所以

$$(\boldsymbol{A}^{-1})\boldsymbol{A}=\boldsymbol{A}(\boldsymbol{A}^{-1})=\boldsymbol{E},$$

即

$$(\boldsymbol{A}^{-1})^{-1}=\boldsymbol{A}.$$

(3)因为

$$(\boldsymbol{AB})^T=\boldsymbol{B}^T\boldsymbol{A}^T,$$

所以

$$\boldsymbol{E}=\boldsymbol{E}^T=(\boldsymbol{A}^{-1}\boldsymbol{A})^T=\boldsymbol{A}^T(\boldsymbol{A}^{-1})^T,$$
$$\boldsymbol{E}=\boldsymbol{E}^T=(\boldsymbol{A}\boldsymbol{A}^{-1})^T=(\boldsymbol{A}^{-1})^T\boldsymbol{A}^T,$$

即

$$(\boldsymbol{A}^T)^{-1}=(\boldsymbol{A}^{-1})^T.$$

(4)因为

$$k\boldsymbol{A}(k^{-1}\boldsymbol{A}^{-1})=k\boldsymbol{A}k^{-1}\boldsymbol{A}^{-1}=kk^{-1}\boldsymbol{A}\boldsymbol{A}^{-1}=\boldsymbol{E},$$
$$(k^{-1}\boldsymbol{A}^{-1})k\boldsymbol{A}=k^{-1}\boldsymbol{A}^{-1}k\boldsymbol{A}=k^{-1}k\boldsymbol{A}^{-1}\boldsymbol{A}=\boldsymbol{E},$$

所以

$$(k\boldsymbol{A})^{-1}=k^{-1}\boldsymbol{A}^{-1}.$$

(5)因为

$$(\boldsymbol{AB})(\boldsymbol{B}^{-1}\boldsymbol{A}^{-1})=\boldsymbol{AB}\boldsymbol{B}^{-1}\boldsymbol{A}^{-1}=\boldsymbol{AE}\boldsymbol{A}^{-1}=\boldsymbol{E},$$
$$(\boldsymbol{B}^{-1}\boldsymbol{A}^{-1})(\boldsymbol{AB})=\boldsymbol{B}^{-1}\boldsymbol{A}^{-1}\boldsymbol{AB}=\boldsymbol{B}^{-1}\boldsymbol{EB}=\boldsymbol{E},$$

所以

$$(\boldsymbol{AB})^{-1}=\boldsymbol{B}^{-1}\boldsymbol{A}^{-1}.$$

例 3 判定单位矩阵 $\boldsymbol{E}$ 和零矩阵 $\boldsymbol{O}$ 是不是可逆矩阵.

解 因为单位矩阵 $\boldsymbol{E}$ 满足

$$\boldsymbol{EE}=\boldsymbol{EE}=\boldsymbol{E},$$

所以 $\boldsymbol{E}$ 是可逆矩阵，且 $\boldsymbol{E}^{-1}=\boldsymbol{E}$.

设 $\boldsymbol{O}$ 为 n 阶零矩阵，因为对任意的 n 阶矩阵 $\boldsymbol{B}$，都有

$$\boldsymbol{OB}=\boldsymbol{BO}=\boldsymbol{O}\neq\boldsymbol{E},$$

所以零矩阵 $\boldsymbol{O}$ 不是可逆矩阵.

2.3.3 逆矩阵的求法

1. 待定系数法

根据逆矩阵的概念，我们可以通过解线性方程组求逆矩阵，这种方法的原理非常简单.设一个与所求矩阵同阶的未知矩阵是所求矩阵的逆矩阵，那么，它们的乘积必是单位矩阵.根据矩阵乘法和矩阵相等的定义列出线性方程组，解这个方程组，求出未知矩阵，从而求出矩阵的逆矩阵.

例 4 已知 $\boldsymbol{A}=\begin{pmatrix}1 & 2\\3 & 7\end{pmatrix}$，求 $\boldsymbol{A}^{-1}$.

解 设 $\boldsymbol{A}^{-1}=\begin{pmatrix}a & b\\c & d\end{pmatrix}$，则

$$\boldsymbol{A}\boldsymbol{A}^{-1}=\begin{pmatrix}1 & 2\\3 & 7\end{pmatrix}\begin{pmatrix}a & b\\c & d\end{pmatrix}=\begin{pmatrix}a+2c & b+2d\\3a+7c & 3b+7d\end{pmatrix}=\begin{pmatrix}1 & 0\\0 & 1\end{pmatrix},$$

于是

$$\begin{cases}a+2c=1,\\3a+7c=0,\\b+2d=0,\\3b+7d=1.\end{cases}$$

求之得

$$\begin{cases}a=7,\\b=-2,\\c=-3,\\d=1.\end{cases}$$

所以

$$\boldsymbol{A}^{-1}=\begin{pmatrix}7 & -2\\-3 & 1\end{pmatrix}.$$

2. 伴随矩阵法

用待定系数法求逆矩阵，这种方法容易理解，但是对于高阶矩阵的求逆显得非常繁琐，这种方法一般只用于三阶以下矩阵的求逆，高阶矩阵求逆可以用伴随矩阵法.

定义 2.12 由 n 阶方阵 $\boldsymbol{A}$ 的元素所构成的行列式(各元素的位置不变)，称为**方阵 $\boldsymbol{A}$ 的行列式**，记作 $|\boldsymbol{A}|$.

显然，$|\boldsymbol{E}|=1$.

注 方阵和行列式是两个不同的概念，n 阶方阵是 n^2 个数按一定方式排成的数表，而 n 阶行列式则是这些数按一定的运算法则所确定的一个数值.

由 $\boldsymbol{A}$ 确定 $|\boldsymbol{A}|$ 的这个运算满足下列运算规律(设 $\boldsymbol{A},\boldsymbol{B}$ 为 n 阶方阵，λ 为常数).

(1) $|A^T|=|A|$（行列式性质 1）；

(2) $|\lambda A|=\lambda^n|A|$；

(3) $|AB|=|A||B|$.

由运算规律(3)可知，对于 n 阶方阵 A 和 B，一般说来 $AB\neq BA$，但是有 $|AB|=|BA|$.

例 5 设

$$A=\begin{pmatrix}2&3&4\\0&1&2\\0&0&-3\end{pmatrix},B=\begin{pmatrix}1&10&-5\\0&2&3\\0&0&4\end{pmatrix},$$

求 $|AB|,|A+B|,|A|+|B|,|3A|$.

解 $|AB|=|A||B|=2\times1\times(-3)\times1\times2\times4=-48$,

$$|A+B|=\begin{vmatrix}2+1&3+10&4-5\\0+0&1+2&2+3\\0+0&0+0&-3+4\end{vmatrix}=\begin{vmatrix}3&13&-1\\0&3&5\\0&0&1\end{vmatrix}=3\times3\times1=9,$$

$$|A|+|B|=\begin{vmatrix}2&3&4\\0&1&2\\0&0&-3\end{vmatrix}+\begin{vmatrix}1&10&-5\\0&2&3\\0&0&4\end{vmatrix}=2\times1\times(-3)+1\times2\times4=-6+8$$
$$=2,$$

$$|3A|=\begin{vmatrix}3\times2&3\times3&3\times4\\3\times0&3\times1&3\times2\\3\times0&3\times0&3\times(-3)\end{vmatrix}=\begin{vmatrix}6&9&12\\0&3&6\\0&0&-9\end{vmatrix}=6\times3\times(-9)=-162.$$

一般地，$|A+B|\neq|A|+|B|$.

定义 2.13 设 n 阶方阵

$$A=\begin{pmatrix}a_{11}&a_{12}&\cdots&a_{1n}\\a_{21}&a_{22}&\cdots&a_{2n}\\\cdots&\cdots&\cdots&\cdots\\a_{n1}&a_{n2}&\cdots&a_{nn}\end{pmatrix},$$

则以 A 的行列式 $|A|$ 中的元素 a_{ij} 的代数余子式 $A_{ij}\ (i,j=1,2\cdots,n)$ 为元素所构成的 n 阶方阵

$$A^*=\begin{pmatrix}A_{11}&A_{21}&\cdots&A_{n1}\\A_{12}&A_{22}&\cdots&A_{n2}\\\cdots&\cdots&\cdots&\cdots\\A_{1n}&A_{2n}&\cdots&A_{nn}\end{pmatrix}$$

称为 A 的**伴随矩阵**.

定理 2.2 n 阶方阵 A 可逆的充分必要条件是 $|A|\neq0$，且当 A 可逆时，有

$$\boldsymbol{A}^{-1}=\frac{1}{|\boldsymbol{A}|}\boldsymbol{A}^{*}.$$

证 必要性：

设 $\boldsymbol{A}$ 可逆，即 $\boldsymbol{A}^{-1}$ 存在，且满足 $\boldsymbol{A}\boldsymbol{A}^{-1}=\boldsymbol{E}$，由行列式的性质知

$$|\boldsymbol{A}||\boldsymbol{A}^{-1}|=|\boldsymbol{A}\boldsymbol{A}^{-1}|=|\boldsymbol{E}|=1,$$

所以

$$|\boldsymbol{A}|\neq 0.$$

充分性：

设 $|\boldsymbol{A}|\neq 0$，根据矩阵乘法和行列式的展开性质，有

$$\boldsymbol{A}\boldsymbol{A}^{*}=\begin{pmatrix} a_{11} & a_{12} & \cdots & a_{1n} \\ a_{21} & a_{22} & \cdots & a_{2n} \\ \vdots & \vdots & \vdots & \vdots \\ a_{n1} & a_{n2} & \cdots & a_{nn} \end{pmatrix}\begin{pmatrix} \boldsymbol{A}_{11} & \boldsymbol{A}_{21} & \cdots & \boldsymbol{A}_{n1} \\ \boldsymbol{A}_{12} & \boldsymbol{A}_{22} & \cdots & \boldsymbol{A}_{n2} \\ \vdots & \vdots & \vdots & \vdots \\ \boldsymbol{A}_{1n} & \boldsymbol{A}_{2n} & \cdots & \boldsymbol{A}_{nn} \end{pmatrix}$$

$$=\begin{pmatrix} |\boldsymbol{A}| & 0 & \cdots & 0 \\ 0 & |\boldsymbol{A}| & \cdots & 0 \\ 0 & 0 & \cdots & |\boldsymbol{A}| \end{pmatrix}=|\boldsymbol{A}|\boldsymbol{E}.$$

因此有

$$\boldsymbol{A}\frac{\boldsymbol{A}^{*}}{|\boldsymbol{A}|}=\boldsymbol{A}\frac{1}{|\boldsymbol{A}|}\boldsymbol{A}^{*}=\frac{1}{|\boldsymbol{A}|}\boldsymbol{A}\boldsymbol{A}^{*}=\frac{1}{|\boldsymbol{A}|}|\boldsymbol{A}|\boldsymbol{E}=\boldsymbol{E}.$$

同理得

$$\frac{\boldsymbol{A}^{*}}{|\boldsymbol{A}|}\boldsymbol{A}=\boldsymbol{E}.$$

由逆矩阵的定义，知 $$\boldsymbol{A}^{-1}=\frac{\boldsymbol{A}^{*}}{|\boldsymbol{A}|}.$$

此定理不仅给出了一个判定方阵可逆的方法，而且还为我们提供了一个求逆矩阵的捷径.

例 6 设 $\boldsymbol{A}=\begin{pmatrix} 1 & 1 & -1 \\ 2 & 1 & 0 \\ 1 & -1 & 0 \end{pmatrix}$，问 $\boldsymbol{A}$ 是否可逆，若可逆，求 $\boldsymbol{A}^{-1}$.

解 $|\boldsymbol{A}|=\begin{vmatrix} 1 & 1 & -1 \\ 2 & 1 & 0 \\ 1 & -1 & 0 \end{vmatrix}=3\neq 0$，所以 $\boldsymbol{A}$ 可逆.

$$\boldsymbol{A}_{11}=-\begin{vmatrix} 1 & 0 \\ -1 & 0 \end{vmatrix}=0,\quad \boldsymbol{A}_{12}=-\begin{vmatrix} 2 & 0 \\ 1 & 0 \end{vmatrix}=0,\quad \boldsymbol{A}_{13}=\begin{vmatrix} 2 & 1 \\ 1 & -1 \end{vmatrix}=-3,$$

$$\boldsymbol{A}_{21}=-\begin{vmatrix} 1 & -1 \\ -1 & 0 \end{vmatrix}=1,\quad \boldsymbol{A}_{22}=\begin{vmatrix} 1 & -1 \\ 1 & 0 \end{vmatrix}=1,\quad \boldsymbol{A}_{23}=-\begin{vmatrix} 1 & 1 \\ 1 & -1 \end{vmatrix}=2,$$

$$A_{31}=\begin{vmatrix}1 & -1\\ 1 & 0\end{vmatrix}=1,\quad A_{32}=-\begin{vmatrix}1 & -1\\ 2 & 0\end{vmatrix}=-2,\quad A_{33}=\begin{vmatrix}1 & 1\\ 2 & 1\end{vmatrix}=-1,$$

从而

$$A^{*}=\begin{pmatrix}A_{11} & A_{21} & A_{31}\\ A_{12} & A_{22} & A_{32}\\ A_{13} & A_{23} & A_{33}\end{pmatrix}=\begin{pmatrix}0 & 1 & 1\\ 0 & 1 & -2\\ -3 & 2 & -1\end{pmatrix},$$

所以

$$A^{-1}=\frac{A^{*}}{|A|}=\begin{pmatrix}0 & \frac{1}{3} & \frac{1}{3}\\ 0 & \frac{1}{3} & -\frac{2}{3}\\ -1 & \frac{2}{3} & -\frac{1}{3}\end{pmatrix}.$$

3. 行初等变换法

用伴随矩阵法求逆矩阵,如果可以借助计算机的帮助,确实是一种好方法,如果所求矩阵只是二阶、三阶,也是一种可行的方法.但是,要在无计算机的条件下,求较高阶矩阵的逆矩阵,就会因计算量太大而不便,为此,有必要学习求逆矩阵的另一种方法——行初等变换法.

把 n 阶方阵 A 与 n 阶单位阵 E 并排排成一个 $n\times 2n$ 矩阵,然后通过一系列行初等变换,使左边的 A 变为 E,则右边的 E 即变为 A^{-1},即 $(A\quad E)\to(E\quad A^{-1})$.(证明略)

例 7 利用矩阵的行初等变换求下列矩阵 A 的逆矩阵.

$$A=\begin{pmatrix}2 & 2 & 3\\ 1 & -1 & 0\\ -1 & 2 & 1\end{pmatrix}.$$

解

$$(A\quad E)=\begin{pmatrix}2 & 2 & 3 & 1 & 0 & 0\\ 1 & -1 & 0 & 0 & 1 & 0\\ -1 & 2 & 1 & 0 & 0 & 1\end{pmatrix}\xrightarrow{r_1\leftrightarrow r_2}\begin{pmatrix}1 & -1 & 0 & 0 & 1 & 0\\ 2 & 2 & 3 & 1 & 0 & 0\\ -1 & 2 & 1 & 0 & 0 & 1\end{pmatrix}$$

$$\xrightarrow[r_3+r_1]{r_2-2r_1}\begin{pmatrix}1 & -1 & 0 & 0 & 1 & 0\\ 0 & 4 & 3 & 1 & -2 & 0\\ 0 & 1 & 1 & 0 & 1 & 1\end{pmatrix}\xrightarrow{r_2-3r_3}\begin{pmatrix}1 & -1 & 0 & 0 & 1 & 0\\ 0 & 1 & 0 & 1 & -5 & -3\\ 0 & 1 & 1 & 0 & 1 & 1\end{pmatrix}$$

$$\xrightarrow[r_3-r_2]{r_1+r_2}\begin{pmatrix}1 & 0 & 0 & 1 & -4 & -3\\ 0 & 1 & 0 & 1 & -5 & -3\\ 0 & 0 & 1 & -1 & 6 & 4\end{pmatrix}=(E\quad A^{-1}),$$

所以

$$A^{-1}=\begin{pmatrix}1&-4&-3\\1&-5&-3\\-1&6&4\end{pmatrix}.$$

用行初等变换求逆矩阵,不必判断方阵是否可逆,只要按上述方法进行行初等变换,若能把左边的 A 化为 E,则方阵可逆,并且右边的即是所求逆矩阵;若不能把左边的 A 化为 E,则方阵 A 不可逆,即 A^{-1} 不存在.

例 8 利用矩阵的行初等变换求下列矩阵 A 的逆矩阵.

$$A=\begin{pmatrix}1&0&-1\\-1&1&2\\-3&-1&2\end{pmatrix}.$$

解 $$(A\quad E)=\begin{pmatrix}1&0&-1&1&0&0\\-1&1&2&0&1&0\\-3&-1&2&0&0&1\end{pmatrix}\xrightarrow[r_3+3r_1]{r_2+r_1}\begin{pmatrix}1&0&-1&1&0&0\\0&1&1&1&1&0\\0&-1&-1&3&0&1\end{pmatrix}$$

$$\xrightarrow{r_3+r_2}\begin{pmatrix}1&0&-1&1&0&0\\0&1&1&1&1&0\\0&0&0&4&1&1\end{pmatrix}.$$

矩阵的左半部分出现零行,所以不可逆.

2.3.4 逆矩阵的应用

1. 用逆矩阵解矩阵方程

作为矩阵的一个直接应用是解矩阵方程

$$AX=B \text{ 或 } XA=B,$$

其中 A,B 是已知矩阵,X 是未知矩阵.

若 $|A|\neq0$,则可求出 A^{-1}. 在 $AX=B$ 两边左乘 A^{-1},即可求得 X:

$$A^{-1}AX=A^{-1}B, X=A^{-1}B.$$

同样,在 $XA=B$ 两边右乘 A^{-1},即求得 X:

$$XAA^{-1}=BA^{-1}, X=BA^{-1}.$$

例 9 解矩阵方程 $AX=B$,其中

$$A=\begin{pmatrix}2&1\\1&2\end{pmatrix}, X=\begin{pmatrix}x_{11}&x_{12}\\x_{21}&x_{22}\end{pmatrix}, B=\begin{pmatrix}1&2\\-1&4\end{pmatrix}.$$

解 因为 $|A|=\begin{vmatrix}2&1\\1&2\end{vmatrix}=3\neq0$,所以 A^{-1} 存在,并可求得

$$A^{-1}=\frac{1}{3}\begin{pmatrix}2&-1\\-1&2\end{pmatrix}=\begin{pmatrix}\frac{2}{3}&-\frac{1}{3}\\-\frac{1}{3}&\frac{2}{3}\end{pmatrix},$$

由此可得

$$X=A^{-1}B=\begin{pmatrix}\frac{2}{3} & -\frac{1}{3}\\ -\frac{1}{3} & \frac{2}{3}\end{pmatrix}\begin{pmatrix}1 & 2\\ -1 & 4\end{pmatrix}=\begin{pmatrix}1 & 0\\ -1 & 2\end{pmatrix}.$$

例 10 今有甲乙两种产品销往 $\boldsymbol{A}_1$、$\boldsymbol{A}_2$ 两地，已知销售量、总价值与总利润如表 2－4 所示（销售量单位：吨，总价值与总利润单位：万元），求甲乙两产品的单位价格与单位利润.

表 2－4

产品＼销售地	$\boldsymbol{A}_1$	$\boldsymbol{A}_2$	总价值	总利润
甲	200	240	600	68
乙	350	300	870	95

解 设矩阵 $\boldsymbol{A}$ 为产品的销售量，矩阵 $\boldsymbol{B}$ 为甲乙两产品销往两地产品的总价格与总利润，矩阵 $\boldsymbol{C}$ 为销往两地产品的单位价值与单位利润，则有

$$\boldsymbol{A}=\begin{pmatrix}200 & 240\\ 350 & 300\end{pmatrix},\boldsymbol{B}=\begin{pmatrix}600 & 68\\ 870 & 95\end{pmatrix},\boldsymbol{AC}=\boldsymbol{B}$$

因为

$$|\boldsymbol{A}|=\begin{vmatrix}200 & 240\\ 350 & 300\end{vmatrix}=-24000\neq 0,$$

所以 $\boldsymbol{A}^{-1}$存在.

$$\boldsymbol{A}^{-1}=\frac{\boldsymbol{A}^*}{|\boldsymbol{A}|}=\begin{pmatrix}-\frac{1}{80} & \frac{1}{100}\\ \frac{7}{480} & -\frac{1}{120}\end{pmatrix},\text{其中 } \boldsymbol{A}^* \text{ 是 } \boldsymbol{A} \text{ 的伴随矩阵}$$

在 $\boldsymbol{AC}=\boldsymbol{B}$ 两边左乘 $\boldsymbol{A}^{-1}$，得

$$\boldsymbol{C}=\boldsymbol{A}^{-1}\boldsymbol{B}=\begin{pmatrix}-\frac{1}{80} & \frac{1}{100}\\ \frac{7}{480} & -\frac{1}{120}\end{pmatrix}\begin{pmatrix}600 & 68\\ 870 & 95\end{pmatrix}$$

$$=\begin{pmatrix}1.2 & 0.1\\ 1.5 & 0.2\end{pmatrix}$$

即甲乙两种产品的单位价格分别是 1.2 与 1.5，甲乙两种产品的单位利润分别是 0.1 与 0.2.

2. 用逆矩阵解线性方程组

设含有 n 个未知数的 n 个方程组成的线性方程组为

$$\begin{cases} a_{11}x_1+a_{12}x_2+\cdots+a_{1n}x_n=b_1; \\ a_{21}x_1+a_{22}x_2+\cdots+a_{2n}x_n=b_2; \\ \cdots\cdots\cdots\cdots\cdots\cdots\cdots\cdots\cdots \\ a_{n1}x_1+a_{n2}x_2+\cdots+a_{nn}x_n=b_n. \end{cases}$$

上述线性方程组可写成

$$\boldsymbol{AX}=\boldsymbol{B}.$$

当 $|\boldsymbol{A}|\neq 0$ 时，将上式两端左乘 $\boldsymbol{A}^{-1}$，得

$$\boldsymbol{A}^{-1}\boldsymbol{AX}=\boldsymbol{A}^{-1}\boldsymbol{B},$$

即

$$\boldsymbol{X}=\boldsymbol{A}^{-1}\boldsymbol{B}.$$

这就是线性方程组的解.

例 11 用逆矩阵解线性方程

$$\begin{cases} 2x_1+2x_2+3x_3=2; \\ x_1-x_2=2; \\ -x_1+2x_2+x_3=4. \end{cases}$$

解 方程组的系数矩阵、未知数矩阵、常数矩阵分别为

$$\boldsymbol{A}=\begin{pmatrix} 2 & 2 & 3 \\ 1 & -1 & 0 \\ -1 & 2 & 1 \end{pmatrix},\quad \boldsymbol{X}=\begin{pmatrix} \boldsymbol{x}_1 \\ \boldsymbol{x}_2 \\ \boldsymbol{x}_3 \end{pmatrix},\quad \boldsymbol{B}=\begin{pmatrix} 2 \\ 2 \\ 4 \end{pmatrix}.$$

因为

$$|\boldsymbol{A}|=\begin{vmatrix} 2 & 2 & 3 \\ 1 & -1 & 0 \\ -1 & 2 & 1 \end{vmatrix}=-1\neq 0,$$

可求得

$$\boldsymbol{A}^*=\begin{pmatrix} -1 & 4 & 3 \\ -1 & 5 & 3 \\ 1 & -6 & -4 \end{pmatrix},$$

故

$$\boldsymbol{A}^{-1}=\frac{\boldsymbol{A}^*}{|\boldsymbol{A}|}=\begin{pmatrix} 1 & -4 & -3 \\ 1 & -5 & -3 \\ -1 & 6 & 4 \end{pmatrix},$$

于是，由 $\boldsymbol{AX}=\boldsymbol{B}$，得 $\boldsymbol{X}=\boldsymbol{A}^{-1}\boldsymbol{B}$，即

$$\boldsymbol{X}=\begin{pmatrix} 1 & -4 & -3 \\ 1 & -5 & -3 \\ -1 & 6 & 4 \end{pmatrix}\begin{pmatrix} 2 \\ 2 \\ 4 \end{pmatrix}=\begin{pmatrix} -18 \\ -20 \\ 26 \end{pmatrix}.$$

即方程组的解为 $x_1=-18, x_2=-20, x_3=26$.

用逆矩阵解线性方程组的优点之一是：当方程组的常数项矩阵变化而系数矩阵不变化时，无需重新计算伴随矩阵，就可以很快地算出方程组的解.

2.4 矩阵的秩

矩阵的秩是线性代数中非常有用的一个概念，它不仅与讨论可逆矩阵的问题有密切关系，而且在线性方程组解的讨论中也有重要应用.

2.4.1 矩阵秩的概念

为了建立矩阵秩的概念，首先给出矩阵的子式的定义.

定义 2.14 设 $\boldsymbol{A}$ 是 $m\times n$ 矩阵，在 $\boldsymbol{A}$ 中位于任意选定的行列交点上的 k^2 个元素，按原来次序组成的 k 阶行列式，称为 **$\boldsymbol{A}$ 的一个 k 阶子式**.

例如，矩阵

$$\boldsymbol{A}=\begin{pmatrix}2 & -1 & 4 & 5 & 6\\ 0 & 3 & 2 & 4 & -2\\ 0 & 0 & 0 & 3 & 0\end{pmatrix},$$

在 $\boldsymbol{A}$ 的第 1、第 3 行与第 2、第 4 列交点上的 4 个元素按原来次序组成的行列式 $\begin{vmatrix}-1 & 5\\ 0 & 3\end{vmatrix}$，称为 $\boldsymbol{A}$ 的一个二阶子式.

定义 2.15 矩阵 $\boldsymbol{A}$ 的非零子式的最高阶数称为**矩阵 $\boldsymbol{A}$ 的秩**，记作 $r(\boldsymbol{A})$ 或秩$(\boldsymbol{A})$.

规定：零矩阵的秩为零，即 $r(\boldsymbol{O})=0$.

定义 2.15 说明：若 $r(\boldsymbol{A})=k$，则 $\boldsymbol{A}$ 至少有一个取非零值的 k 阶子式，而任一 $k+1$ 阶子式(如果存在的话)的值一定为零.

例 1 求矩阵 $\boldsymbol{A}=\begin{pmatrix}1 & -2 & 3 & 5\\ 0 & 1 & 2 & 1\\ 1 & -1 & 5 & 6\end{pmatrix}$ 的秩.

解 因为 $\boldsymbol{A}$ 的一个二阶子式 $\begin{vmatrix}1 & -2\\ 0 & 1\end{vmatrix}\neq 0$，所以，$\boldsymbol{A}$ 的非零子式的最高阶数至少是 2，而 $\boldsymbol{A}$ 共有 4 个三阶子式：

$$\begin{vmatrix}1 & -2 & 3\\ 0 & 1 & 2\\ 1 & -1 & 5\end{vmatrix}=0,\quad \begin{vmatrix}1 & -2 & 5\\ 0 & 1 & 1\\ 1 & -1 & 6\end{vmatrix}=0,\quad \begin{vmatrix}1 & 3 & 5\\ 0 & 2 & 1\\ 1 & 5 & 6\end{vmatrix}=0,\quad \begin{vmatrix}-2 & 3 & 5\\ 1 & 2 & 1\\ -1 & 5 & 6\end{vmatrix}=0,$$

即所有三阶子式均为零，故 $r(\boldsymbol{A})=2$.

2.4.2 矩阵秩的计算

按照定义 2.15 计算矩阵的秩，由于需要计算很多行列式，因此是非常麻烦的. 但是，我们注意到秩只涉及子式是否为零，而并不需要子式的准确值，由于初等行变换不会改变行列式是否为零的性质，所以可以利用初等行变换来求矩阵的秩.

定理 2.3 矩阵的初等变换不改变矩阵的秩.

证明略.

根据定理 2.3，为了求矩阵 $\boldsymbol{A}$ 的秩，可以利用矩阵的初等行变换将 $\boldsymbol{A}$ 尽量化简，然后对化简后的矩阵求秩.

例 2 已知 $\boldsymbol{A}=\begin{pmatrix}1&3&5&1\\2&3&4&2\\1&2&3&1\end{pmatrix}$，求 $r(\boldsymbol{A})$.

解 因为

$$\boldsymbol{A}=\begin{pmatrix}1&3&5&1\\2&3&4&2\\1&2&3&1\end{pmatrix}\xrightarrow[r_3-r_1]{r_2-2r_1}\begin{pmatrix}1&3&5&1\\0&-3&-6&0\\0&-1&-2&0\end{pmatrix}$$

$$\xrightarrow{r_3-\frac{1}{3}r_2}\begin{pmatrix}1&3&5&1\\0&-3&-6&0\\0&0&0&0\end{pmatrix}\xrightarrow[-\frac{1}{3}r_2]{r_1+r_2}\begin{pmatrix}1&0&-1&1\\0&1&2&0\\0&0&0&0\end{pmatrix}.$$

由最后的矩阵可得三阶子式

$$\begin{vmatrix}1&0\\0&1\end{vmatrix}=1\times1-0=1\neq0,$$

所以 $r(\boldsymbol{A})=2$.

上述最后一个矩阵是一种特殊矩阵，我们给出定义.

定义 2.16 满足下列两个条件的矩阵称为**阶梯形矩阵**：

(1)若矩阵有零行(元素全部为零的行)，零行全部在下方；

(2)各非零行的第一个不为零的元素(称为**首非零元**)的列标随着行标的递增而严格增大.

由定义 2.16 可知，如果阶梯形矩阵 $\boldsymbol{A}$ 有 r 个非零行，且第 1 行的第一个不为零的元素是 a_{1j_1}，第 2 行的第一个不为零的元素是 a_{2j_2}，……，第 r 行的第一个不为零的元素是 a_{rj_r}，则有 $j_1<j_2<\cdots<j_r\leqslant n$，其中 n 是阶梯形矩阵 $\boldsymbol{A}$ 的列数. 例如，矩阵

$$A=\begin{pmatrix}2&-1&3&5\\0&4&0&1\\0&0&0&-3\\0&0&0&0\\0&0&0&0\end{pmatrix},B=\begin{pmatrix}2&0&-1&3&5\\0&0&4&0&1\\0&0&0&0&0\end{pmatrix},C=\begin{pmatrix}-1&3&5\\0&4&-1\\0&0&2\end{pmatrix}$$

都是阶梯形矩阵，而阶梯形矩阵的非零行的行数就是矩阵的秩.

$$r(\boldsymbol{A})=3,r(\boldsymbol{B})=2,r(\boldsymbol{C})=3.$$

把上述结论归纳为如下定理.

定理 2.4 设 $\boldsymbol{A}$ 是 $m\times n$ 矩阵，则 $r(\boldsymbol{A})=k$ 的充分必要条件是通过初等行变换能把 $\boldsymbol{A}$ 化成具有 k 个非零行的阶梯形矩阵.

证明略.

例 3 设矩阵 $\boldsymbol{A}=\begin{pmatrix}0&0&5&2\\-2&4&1&0\end{pmatrix}$，$\boldsymbol{B}=\begin{pmatrix}-1&1&0&0\\3&2&5&0\\0&0&0&4\\0&1&1&2\end{pmatrix}$，求 $r(\boldsymbol{A}),r(\boldsymbol{B}),r(\boldsymbol{AB})$.

解 因为

$$\boldsymbol{A}=\begin{pmatrix}0&0&5&2\\-2&4&1&0\end{pmatrix}\xrightarrow{r_1\leftrightarrow r_2}\begin{pmatrix}-2&4&1&0\\0&0&5&2\end{pmatrix},$$

所以 $r(\boldsymbol{A})=2$.

因为

$$\boldsymbol{B}=\begin{pmatrix}-1&1&0&0\\3&2&5&0\\0&0&0&4\\0&1&1&2\end{pmatrix}\xrightarrow{r_3\leftrightarrow r_4}\begin{pmatrix}-1&1&0&0\\3&2&5&0\\0&1&1&2\\0&0&0&4\end{pmatrix}\xrightarrow{r_2+3r_1}\begin{pmatrix}-1&1&0&0\\0&5&5&0\\0&1&1&2\\0&0&0&4\end{pmatrix}$$

$$\xrightarrow{r_3-\frac{1}{5}r_2}\begin{pmatrix}-1&1&0&0\\0&5&5&0\\0&0&0&2\\0&0&0&4\end{pmatrix}\xrightarrow{r_4-2r_3}\begin{pmatrix}-1&1&0&0\\0&5&5&0\\0&0&0&2\\0&0&0&0\end{pmatrix},$$

所以 $r(\boldsymbol{B})=3$.

因为

$$\boldsymbol{AB}=\begin{pmatrix}0&0&5&2\\-2&4&1&0\end{pmatrix}\begin{pmatrix}-1&1&0&0\\3&2&5&0\\0&0&0&4\\0&1&1&2\end{pmatrix}=\begin{pmatrix}0&2&2&24\\14&6&20&4\end{pmatrix},$$

$$\boldsymbol{AB}=\begin{pmatrix}0&2&2&24\\14&6&20&4\end{pmatrix}\xrightarrow{r_1\leftrightarrow r_2}\begin{pmatrix}14&6&20&4\\0&2&2&24\end{pmatrix},$$

所以 $r(\boldsymbol{AB})=2$.

由例 3 可知,乘积矩阵 $\boldsymbol{AB}$ 的秩不大于两个相乘的矩阵 $\boldsymbol{A},\boldsymbol{B}$ 的秩,即

$$r(\boldsymbol{AB})\leqslant r(\boldsymbol{A}),r(\boldsymbol{AB})\leqslant r(\boldsymbol{B}).$$

例 4 设矩阵 $\boldsymbol{A}=\begin{pmatrix}1&2&-1&2\\2&4&1&1\\-1&-2&-2&1\end{pmatrix}$,求 $r(\boldsymbol{A})$ 和 $r(\boldsymbol{A}^T)$.

解 因为

$$\boldsymbol{A}=\begin{pmatrix}1&2&-1&2\\2&4&1&1\\-1&-2&-2&1\end{pmatrix}\xrightarrow[r_3+r_1]{r_2-2r_1}\begin{pmatrix}1&2&-1&2\\0&0&3&-3\\0&0&-3&3\end{pmatrix}$$

$$\xrightarrow[\frac{1}{3}r_2]{r_3+r_2}\begin{pmatrix}1&2&-1&2\\0&0&1&-1\\0&0&0&0\end{pmatrix}\xrightarrow{r_1+r_2}\begin{pmatrix}1&2&0&1\\0&0&1&-1\\0&0&0&0\end{pmatrix},$$

所以 $r(\boldsymbol{A})=2$.

因为

$$\boldsymbol{A}^T=\begin{pmatrix}1&2&-1\\2&4&-2\\-1&1&-2\\2&1&1\end{pmatrix}\xrightarrow[r_4-2r_1]{\substack{r_2-2r_1\\r_3+r_1}}\begin{pmatrix}1&2&-1\\0&0&0\\0&3&-3\\0&-3&3\end{pmatrix}$$

$$\xrightarrow[\frac{1}{3}r_3]{r_4+r_3}\begin{pmatrix}1&2&-1\\0&0&0\\0&1&-1\\0&0&0\end{pmatrix}\xrightarrow{r_2\leftrightarrow r_3}\begin{pmatrix}1&2&-1\\0&1&-1\\0&0&0\\0&0&0\end{pmatrix},$$

所以 $r(\boldsymbol{A})=2$.

由例 4 可知,矩阵 $\boldsymbol{A}$ 与它的转置矩阵 $\boldsymbol{A}^T$ 的秩相等,可以证明这一结论具有一般性.

定理 2.5 设 $\boldsymbol{A}$ 为任意一个矩阵,则 $r(\boldsymbol{A})=r(\boldsymbol{A}^T)$.

证明略.

2.4.3 满秩矩阵

定义 2.17 设 $\boldsymbol{A}$ 是 n 阶方阵,若 $r(\boldsymbol{A})=n$,则称 $\boldsymbol{A}$ 为**满秩矩阵**,或称 $\boldsymbol{A}$ 为**非奇异矩阵**.

例如,矩阵

$$A=\begin{pmatrix}6&3&0\\0&4&-1\\0&0&2\end{pmatrix},\quad E=\begin{pmatrix}1&0&0&0\\0&1&0&0\\0&0&1&0\\0&0&0&1\end{pmatrix},$$

因为 $\boldsymbol{A}$ 是三阶方阵，$\boldsymbol{E}$ 是四阶单位矩阵，且 $r(\boldsymbol{A})=3$，$r(\boldsymbol{E})=4$，所以它们都是满秩矩阵.

例 5 判断下列矩阵是否为满秩矩阵.

$$A=\begin{pmatrix}3&5\\-6&-10\end{pmatrix},\quad B=\begin{pmatrix}1&-1&2\\3&-2&2\\-2&3&-5\end{pmatrix}.$$

解 因为

$$A=\begin{pmatrix}3&5\\-6&-10\end{pmatrix}\xrightarrow{r_2-2r_1}\begin{pmatrix}3&5\\0&0\end{pmatrix},$$

即 $r(\boldsymbol{A})=1$. 所以矩阵 $\boldsymbol{A}$ 不是满秩矩阵.

因为

$$B=\begin{pmatrix}1&-1&2\\3&-2&2\\-2&3&-5\end{pmatrix}\xrightarrow[r_3+2r_1]{r_2-3r_1}\begin{pmatrix}1&-1&2\\0&1&-4\\0&1&-1\end{pmatrix}\xrightarrow[\frac{1}{3}r_3]{\substack{r_1+r_2\\r_3-r_2}}\begin{pmatrix}1&0&-2\\0&1&-4\\0&0&1\end{pmatrix},$$

即 $r(\boldsymbol{B})=3$，所以矩阵 $\boldsymbol{B}$ 是满秩矩阵.

对于例 5 中的满秩阵 $\boldsymbol{B}$，因为

$$|B|=\begin{vmatrix}1&-1&2\\3&-2&2\\-2&3&-5\end{vmatrix}=3\neq 0,$$

所以 $\boldsymbol{B}$ 是可逆矩阵，这种满秩矩阵与可逆矩阵之间的关系，恰好给出了可逆矩阵的另一种判别方法.

定理 2.6 *n 阶矩阵 $\boldsymbol{A}$ 可逆的充分必要条件是 $\boldsymbol{A}$ 为满秩矩阵，即 $r(\boldsymbol{A})=n$.*

证明略.

例 6 判断下列矩阵是否可逆.

$$A=\begin{pmatrix}1&1&-1\\2&-1&0\\1&0&1\end{pmatrix},\quad B=\begin{pmatrix}2&5&9\\1&2&3\\2&4&6\end{pmatrix}.$$

解 因为

$$A=\begin{pmatrix}1&1&-1\\2&-1&0\\1&0&1\end{pmatrix}\xrightarrow{r_2-2r_1}\begin{pmatrix}1&1&-1\\0&-3&2\\1&0&1\end{pmatrix}\xrightarrow{r_3-r_1}\begin{pmatrix}1&1&-1\\0&-3&2\\0&-1&2\end{pmatrix}$$

$$\xrightarrow{r_2 \leftrightarrow r_3}\begin{pmatrix}1 & 1 & -1\\0 & -1 & 2\\0 & -3 & 2\end{pmatrix}\xlongequal{r_3-3r_2}\begin{pmatrix}1 & 1 & -1\\0 & -1 & 2\\0 & 0 & -4\end{pmatrix},$$

所以 $r(\boldsymbol{A})=3$,即 $\boldsymbol{A}$ 是满秩矩阵,所以 $\boldsymbol{A}$ 是可逆的.

因为

$$\boldsymbol{B}=\begin{pmatrix}2 & 5 & 9\\1 & 2 & 3\\2 & 4 & 6\end{pmatrix}\xrightarrow{r_1-2r_2}\begin{pmatrix}2 & 5 & 9\\1 & 2 & 3\\0 & 0 & 0\end{pmatrix},$$

所以 $r(\boldsymbol{B})=2$,即 $\boldsymbol{B}$ 不是满秩矩阵,所以 $\boldsymbol{B}$ 不是可逆矩阵.

本章小结

一、本章主要内容

本章主要介绍了矩阵的概念、矩阵的运算、逆矩阵的概念及其求法、矩阵可逆的判别、矩阵的秩.

二、矩阵的定义与运算

1. 矩阵是由 $m\times n$ 个数排列成的矩形数表. 当 $m=n$ 时,称之为 n 阶方阵;当 $m=1$ 或 $n=1$ 时,分别称之为行矩阵或列矩阵. 要注意矩阵与行列式是有本质区别的,行列式是一个算式,行列式通过计算可求得其值,而矩阵仅仅是一个数表,它的行数和列数可以不同.

2. 矩阵按其结构和性质,可分为零矩阵、单位矩阵、数量矩阵、对角矩阵、三角矩阵、对称矩阵、阶梯矩阵、转置矩阵、初等矩阵、可逆矩阵、伴随矩阵等.

3. 只有方阵才有可逆矩阵的概念,只有非奇异矩阵才存在逆矩阵.

4. 矩阵的运算主要包括:矩阵加法、数乘矩阵、矩阵乘法、矩阵转置和矩阵的初等变换. 要求掌握这些运算方法和运算规则,记住矩阵运算必须满足一定的条件,注意矩阵运算与数的运算的不同之处.

矩阵乘法的条件是:

(1)左矩阵 $\boldsymbol{A}$ 的列数等于右矩阵 $\boldsymbol{B}$ 的行数.

(2)一般情况下矩阵乘法不满足交换律和消去律,即 $\boldsymbol{AB}\neq\boldsymbol{BA}$;且当 $\boldsymbol{AB}=\boldsymbol{AC}$ 时,即使有 $\boldsymbol{A}\neq\boldsymbol{0}$ 也不能得出 $\boldsymbol{B}=\boldsymbol{C}$ 的结论. 只有当 $\boldsymbol{A}$ 是可逆矩阵(即 $|\boldsymbol{A}|\neq 0$)时,$\boldsymbol{AB}=\boldsymbol{AC}$ 才能推出 $\boldsymbol{B}=\boldsymbol{C}$.

(3)当矩阵 $\boldsymbol{A}$,$\boldsymbol{B}$ 满足 $\boldsymbol{AB}=\boldsymbol{BA}$ 时,称矩阵 $\boldsymbol{A}$ 与 $\boldsymbol{B}$ 是可交换的.

(4)两个非零矩阵的乘积可能是零矩阵.

(5)矩阵经过初等行变换后,对应元素一般不相等,因此矩阵之间不能用等号连接,而是用“$\rightarrow$”连接,表示两个矩阵之间存在某种关系.

5. 矩阵的秩是一个非常有用的概念,这不仅与可逆矩阵的讨论有密切关系,而且在下一章线性方程组解的情况讨论中也有重要的应用.

求矩阵秩的方法：用初等行变换将 $\boldsymbol{A}$ 化为阶梯形矩阵，则秩 $r(\boldsymbol{A})$ 等于阶梯形矩阵中非零行的行数.

矩阵的初等变换不改变矩阵的秩.

三、可逆矩阵的判别方法和求逆矩阵的方法

1. 设 $\boldsymbol{A}$ 和 $\boldsymbol{B}$ 都是 n 阶矩阵，如果 $\boldsymbol{AB}=\boldsymbol{E}$ 或 $\boldsymbol{BA}=\boldsymbol{E}$ 成立，则 $\boldsymbol{A}$ 和 $\boldsymbol{B}$ 都是可逆的.

2. n 阶矩阵 $r(\boldsymbol{A})=n$ 可逆的充分必要条件为 $|\boldsymbol{A}|\neq 0$ 或者 $r(\boldsymbol{A})=n$.

3. 求逆矩阵的方法

(1)伴随矩阵法：$\boldsymbol{A}^{-1}=\dfrac{\boldsymbol{A}^*}{|\boldsymbol{A}|}$.

注意：伴随矩阵 $\boldsymbol{A}^*$ 中元素的排列顺序与一般矩阵中元素的排列顺序不同.

(2)初等变换法：$(\boldsymbol{A}\quad\boldsymbol{E})\xrightarrow{\text{初等行变换}}(\boldsymbol{E}\quad\boldsymbol{A}^{-1})$.

用初等变换法求逆矩阵时，不能用列变换.

四、要点指导

(1)$n\times n$ 矩阵也称为 n 阶方阵，而 1 阶矩阵被约定当做“数”(即“元”本身)对待，当然“数”是不能当做 1 阶矩阵来对待的.

(2)单位阵、对角阵、三角阵是特别简单的一些方阵，在今后讨论的基本运算中，它们各表现出一些简单特性，这就使它们在解决矩阵问题中有重要作用.

(3)矩阵之间的关系用集合之间的包含关系表示如下：

$$\{\text{矩阵}\}\supset\{\text{方阵}\}\supset\{\text{三角阵}\}\supset\{\text{对角阵}\}\supset\{\text{数量阵}\}\supset\{\text{单位阵}\}.$$

(4)单位阵中主对角线以外的元素都是 0，而且其他元素一定都是 1. 单位阵既可用 $\boldsymbol{E}$ 表示，又可用 $\boldsymbol{I}$ 表示.

习题 2

一、填空题

1. 设矩阵 $\boldsymbol{A}=\begin{pmatrix}1&1&2&1\\2&2&3&2\\3&2&0&3\end{pmatrix}$，则 $\boldsymbol{A}$ 的元素 $a_{23}=$__________.

2. 设 $\boldsymbol{A},\boldsymbol{B}$ 均为三阶矩阵，且 $|\boldsymbol{A}|=|\boldsymbol{B}|=-3$，则 $|-2\boldsymbol{AB}^T|=$__________.

3. 设 $\boldsymbol{A},\boldsymbol{B}$ 均为 n 阶矩阵，则等式 $(\boldsymbol{A}-\boldsymbol{B})^2=\boldsymbol{A}^2-2\boldsymbol{AB}+\boldsymbol{B}^2$ 成立的充分必要条件是__________.

4. 设 $\boldsymbol{A},\boldsymbol{B}$ 均为 n 阶矩阵，$(\boldsymbol{E}-\boldsymbol{B})$ 可逆，则矩阵 $\boldsymbol{A}+\boldsymbol{BX}=\boldsymbol{X}$ 的解 $\boldsymbol{X}=$__________.

5. 设矩阵 $\boldsymbol{A}=\begin{pmatrix}1&0&0\\0&2&0\\0&0&-3\end{pmatrix}$，则 $\boldsymbol{A}^{-1}=$__________.

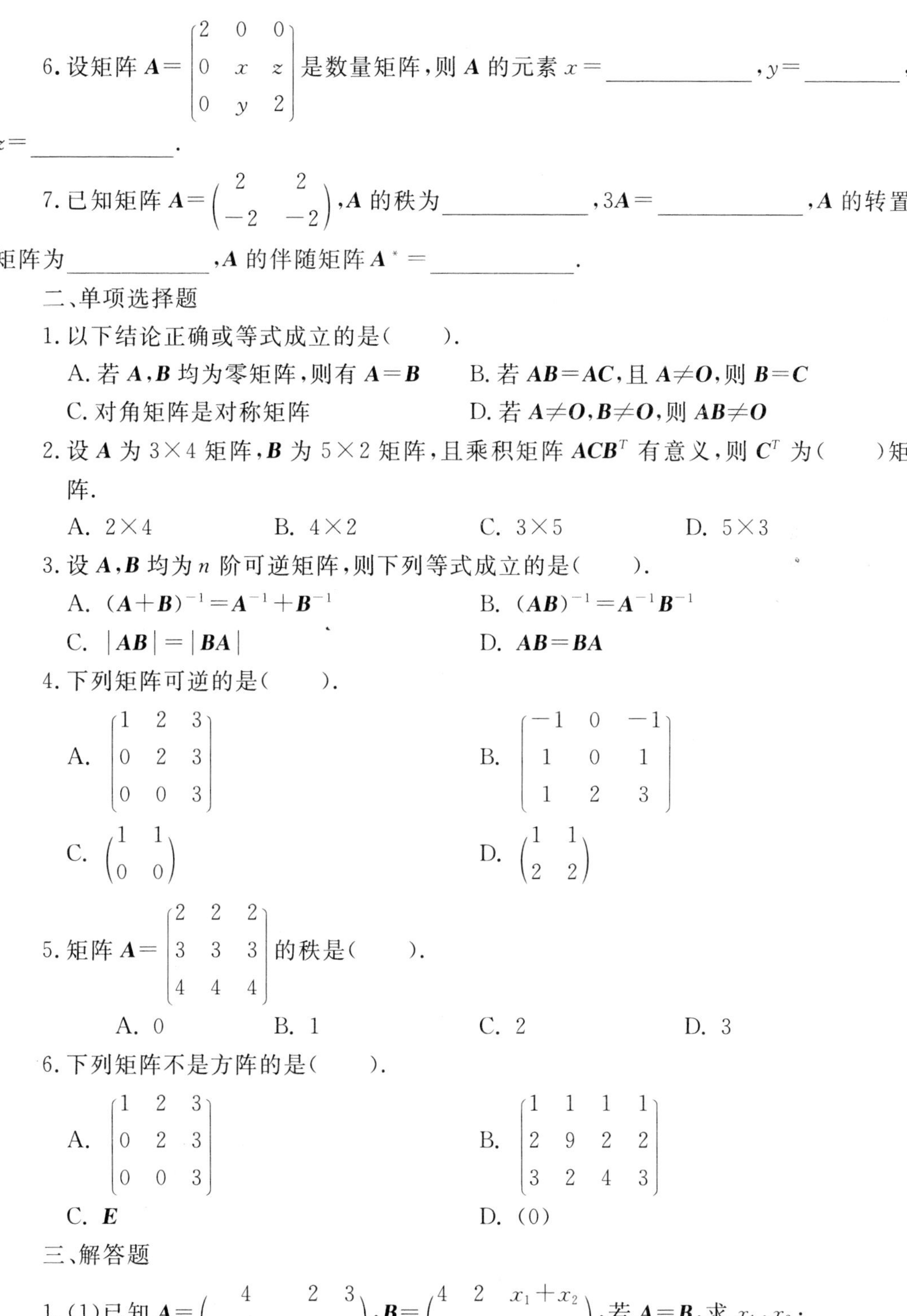

6. 设矩阵 $\boldsymbol{A}=\begin{pmatrix}2&0&0\\0&x&z\\0&y&2\end{pmatrix}$ 是数量矩阵，则 $\boldsymbol{A}$ 的元素 $x=$____________，$y=$__________，$z=$____________.

7. 已知矩阵 $\boldsymbol{A}=\begin{pmatrix}2&2\\-2&-2\end{pmatrix}$，$\boldsymbol{A}$ 的秩为____________，$3\boldsymbol{A}=$____________，$\boldsymbol{A}$ 的转置矩阵为____________，$\boldsymbol{A}$ 的伴随矩阵 $\boldsymbol{A}^*=$____________.

二、单项选择题

1. 以下结论正确或等式成立的是（　　）.

A. 若 $\boldsymbol{A},\boldsymbol{B}$ 均为零矩阵，则有 $\boldsymbol{A}=\boldsymbol{B}$　　B. 若 $\boldsymbol{AB}=\boldsymbol{AC}$，且 $\boldsymbol{A}\neq\boldsymbol{O}$，则 $\boldsymbol{B}=\boldsymbol{C}$

C. 对角矩阵是对称矩阵　　D. 若 $\boldsymbol{A}\neq\boldsymbol{O},\boldsymbol{B}\neq\boldsymbol{O}$，则 $\boldsymbol{AB}\neq\boldsymbol{O}$

2. 设 $\boldsymbol{A}$ 为 3×4 矩阵，$\boldsymbol{B}$ 为 5×2 矩阵，且乘积矩阵 $\boldsymbol{ACB}^T$ 有意义，则 $\boldsymbol{C}^T$ 为（　　）矩阵.

A. 2×4　　B. 4×2　　C. 3×5　　D. 5×3

3. 设 $\boldsymbol{A},\boldsymbol{B}$ 均为 n 阶可逆矩阵，则下列等式成立的是（　　）.

A. $(\boldsymbol{A}+\boldsymbol{B})^{-1}=\boldsymbol{A}^{-1}+\boldsymbol{B}^{-1}$　　B. $(\boldsymbol{AB})^{-1}=\boldsymbol{A}^{-1}\boldsymbol{B}^{-1}$

C. $|\boldsymbol{AB}|=|\boldsymbol{BA}|$　　D. $\boldsymbol{AB}=\boldsymbol{BA}$

4. 下列矩阵可逆的是（　　）.

A. $\begin{pmatrix}1&2&3\\0&2&3\\0&0&3\end{pmatrix}$　　B. $\begin{pmatrix}-1&0&-1\\1&0&1\\1&2&3\end{pmatrix}$

C. $\begin{pmatrix}1&1\\0&0\end{pmatrix}$　　D. $\begin{pmatrix}1&1\\2&2\end{pmatrix}$

5. 矩阵 $\boldsymbol{A}=\begin{pmatrix}2&2&2\\3&3&3\\4&4&4\end{pmatrix}$ 的秩是（　　）.

A. 0　　B. 1　　C. 2　　D. 3

6. 下列矩阵不是方阵的是（　　）.

A. $\begin{pmatrix}1&2&3\\0&2&3\\0&0&3\end{pmatrix}$　　B. $\begin{pmatrix}1&1&1&1\\2&9&2&2\\3&2&4&3\end{pmatrix}$

C. $\boldsymbol{E}$　　D. (0)

三、解答题

1. (1) 已知 $\boldsymbol{A}=\begin{pmatrix}4&2&3\\x_1-x_2&1&0\end{pmatrix}$，$\boldsymbol{B}=\begin{pmatrix}4&2&x_1+x_2\\2&1&0\end{pmatrix}$，若 $\boldsymbol{A}=\boldsymbol{B}$，求 x_1,x_2；

(2)已知$\begin{pmatrix} x & y \\ -1 & 2 \end{pmatrix}+\begin{pmatrix} 2y & -4x \\ 1 & -1 \end{pmatrix}=\begin{pmatrix} 1 & 0 \\ 0 & 1 \end{pmatrix}$,求 x,y;

(3)已知$(x\quad y)+2(x\quad y)-(y\quad x)=(1\quad 1)$,求 x,y.

2.设 $\boldsymbol{A}=\begin{pmatrix} 1 & 2 & 3 & 4 \\ 0 & -1 & 5 & 2 \\ 2 & 3 & 1 & 0 \end{pmatrix}$,$\boldsymbol{B}=\begin{pmatrix} 0 & 2 & 1 & 3 \\ 4 & 1 & 0 & 2 \\ 0 & -3 & 2 & 3 \end{pmatrix}$,求 $\boldsymbol{A}+\boldsymbol{B}$,$2\boldsymbol{A}+3\boldsymbol{B}$.

3.计算下列矩阵的乘积:

(1)$\begin{pmatrix} 1 & -5 \\ -1 & 4 \end{pmatrix}\begin{pmatrix} -1 & 0 \\ -4 & 1 \end{pmatrix}$;　　(2)$(1\quad 2\quad 3)\begin{pmatrix} 3 \\ 2 \\ 1 \end{pmatrix}$;

(3)$\begin{pmatrix} 3 \\ 2 \\ 1 \end{pmatrix}(1\quad 2\quad 3)$;　　(4)$\begin{pmatrix} 2 \\ 1 \\ 3 \end{pmatrix}(-1\quad 2)$;

(5)$\begin{pmatrix} 4 & 3 & 1 \\ 1 & -2 & 3 \\ 5 & 7 & 0 \end{pmatrix}\begin{pmatrix} 7 \\ 2 \\ 1 \end{pmatrix}$;　　(6)$\begin{pmatrix} 2 & 1 & 4 & 0 \\ 1 & -1 & 3 & 4 \end{pmatrix}\begin{pmatrix} 1 & 3 & 1 \\ 0 & -1 & 2 \\ 1 & -3 & 1 \\ 4 & 0 & 2 \end{pmatrix}$.

4.计算 $\boldsymbol{AB}-\boldsymbol{BA}$,其中

(1)$\boldsymbol{A}=\begin{pmatrix} 1 & 2 \\ -2 & 0 \end{pmatrix}$,$\boldsymbol{B}=\begin{pmatrix} 3 & 2 \\ -2 & 2 \end{pmatrix}$;　　(2)$\boldsymbol{A}=\begin{pmatrix} 1 & 2 & 2 \\ 2 & 1 & 2 \\ 1 & 2 & 3 \end{pmatrix}$,$\boldsymbol{B}=\begin{pmatrix} 0 & 1 & 1 \\ 0 & 2 & 0 \\ 1 & 0 & 1 \end{pmatrix}$.

5.设 $\boldsymbol{A}=\begin{pmatrix} -1 & 0 & 0 \\ 1 & -1 & 0 \\ 1 & 1 & -1 \end{pmatrix}$,计算:

(1)$(\boldsymbol{A}+2\boldsymbol{E})^{-1}(\boldsymbol{A}^2-4\boldsymbol{E})$;　　(2) $(\boldsymbol{A}+2\boldsymbol{E})^{-1}(\boldsymbol{A}-2\boldsymbol{E})$.

6.判别下列方阵是否可逆,若可逆,求其逆阵:

(1)$\boldsymbol{A}=\begin{pmatrix} 1 & 2 & 3 \\ 2 & 1 & 2 \\ 1 & 3 & 3 \end{pmatrix}$;　　(2)$\boldsymbol{B}=\begin{pmatrix} 4 & 2 & 3 \\ 2 & 2 & 3 \\ 1 & 2 & 3 \end{pmatrix}$;

(3)$\boldsymbol{C}=\begin{pmatrix} 2 & -1 & 1 \\ 1 & 0 & 1 \\ 3 & -1 & 4 \end{pmatrix}$;　　(4)$\boldsymbol{D}=\begin{pmatrix} 1 & -3 & 2 \\ -3 & 0 & 1 \\ 1 & 1 & -1 \end{pmatrix}$.

7.设 $\boldsymbol{A}=\begin{pmatrix} a & b \\ c & d \end{pmatrix}$,当满足什么条件时,$\boldsymbol{A}$ 可逆?如果 $\boldsymbol{A}$ 可逆,求 $\boldsymbol{A}^{-1}$.

8.用伴随矩阵法求下列矩阵的逆矩阵:

(1) $\begin{pmatrix}1&3\\1&4\end{pmatrix}$；

(2) $\begin{pmatrix}0&-1&1\\1&0&1\\1&0&2\end{pmatrix}$.

9. 用矩阵的行初等变换法求下列矩阵的逆矩阵：

(1) $\begin{pmatrix}1&3\\2&0\end{pmatrix}$；

(2) $\begin{pmatrix}1&1&1\\0&1&1\\0&0&1\end{pmatrix}$；

(3) $\begin{pmatrix}1&0&1\\0&2&-2\\-1&3&0\end{pmatrix}$；

(4) $\begin{pmatrix}3&2&1\\6&4&2\\1&2&6\end{pmatrix}$；

(5) $\begin{pmatrix}1&2&3&4\\2&3&1&2\\1&1&1&-1\\1&0&-2&-6\end{pmatrix}$；

(6) $\begin{pmatrix}1&-1&1&1\\-1&0&-1&0\\1&-1&1&0\\1&0&0&2\end{pmatrix}$.

10. 解下列矩阵方程：

(1) $\begin{pmatrix}1&-5\\-1&4\end{pmatrix}\boldsymbol{X}=\begin{pmatrix}3&2\\1&4\end{pmatrix}$；

(2) $\boldsymbol{X}\begin{pmatrix}1&-5\\-1&4\end{pmatrix}=\begin{pmatrix}3&2\\1&4\end{pmatrix}$；

(3) $\boldsymbol{X}\begin{pmatrix}1&-1&1\\1&1&0\\2&1&1\end{pmatrix}=\begin{pmatrix}1&2&-3\\-8&-10&4\\0&-1&5\end{pmatrix}$；

(4) $\begin{pmatrix}1&1&-1\\-2&1&1\\1&1&1\end{pmatrix}\boldsymbol{X}=\begin{pmatrix}2\\3\\6\end{pmatrix}$；

(5) $\boldsymbol{X}-\begin{pmatrix}0&2&0\\-4&3&1\\3&-1&-1\end{pmatrix}\boldsymbol{X}=\begin{pmatrix}-1&4\\2&5\\1&-3\end{pmatrix}$；

(6) $\boldsymbol{X}\begin{pmatrix}1&0&0\\0&-1&0\\0&0&2\end{pmatrix}=\begin{pmatrix}2&1&0\\-1&3&1\\1&0&2\end{pmatrix}$.

11. (1) 求矩阵 $\boldsymbol{A}=\begin{pmatrix}2&-5&3&2&1\\5&-8&5&4&3\\1&-7&4&2&0\\4&-1&1&2&3\end{pmatrix}$ 的秩.

(2) 设矩阵 $\boldsymbol{A}=\begin{pmatrix}1&2&4\\0&\lambda&8\\1&1&0\end{pmatrix}$，试确定 λ 的值，使 $r(\boldsymbol{A})$ 最小.

疑难解析和典型例题分析

例 1 设 $\boldsymbol{A}$ 是 $1\times n$ 矩阵，$\boldsymbol{B}$ 是 $n\times 1$ 矩阵，且

$\boldsymbol{A}=(a_1 \quad a_2 \quad \cdots \quad a_n)$，$\boldsymbol{B}=\begin{pmatrix} b_1 \\ b_2 \\ \vdots \\ b_n \end{pmatrix}$，求 **AB** 和 **BA**.

解 $\boldsymbol{AB}=(a_1 \quad a_2 \quad \cdots \quad a_n)\begin{pmatrix} b_1 \\ b_2 \\ \vdots \\ b_n \end{pmatrix}=a_1b_1+a_2b_2+\cdots+a_nb_n$；

$$\boldsymbol{BA}=\begin{pmatrix} b_1 \\ b_2 \\ \vdots \\ b_n \end{pmatrix}(a_1 \quad a_2 \quad \cdots \quad a_n)=\begin{pmatrix} a_1b_1 & a_2b_1 & \cdots & a_nb_1 \\ a_1b_2 & a_2b_2 & \cdots & a_nb_2 \\ \vdots & \vdots & \vdots & \vdots \\ a_1b_n & a_2b_n & \cdots & a_nb_n \end{pmatrix}.$$

计算结果表明，矩阵 **AB** 是一个 1 阶矩阵，**BA** 是一个 n 阶方阵. 一般情况下，最后结果是一个 1 阶矩阵时，可以把它当做一个数看待，可以不加矩阵符号“(　)”，但在运算过程中，不能把 1 阶矩阵看成一个数.

例 2 设矩阵 $\boldsymbol{A}=\begin{pmatrix} 1 & 2 \\ 0 & 1 \end{pmatrix}$，求幂矩阵 $\boldsymbol{A}^m$(其中 m 是正整数).

解 当 $m=2$ 时，

$$\boldsymbol{A}^2=\begin{pmatrix} 1 & 2 \\ 0 & 1 \end{pmatrix}\begin{pmatrix} 1 & 2 \\ 0 & 1 \end{pmatrix}=\begin{pmatrix} 1 & 2\times 2 \\ 0 & 1 \end{pmatrix}.$$

设 $m=k$ 时，

$$\boldsymbol{A}^k=\begin{pmatrix} 1 & 2\times k \\ 0 & 1 \end{pmatrix},$$

则当 $m=k+1$ 时，

$$\boldsymbol{A}^{k+1}=\boldsymbol{A}^k\boldsymbol{A}=\begin{pmatrix} 1 & 2\times k \\ 0 & 1 \end{pmatrix}\begin{pmatrix} 1 & 2 \\ 0 & 1 \end{pmatrix}=\begin{pmatrix} 1 & 2+2\times k \\ 0 & 1 \end{pmatrix}=\begin{pmatrix} 1 & 2(k+1) \\ 0 & 1 \end{pmatrix}.$$

由归纳法原理可知

$$\boldsymbol{A}^m=\begin{pmatrix} 1 & 2m \\ 0 & 1 \end{pmatrix}.$$

例 3 设对角矩阵 $\boldsymbol{A}=\begin{pmatrix} a & 0 & 0 & 0 \\ 0 & b & 0 & 0 \\ 0 & 0 & c & 0 \\ 0 & 0 & 0 & d \end{pmatrix}$，判断 **A** 是否可逆，若可逆，求出 $\boldsymbol{A}^{-1}$.

解 因为 $|\boldsymbol{A}|=abcd$，由定理 2.2 可知，若 $|\boldsymbol{A}|\neq 0$，即 a,b,c,d 都不为零，则 **A** 可逆，否则 **A** 不可逆. 当 $abcd\neq 0$ 时，因为

$$\boldsymbol{A}^* = \begin{pmatrix} bcd & 0 & 0 & 0 \\ 0 & cda & 0 & 0 \\ 0 & 0 & dab & 0 \\ 0 & 0 & 0 & abc \end{pmatrix},$$

所以

$$\boldsymbol{A}^{-1} = \frac{1}{abcd}\boldsymbol{A}^* = \begin{pmatrix} \frac{1}{a} & 0 & 0 & 0 \\ 0 & \frac{1}{b} & 0 & 0 \\ 0 & 0 & \frac{1}{c} & 0 \\ 0 & 0 & 0 & \frac{1}{d} \end{pmatrix}.$$

例 4 设 n 阶方阵 $\boldsymbol{A}$ 满足方程 $\boldsymbol{A}^2-\boldsymbol{A}-2\boldsymbol{E}=\boldsymbol{O}$，证明 $\boldsymbol{A}$，$\boldsymbol{A}+2\boldsymbol{E}$ 都可逆，并求它们的逆矩阵.

证 由于 $\boldsymbol{A}^2-\boldsymbol{A}-2\boldsymbol{E}=\boldsymbol{O}$，得

$$\boldsymbol{A}(\boldsymbol{A}-\boldsymbol{E})=2\boldsymbol{E},$$

即

$$\boldsymbol{A}\left[\frac{1}{2}(\boldsymbol{A}-\boldsymbol{E})\right]=\boldsymbol{E}.$$

由逆矩阵的定义可知 $\boldsymbol{A}$ 可逆，且

$$\boldsymbol{A}^{-1}=\frac{1}{2}(\boldsymbol{A}-\boldsymbol{E}).$$

由 $\boldsymbol{A}^2-\boldsymbol{A}-2\boldsymbol{E}=0$，得

$$(\boldsymbol{A}+2\boldsymbol{E})(\boldsymbol{A}-3\boldsymbol{E})+4\boldsymbol{E}=0,$$

得

$$(\boldsymbol{A}+2\boldsymbol{E})(\boldsymbol{A}-3\boldsymbol{E})=-4\boldsymbol{E},$$

$$(\boldsymbol{A}+2\boldsymbol{E})\left[-\frac{1}{4}(\boldsymbol{A}-3\boldsymbol{E})\right]=\boldsymbol{E}.$$

故$(\boldsymbol{A}+2\boldsymbol{E})$可逆，且

$$(\boldsymbol{A}+2\boldsymbol{E})^{-1}=-\frac{1}{4}(\boldsymbol{A}-3\boldsymbol{E}).$$

例 5 设 $\boldsymbol{A}$，$\boldsymbol{B}$ 是 $\boldsymbol{n}$ 阶对称矩阵，试证：(1)$5\boldsymbol{A}-2\boldsymbol{B}$ 也是对称矩阵；(2)$\boldsymbol{AB}$ 是对称矩阵的充分必要条件是 $\boldsymbol{A}$ 与 $\boldsymbol{B}$ 可变换.

证 (1)因为 $\boldsymbol{A}^T=\boldsymbol{A}$，$\boldsymbol{B}^T=\boldsymbol{B}$，且

$$(5\boldsymbol{A}-2\boldsymbol{B})^T=(5\boldsymbol{A})^T-(2\boldsymbol{B})^T=5\boldsymbol{A}^T-2\boldsymbol{B}^T=5\boldsymbol{A}-2\boldsymbol{B},$$

所以 $5\boldsymbol{A}-2\boldsymbol{B}$ 是对称矩阵.

(2)必要性：设 $\boldsymbol{AB}$ 是对称矩阵，即$(\boldsymbol{AB})^T=\boldsymbol{AB}$. 因为 $\boldsymbol{A}^T=A$，$\boldsymbol{B}^T=B$，且 $\boldsymbol{AB}=(\boldsymbol{AB})^T$

$=\boldsymbol{B}^T\boldsymbol{A}^T=\boldsymbol{BA}$,所以矩阵 $\boldsymbol{A}$ 与 $\boldsymbol{B}$ 是可交换的.

充分性:设矩阵 $\boldsymbol{A}$ 与 $\boldsymbol{B}$ 可交换,即 $\boldsymbol{AB}=\boldsymbol{BA}$. 因为 $\boldsymbol{A}^T=\boldsymbol{A}$,$\boldsymbol{B}^T=\boldsymbol{B}$,且 $(\boldsymbol{AB})^T=\boldsymbol{B}^T\boldsymbol{A}^T=\boldsymbol{BA}=\boldsymbol{AB}$,所以 $\boldsymbol{AB}$ 是对称矩阵.

第三章 线性方程组

学习目标

1. 了解向量组线性相关、线性无关的定义及重要结论，了解向量组的极大无关组与向量组的秩的概念，了解线性方程组的基础解系、全部解概念及解的结构.

2. 理解 n 维向量的概念，理解非齐次线性方程组有解的充分必要条件及齐次线性方程组有非零解的充分必要条件.

3. 掌握线性方程组解的存在性的判定方法、用初等行变换求线性方程组全部解的方法，会求极大无关组.

4. 了解线性规划问题的数学模型的一般形式、标准形式.

5. 了解线性规划问题的几个基本概念和单纯型表的结构.

6. 掌握将线性规划问题数学模型的一般形式化为标准形式的方法、线性规划问题的解的判别方法、单纯型方法，会建立线性规划问题的数学模型.

自然科学、工程技术和经济管理中的许多问题经常可以归结为解一个线性方程组. 虽然在中学时代，我们已经学过用加减消元法或代入消元法解二元或三元一次方程组，并且从平面解析几何中知道二元一次方程组解的情况只可能有三种：有唯一解、有无穷多解、无解，但是在许多实际问题中，我们遇到的方程组中未知量个数常常超过 3 个，而且方程组中未知量个数与方程的个数也不一定相同，例如

$$\begin{cases} 2x_1+x_2=5; \\ -x_1+x_2+2x_3=3; \\ 3x_1-2x_2+x_3-4x_4=2. \end{cases}$$

那么这样的线性方程组是否有解呢？如果有解，解是否唯一？如果解不唯一，解的结构如何呢？在有解的情况下，如何求解呢？这就是本章要讨论的主要问题.

3.1 消 元 法

消元法是解二元或三元一次线性方程组常用的方法，将其运用到解 n 元线性方程组也是有效的. 它的基本思想是将方程组中的一部分变成未知量较少的方程，从而容易判断方程组解的情况或求出方程组的解.

3.1.1 线性方程组

设含 n 个未知量 m 个方程式组成的方程组为

$$\begin{cases} a_{11}x_1+a_{12}x_2+\cdots+a_{1n}x_n=b_1, \\ a_{21}x_1+a_{22}x_2+\cdots+a_{2n}x_n=b_2, \\ \cdots\cdots\cdots\cdots\cdots\cdots\cdots\cdots\cdots\cdots \\ a_{m1}x_1+a_{m2}x_2+\cdots+a_{mn}x_n=b_m, \end{cases}$$

其中系数 a_{ij}，常数 b_j 都是已知数，x_i 是未知量(也称为未知数). 当右端常数项 $b_1,b_2,\cdots,b_m$ 不全为零时，称方程组为**非齐次线性方程组**. 当 $b_1=b_2=\cdots=b_m=0$ 时，称为**齐次线性方程组**.

由 n 个数 $k_1,k_2,\cdots,k_n$ 组成的一个有序数组$(k_1,k_2,\cdots,k_n)$，如果将它们依次代入非齐次方程组后，方程组中的每个方程都变成恒等式，则称这个有序数组$(k_1,k_2,\cdots,k_n)$为方程组的一组解. 显然 $x_1=0,x_2=0,\cdots,x_n=0$ 组成的有序数组是齐次线性方程组的一组阶，称其为齐次线性方程组的零解，而当齐次线性方程组的未知量取值不全为零时，称其为非零解.

非齐次线性方程组的矩阵表示形式为

$$\boldsymbol{AX}=\boldsymbol{B},$$

其中

$$\boldsymbol{A}=\begin{pmatrix} a_{11} & a_{12} & \cdots & a_{1n} \\ a_{21} & a_{22} & \cdots & a_{2n} \\ \vdots & \vdots & \vdots & \vdots \\ a_{m1} & a_{m2} & \cdots & a_{mn} \end{pmatrix},\boldsymbol{X}=\begin{pmatrix} x_1 \\ x_2 \\ \vdots \\ x_n \end{pmatrix},\boldsymbol{B}=\begin{pmatrix} b_1 \\ b_2 \\ \vdots \\ b_m \end{pmatrix},$$

称 $\boldsymbol{A}$ 为方程组的**系数矩阵**，$\boldsymbol{X}$ 为**未知矩阵**，$\boldsymbol{B}$ 为**常数矩阵**，将系数矩阵 $\boldsymbol{A}$ 和常数矩阵 $\boldsymbol{B}$ 放在一起构成的矩阵

$$\begin{pmatrix} a_{11} & a_{12} & \cdots & a_{1n} & b_1 \\ a_{21} & a_{22} & \cdots & a_{2n} & b_2 \\ \vdots & \vdots & \vdots & \vdots & \vdots \\ a_{m1} & a_{m2} & \cdots & a_{mn} & b_m \end{pmatrix}$$

称为线性方程组的**增广矩阵**，记为 $\overline{\boldsymbol{A}}$ 或 $[\boldsymbol{A} \quad \boldsymbol{B}]$

齐次线性方程组的矩阵表示形式为 $\boldsymbol{AX}=O$.

3.1.2 高斯消元法

消元法是解线性方程组常用的方法，它的基本思想是将方程组中的一部分方程变成未知量较少的方程，从而容易判断方程组解的情况或求出方程组的解.

定理 3.1 若用初等行变换将增广矩阵 $[\boldsymbol{A} \quad \boldsymbol{B}]$ 化为 $[\boldsymbol{C} \quad \boldsymbol{D}]$，则 $\boldsymbol{AX}=\boldsymbol{B}$ 与 $\boldsymbol{CX}=\boldsymbol{D}$ 是同解方程组.

用初等行变换将方程组的增广矩阵 $\overline{\boldsymbol{A}}$ 化成阶梯形矩阵，再写出该阶梯形矩阵所对应的方程组，逐步回代，求出方程组的解. 因为它们为同解方程组，所以也就得到了原方程组的解. 这种方法被称为高斯消元法.

下面举例说明用消元法求一般线性方程组解的方法和步骤.

例 1 解线性方程组 $\begin{cases} x_1+x_2-2x_3-x_4=-1; \\ x_1+5x_2-3x_3-2x_4=0; \\ 3x_1-x_2+x_3+4x_4=2; \\ -2x_1+2x_2+x_3-x_4=1. \end{cases}$

解 先写出增广矩阵 $\overline{\boldsymbol{A}}$，再用初等行变换将其逐步化成阶梯形矩阵，即

$$\overline{\boldsymbol{A}}=\begin{pmatrix} 1 & 1 & -2 & -1 & -1 \\ 1 & 5 & -3 & -2 & 0 \\ 3 & -1 & 1 & 4 & 2 \\ -2 & 2 & 1 & -1 & 1 \end{pmatrix} \xrightarrow[r_4+2r_1]{\substack{r_2+(-1)r_1 \\ r_3+(-3)r_1}} \begin{pmatrix} 1 & 1 & -2 & -1 & -1 \\ 0 & 4 & -1 & -1 & 1 \\ 0 & -4 & 7 & 7 & 5 \\ 0 & 4 & -3 & -3 & -1 \end{pmatrix}$$

$$\xrightarrow{\substack{r_3+r_2 \\ r_4+(-1)r_2}} \begin{pmatrix} 1 & 1 & -2 & -1 & -1 \\ 0 & 4 & -1 & -1 & 1 \\ 0 & 0 & 6 & 6 & 6 \\ 0 & 0 & -2 & -2 & -2 \end{pmatrix} \xrightarrow{r_4+\left(\frac{1}{3}\right)r_3} \begin{pmatrix} 1 & 1 & -2 & -1 & -1 \\ 0 & 4 & -1 & -1 & 1 \\ 0 & 0 & 6 & 6 & 6 \\ 0 & 0 & 0 & 0 & 0 \end{pmatrix}.$$

上述 4 个增广矩阵所表示的 4 个线性方程组是同解方程组，最后一个增广矩阵表示的线性方程组为

$$\begin{cases} x_1+x_2-2x_3-x_4=-1, \\ 4x_2-x_3-x_4=1, \\ 6x_3+6x_4=6, \end{cases}$$

将最后一个方程乘以$\frac{1}{6}$，再将 x_4 项移至等号的右端，得

$$x_3=-x_4+1,$$

将其代入第二个方程，解得

$$x_2=\frac{1}{2},$$

再将 x_2，x_3 代入第一方程组，解得

$$x_1=-x_4+\frac{1}{2},$$

因此，方程组的解为

$$\begin{cases}x_1=-x_4+\frac{1}{2},\\ x_2=\frac{1}{2},\\ x_3=-x_4+1.\end{cases}$$

其中 x_4 可以任意取值.

由于未知量 x_4 的取值是任意实数，故方程组的解有无穷多个. 未知量 x_4 称为自由未知量，用自由未知量表示其他未知量的表示式称为线性方程组的一般解. 当表示式中的未知量 x_4 取定一个值时，得到的方程组一个解称为线性方程组的特解. 自由未知量的选取是不唯一的.

如果将自由未知量 x_4 取一任意常数，即令 $x_4=k$，那么线性方程组的一般解为

$$\begin{cases}x_1=-k+\frac{1}{2};\\ x_2=\frac{1}{2};\\ x_3=-k+1;\\ x_4=k.\end{cases}$$

其中 k 为任意常数，用矩阵形式表示为

$$\begin{pmatrix}x_1\\x_2\\x_3\\x_4\end{pmatrix}=\begin{pmatrix}-k+\frac{1}{2}\\ \frac{1}{2}\\ -k+1\\ k\end{pmatrix}=k\begin{pmatrix}-1\\0\\-1\\1\end{pmatrix}+\begin{pmatrix}\frac{1}{2}\\ \frac{1}{2}\\ 1\\ 0\end{pmatrix},$$

其中 k 为任意常数.

用消元法解线性方程组的过程中，当增广矩阵经过初等行变换化成阶梯形矩阵后，要写出相应的方程组，然后再用回代的方法求出解. 如果用矩阵将回代的过程表示出来，这个过程实际上就是对阶梯形矩阵进一步简化，使其最终化成一个特殊的矩阵，从这个特殊矩阵中，就可以直接解出或“读出”方程组的解. 如对本节例 1 中的阶梯形矩阵进一步化简

$$\begin{pmatrix} 1 & 1 & -2 & -1 & -1 \\ 0 & 4 & -1 & -1 & 1 \\ 0 & 0 & 6 & 6 & 6 \\ 0 & 0 & 0 & 0 & 0 \end{pmatrix} \xrightarrow[\substack{r_1+2r_3 \\ r_2+r_3}]{\frac{1}{6}r_3} \begin{pmatrix} 1 & 1 & 0 & 1 & 1 \\ 0 & 4 & 0 & 0 & 2 \\ 0 & 0 & 1 & 1 & 1 \\ 0 & 0 & 0 & 0 & 0 \end{pmatrix} \xrightarrow[r_1+(-1)r_2]{\frac{1}{4}r_2} \begin{pmatrix} 1 & 0 & 0 & 1 & \frac{1}{2} \\ 0 & 1 & 0 & 0 & \frac{1}{2} \\ 0 & 0 & 1 & 1 & 1 \\ 0 & 0 & 0 & 0 & 0 \end{pmatrix}$$

上述矩阵对应的方程组为

$$\begin{cases} x_1 + x_4 = \frac{1}{2}; \\ x_2 = \frac{1}{2}; \\ x_3 + x_4 = 1; \end{cases}$$

将此方程组中含 x_4 的项移到等号的右端，就得到原方程组的一般解

$$\begin{cases} x_1 = -x_4 + \frac{1}{2}; \\ x_2 = \frac{1}{2}; \\ x_3 = -x_4 + 1; \end{cases}$$

其中 x_4 为自由变量.

例 2 解线性方程组 $\begin{cases} x_1 + 2x_2 - 3x_3 = 4; \\ 2x_1 + 3x_2 - 5x_3 = 7; \\ 4x_1 + 3x_2 - 9x_3 = 9; \\ 2x_1 + 5x_2 - 8x_3 = 8. \end{cases}$

解 利用初等行变换，将方程组的增广矩阵$\overline{\mathbf{A}}$化成阶梯矩阵，再求解，即

$$\overline{\mathbf{A}} = \begin{pmatrix} 1 & 2 & -3 & 4 \\ 2 & 3 & -5 & 7 \\ 4 & 3 & -9 & 9 \\ 2 & 5 & -8 & 8 \end{pmatrix} \to \begin{pmatrix} 1 & 2 & -3 & 4 \\ 0 & -1 & 1 & -1 \\ 0 & -5 & 3 & -7 \\ 0 & 1 & -2 & 0 \end{pmatrix} \to \begin{pmatrix} 1 & 2 & -3 & 4 \\ 0 & -1 & 1 & -1 \\ 0 & 0 & -2 & -2 \\ 0 & 0 & -1 & -1 \end{pmatrix}$$

$$\to \begin{pmatrix} 1 & 2 & -3 & 4 \\ 0 & 1 & -1 & 1 \\ 0 & 0 & 1 & 1 \\ 0 & 0 & 0 & 0 \end{pmatrix} \to \begin{pmatrix} 1 & 2 & 0 & 7 \\ 0 & 1 & 0 & 2 \\ 0 & 0 & 1 & 1 \\ 0 & 0 & 0 & 0 \end{pmatrix} \to \begin{pmatrix} 1 & 0 & 0 & 3 \\ 0 & 1 & 0 & 2 \\ 0 & 0 & 1 & 1 \\ 0 & 0 & 0 & 0 \end{pmatrix},$$

一般解为

$$\begin{cases} x_1 = 3; \\ x_2 = 2; \\ x_3 = 1. \end{cases}$$

例 3 解线性方程组$\begin{cases}x_1+x_2+x_3=1;\\-x_1+2x_2-4x_3=2;\\2x_1+5x_2-x_3=3.\end{cases}$

解 利用初等行变换，将方程组的增广矩阵$\overline{\mathbf{A}}$化成阶梯矩阵，再求解，即

$$\overline{\mathbf{A}}=\begin{pmatrix}1&1&1&1\\-1&2&-4&2\\2&5&-1&3\end{pmatrix}\to\begin{pmatrix}1&1&1&1\\0&3&-3&3\\0&3&-3&1\end{pmatrix}\to\begin{pmatrix}1&1&1&1\\0&3&-3&3\\0&0&0&-2\end{pmatrix}$$

阶梯形矩阵的第三行(0　0　0　−2)所表示的方程为 $0x_1+0x_2+0x_3=-2$. 由该方程可知，无论 x_1,x_2,x_3 取何值，都不能满足这个方程，因此原方程组无解.

3.2 线性方程组解的判定

线性方程组解的情况有唯一解、无穷解、无解三种情况. 线性方程组的求解过程，实际上就是对线性方程组

$$\begin{cases}a_{11}x_1+a_{12}x_2+\cdots+a_{1n}x_n=b_1;\\a_{21}x_1+a_{22}x_2+\cdots+a_{2n}x_n=b_2;\\\quad\cdots\cdots\\a_{m1}x_1+a_{m2}x_2+\cdots+a_{mn}x_n=b_m\end{cases}$$

的增广矩阵

$$\overline{\mathbf{A}}=\begin{pmatrix}a_{11}&a_{12}&\cdots&a_{1n}&b_1\\a_{21}&a_{22}&\cdots&a_{2n}&b_2\\\vdots&\vdots&\vdots&\vdots&\vdots\\a_{m1}&a_{m2}&\cdots&a_{mn}&b_m\end{pmatrix}$$

进行初等行变换化成阶梯形矩阵的形式

$$\begin{pmatrix}c_{11}&c_{12}&\cdots&c_{1r}&\cdots&c_{1n}&d_1\\0&c_{22}&\cdots&c_{2r}&\cdots&c_{2n}&d_2\\\vdots&\vdots&\vdots&\vdots&\vdots&\vdots&\vdots\\0&0&\cdots&c_{rr}&\cdots&c_{rn}&d_r\\0&0&\cdots&0&\cdots&0&d_{r+1}\\\vdots&\vdots&\vdots&\vdots&\vdots&\vdots&\vdots\\0&0&\cdots&0&\cdots&0&0\end{pmatrix},$$

其中 $c_{rj}\neq0$，当 $d_{r+1}=0$ 时，线性方程组有解；当 $d_{r+1}\neq0$ 时，线性方程组无解. 这就是说，方程组是否有解，关键在于增广矩阵$\overline{\mathbf{A}}$化为阶梯形矩阵后 d_{r+1} 是否为零，也就是增广矩阵

$\overline{\mathbf{A}}$化为阶梯形矩阵后的非零行数和系数矩阵 $\mathbf{A}$ 化为阶梯形矩阵后的非零行数是否相同. 由于一个矩阵经初等行变换化为阶梯形矩阵后，其非零行的数目就是该矩阵的秩. 因此，线性方程组是否有解，就可以用系数矩阵和增广矩阵的秩来刻画.

定理 3.2 线性方程组 $\mathbf{AX}=\mathbf{B}$ 有解的充分必要条件是其系数矩阵与增广矩阵的秩相等，即 $R(\mathbf{A})=R(\overline{\mathbf{A}})$.

这样，当方程组有解时，$d_{r+1}=0$，$R(\mathbf{A})=R(\overline{\mathbf{A}})=r$，增广矩阵$\overline{\mathbf{A}}$可化为如下阶梯形矩阵

$$\begin{pmatrix} c_{11} & c_{12} & \cdots & c_{1j} & c_{1,j+1} & \cdots & c_{1n} & d_1 \\ 0 & c_{22} & \cdots & c_{2j} & c_{2,j+1} & \cdots & c_{2n} & d_2 \\ \vdots & \vdots & \vdots & \vdots & \vdots & \vdots & \vdots & \vdots \\ 0 & 0 & \cdots & c_{rj} & c_{r,j+1} & \cdots & c_r n & d_r \\ 0 & 0 & \cdots & 0 & 0 & \cdots & 0 & d_{r+1} \\ \vdots & \vdots & & \vdots & \vdots & & \vdots & \vdots \\ 0 & 0 & \cdots & 0 & 0 & \cdots & 0 & 0 \end{pmatrix},$$

其中 $c_{rj}\neq 0$，此阶梯形矩阵有 r 个非零行，每个非零行的第一个元素称为主元素，有 r 个. 主元素所在列对应的未知量称为基本未知量，也有 r 个. 其余的未知量作自由未知量，有 $n-r$ 个. 将阶梯形矩阵表示的方程组中含有基本未知量的项留在方程左端，含自由未知量的项移到方程右端，并用逐个方程回代的方法就得到线性方程组的一般解. 在一般解中，对于自由未知量任意取定一组值，可以唯一地确定相应基本未知量的一组值，从而构成方程组的一个解. 由此可知，只要存在自由未知量，线性方程组就有无穷多个解；反之，若没有自由未知量，即 $r=n$ 时，方程组就只有唯一解.

定理 3.3 若线性方程组 $\mathbf{AX}=\mathbf{B}$ 满足$R(\mathbf{A})=R(\overline{\mathbf{A}})=r$，则当 $r=n$ 时，线性方程组有解且只有唯一解；当 $r<n$ 时，线性方程组有无穷多解.

例 1 判定下列方程组是否有解？若有解，说明解的个数.

(1) $\begin{cases} x_1-2x_2+x_3=0; \\ 2x_1-3x_2+x_3=-4; \\ 4x_1-3x_2-2x_3=-2; \\ 3x_1-2x_3=5; \end{cases}$ (2) $\begin{cases} x_1-2x_2+x_3=0; \\ 2x_1-3x_2+x_3=-4; \\ 4x_1-3x_2-2x_3=-2; \\ 3x_1-2x_3=-42; \end{cases}$ (3) $\begin{cases} x_1-2x_2+x_3=0; \\ 2x_1-3x_2+x_3=-4; \\ 2x_1-3x_2-x_3=-20; \\ 3x_1-3x_3=-24. \end{cases}$

解 (1)对线性方程组的增广矩阵进行初等行变换得

$$\overline{\mathbf{A}}=\begin{pmatrix} 1 & -2 & 1 & 0 \\ 2 & -3 & 1 & -4 \\ 4 & -3 & -2 & -2 \\ 3 & 0 & -2 & 5 \end{pmatrix} \to \begin{pmatrix} 1 & -2 & 1 & 0 \\ 0 & 1 & -1 & -4 \\ 0 & 5 & -6 & -2 \\ 0 & 6 & -5 & 5 \end{pmatrix}$$

$$\rightarrow\begin{pmatrix}1&-2&1&0\\0&1&-1&-4\\0&0&-1&18\\0&0&1&29\end{pmatrix}\rightarrow\begin{pmatrix}1&-2&1&0\\0&1&-1&-4\\0&0&-1&18\\0&0&0&47\end{pmatrix},$$

因为 $R(\mathbf{A})=3, R(\overline{\mathbf{A}})=4, R(\mathbf{A})\neq R(\overline{\mathbf{A}})$，所以该方程组无解.

同理，将下面线性方程组(2)，(3)的增广矩阵化为阶梯形矩阵.

$$(2)\ \overline{\mathbf{A}}=\begin{pmatrix}1&-2&1&0\\2&-3&1&-4\\4&-3&-2&-2\\3&0&-2&-42\end{pmatrix}\rightarrow\begin{pmatrix}1&-2&1&0\\0&1&-1&-4\\0&0&-1&18\\0&0&0&0\end{pmatrix},$$

因为 $R(\mathbf{A})=R(\overline{\mathbf{A}})=3$，所以该方程组有唯一解.

$$(3)\ \overline{\mathbf{A}}=\begin{pmatrix}1&-2&1&0\\2&-3&1&-4\\4&-3&-1&-20\\3&0&-3&-24\end{pmatrix}\rightarrow\begin{pmatrix}1&-2&1&0\\0&1&-1&-4\\0&0&0&0\\0&0&0&0\end{pmatrix},$$

因为 $R(\mathbf{A})=R(\overline{\mathbf{A}})=2<3$，所以该方程组有无穷多解.

例 2 根据 a,b 的取值，讨论线性方程组

$$\begin{cases}x_1+2x_2+3x_3=1;\\x_1+3x_2+6x_3=2;\\2x_1+3x_2+ax_3=b;\end{cases}$$

解的情况.

解 因为$\overline{\mathbf{A}}=\begin{pmatrix}1&2&3&1\\1&3&6&2\\2&3&a&b\end{pmatrix}\rightarrow\begin{pmatrix}1&2&3&1\\0&1&3&1\\0&-1&a-6&b-2\end{pmatrix}\rightarrow\begin{pmatrix}1&2&3&1\\0&1&3&1\\0&0&a-3&b-1\end{pmatrix}$，

根据定理可知

当 $a=3$ 且 $b=1$ 时，$R(\mathbf{A})=R(\overline{\mathbf{A}})=2<3$，方程组有无穷多解；

当 $a\neq 3$ 时，$R(\mathbf{A})=R(\overline{\mathbf{A}})=3$，方程组有唯一解；

当 $a=3$ 且 $b\neq 1$ 时，$R(\mathbf{A})<R(\overline{\mathbf{A}})$，方程组无解.

例 3 设线性方程组

$$\begin{cases}2x_1-x_2+x_3=1;\\-x_1-2x_2+x_3=-1;\\x_1-3x_2+2x_3=c;\end{cases}$$

试问 c 为何值时，方程组有解？若方程组有解时，求一般解.

解 $\overline{\mathbf{A}}=\begin{pmatrix}2&-1&1&1\\-1&-2&1&-1\\1&-3&2&c\end{pmatrix}\rightarrow\begin{pmatrix}-1&-2&1&-1\\0&-5&3&-1\\0&-5&3&c-1\end{pmatrix}\rightarrow\begin{pmatrix}1&2&-1&1\\0&-5&3&-1\\0&0&0&c\end{pmatrix}$，

可见，当 $c=0$ 时，$R(\mathbf{A})=R(\overline{\mathbf{A}})=2<3$，所以方程组有无穷多解.

$$\overline{\mathbf{A}}\to\begin{pmatrix}1 & 0 & \frac{1}{5} & \frac{3}{5}\\ 0 & 1 & -\frac{3}{5} & \frac{1}{5}\\ 0 & 0 & 0 & 0\end{pmatrix},$$

原方程组的一般解为

$$\begin{cases}x_1=\frac{3}{5}-\frac{1}{5}x_3;\\ x_2=\frac{1}{5}+\frac{3}{5}x_3.\end{cases}\quad(x_3\text{ 是自由未知量})$$

推论　齐次线性方程组 $\mathbf{AX}=\mathbf{O}$ 有非零解的充分必要条件是系数矩阵 $\mathbf{A}$ 的秩小于未知量的个数，即 $R(\mathbf{A})<n$.

3.3　线性方程组的通解

由 n 个数 $a_1,a_2,\cdots,a_n$ 组成的形如 $\begin{pmatrix}a_1\\ a_2\\ \vdots\\ a_n\end{pmatrix}$ 或 $(a_1,a_2,\cdots,a_n)$ 的有序数组称为维向量，数 a_i 称为它的第 i 个分量(n 为分量个数)，写成列的称为列向量，写成行的称为行向量，n 维列向量可看成 $n\times1$ 的列矩阵，n 行向量可看成 $1\times n$ 的行矩阵，利用矩阵转置符号表示，若 $\boldsymbol{\alpha},\boldsymbol{\beta}\cdots$ 表示列向量，则 $\boldsymbol{\alpha}^T,\boldsymbol{\beta}^T\cdots$ 表示行向量.

设 $\boldsymbol{a}_1,\boldsymbol{a}_2,\cdots,\boldsymbol{a}_m$ 是 n 维向量，$m\geqslant1$，若存在不全为零的数 $k_1,k_2,\cdots,k_m$，使

$$k_1\boldsymbol{a}_1+k_2\boldsymbol{a}_2+\cdots+k_m\boldsymbol{a}_m=0,$$

则称向量组 $\boldsymbol{a}_1,\boldsymbol{a}_2,\cdots,\boldsymbol{a}_m$ 线性相关.

若当且仅当 $k_1,k_2,\cdots,k_m$ 全为零时，才有上式成立，则称向量组 $\boldsymbol{a}_1,\boldsymbol{a}_2,\cdots,\boldsymbol{a}_m$ 线性无关.

下面用向量组的线性相关性来讨论线性方程组的解，首先讨论齐次线性方程组

$$\begin{cases}a_{11}x_1+a_{12}x_2+\cdots+a_{1n}x_n=0;\\ a_{21}x_1+a_{22}x_2+\cdots+a_{2n}x_n=0;\\ \qquad\cdots\cdots\\ a_{m1}x_1+a_{m2}x_2+\cdots+a_{mn}x_n=0.\end{cases}$$

其矩阵形式为$\boldsymbol{AX}=\boldsymbol{O}$,其中$\boldsymbol{A}=(a_{ij})_{m\times n}=\begin{pmatrix} a_{11} & a_{12} & \cdots & a_{1n} \\ a_{21} & a_{22} & \cdots & a_{2n} \\ \vdots & \vdots & & \vdots \\ a_{m1} & a_{m2} & \cdots & a_{mn} \end{pmatrix}$,$\boldsymbol{X}=\begin{pmatrix} x_1 \\ x_2 \\ \vdots \\ x_n \end{pmatrix}$

记$\boldsymbol{\alpha}_1=\begin{pmatrix} a_{11} \\ a_{21} \\ \vdots \\ a_{m1} \end{pmatrix}$,$\boldsymbol{\alpha}_2=\begin{pmatrix} a_{12} \\ a_{22} \\ \vdots \\ a_{m2} \end{pmatrix}$,$\cdots$,$\boldsymbol{\alpha}_n=\begin{pmatrix} a_{1n} \\ a_{2n} \\ \vdots \\ a_{mn} \end{pmatrix}$,则其向量形式为$x_1\boldsymbol{\alpha}_1+x_2\boldsymbol{\alpha}_2+\cdots+x_n\boldsymbol{\alpha}_2=0$.

若令$x_1=\varepsilon_{11},x_2=\varepsilon_{21},\cdots,x_n=\varepsilon_{n1}$为齐次线性方程组的解,则

$$\boldsymbol{x}=\boldsymbol{\varepsilon}_1=\begin{pmatrix} \varepsilon_{11} \\ \varepsilon_{21} \\ \vdots \\ \varepsilon_{n1} \end{pmatrix}$$

称为方程组的解向量.

性质 3.1 若$\boldsymbol{x}=\boldsymbol{\varepsilon}_1$,$\boldsymbol{x}=\boldsymbol{\varepsilon}_2$为齐次线性方程组的解,则$\boldsymbol{x}=\boldsymbol{\varepsilon}_1+\boldsymbol{\varepsilon}_2$也是齐次线性方程组的解.

性质 3.2 若$\boldsymbol{x}=\boldsymbol{\varepsilon}_1$是齐次线性方程组的解,$\boldsymbol{k}$是实数,则$\boldsymbol{x}=\boldsymbol{k\varepsilon}_1$也是齐次线性方程组的解.

齐次线性方程组的一组解$\boldsymbol{\varepsilon}_1,\boldsymbol{\varepsilon}_2,\cdots,\boldsymbol{\varepsilon}_t$,如果满足

(1)齐次线性方程组的任一个解都能表成$\boldsymbol{\varepsilon}_1,\boldsymbol{\varepsilon}_2,\cdots,\boldsymbol{\varepsilon}_t$的线性组合;

(2)$\boldsymbol{\varepsilon}_1,\boldsymbol{\varepsilon}_2,\cdots,\boldsymbol{\varepsilon}_t$线性无关;

则称它为齐次线性方程组的一个基础解系.条件(2)是为了保证基础解系中没有多余的解.

定理 3.4 若齐次线性方程组有非零解,则它有基础解系,且基础解系所含解的个数等于$n-r$,这里r表示系数矩阵的秩($n-r$也就是自由未知量的个数).

可知,$\boldsymbol{\varepsilon}_1,\boldsymbol{\varepsilon}_2,\cdots,\boldsymbol{\varepsilon}_{n-r}$是齐次线性方程组的基础解系,则齐次线性方程组的解可表示为

$$\boldsymbol{x}=k_1\boldsymbol{\varepsilon}_1+k_2\boldsymbol{\varepsilon}_2+\cdots+k_{n-r}\boldsymbol{\varepsilon}_{n-t}$$

其中$k_1,k_2,\cdots,k_{n-r}$为任意实数,称此式为齐次线性方程组的通解.

例 1 求齐次线性方程组

$$\begin{cases} x_1+2x_2+2x_3+x_4=0; \\ 2x_1+x_2-2x_3-2x_4=0; \\ x_1-x_2-4x_3-3x_4=0 \end{cases}$$

的基础解系与通解.

解 对系数矩阵$\boldsymbol{A}$作初等行变换,变为行最简形式

$$\boldsymbol{A}=\begin{pmatrix} 1 & 2 & 2 & 1 \\ 2 & 1 & -2 & -2 \\ 1 & -1 & -4 & -3 \end{pmatrix}\to\begin{pmatrix} 1 & 2 & 2 & 1 \\ 0 & -3 & -6 & -4 \\ 0 & -3 & -6 & -4 \end{pmatrix}$$

$$\rightarrow\begin{pmatrix}1&2&2&1\\0&1&2&\frac{4}{3}\\0&0&0&0\end{pmatrix}\rightarrow\begin{pmatrix}1&0&-2&-\frac{5}{3}\\0&1&2&\frac{4}{3}\\0&0&0&0\end{pmatrix}$$

即得

$$\begin{cases}x_1=2x_3+\frac{5}{3}x_4;\\x_2=-2x_3-\frac{4}{3}x_4.\end{cases}$$

令$\begin{pmatrix}x_3\\x_4\end{pmatrix}=\begin{pmatrix}1\\0\end{pmatrix}$和$\begin{pmatrix}0\\1\end{pmatrix}$,则可得基础解系

$$\boldsymbol{\varepsilon}_1=\begin{pmatrix}2\\-2\\1\\0\end{pmatrix},\boldsymbol{\varepsilon}_2=\begin{pmatrix}\frac{5}{3}\\-\frac{4}{3}\\0\\1\end{pmatrix}.$$

由此可得通解为

$$\boldsymbol{x}=c_1\boldsymbol{\varepsilon}_1+c_2\boldsymbol{\varepsilon}_2=c_1\begin{pmatrix}2\\-2\\1\\0\end{pmatrix}+c_2\begin{pmatrix}\frac{5}{3}\\-\frac{4}{3}\\0\\1\end{pmatrix},(c_1,c_2\in\boldsymbol{R}).$$

下面讨论非齐次线性方程组,设

$$\begin{cases}a_{11}x_1+a_{12}x_2+\cdots+a_{1n}x_n=b_1;\\a_{21}x_1+a_{22}x_2+\cdots+a_{2n}x_n=b_2;\\\qquad\cdots\cdots\\a_{m1}x_1+a_{m2}x_2+\cdots+a_{mn}x_n=b_m.\end{cases}$$

性质 3.3 设 $\boldsymbol{x}=\boldsymbol{\eta}_1$ 与 $\boldsymbol{x}=\boldsymbol{\eta}_2$ 都是非齐次线性方程组的解,则 $\boldsymbol{x}=\boldsymbol{\eta}_2-\boldsymbol{\eta}_1$ 为对应的齐次线性方程组

$$\boldsymbol{AX}=\boldsymbol{O}$$

的解.

性质 3.4 设 $\boldsymbol{x}=\boldsymbol{\eta}$ 是非齐次线性方程组的解,$\boldsymbol{x}=\boldsymbol{\varepsilon}$ 是对应的齐次线性方程组的解,则 $\boldsymbol{x}=\boldsymbol{\varepsilon}+\boldsymbol{\eta}$ 仍是非齐次线性方程组的解.

由性质 3.4 可知,若求得非齐次线性方程组的一个解 $\boldsymbol{\eta}^*$,则非齐次线性方程组的任一解都可表示为

$$\boldsymbol{x}=\boldsymbol{\varepsilon}+\boldsymbol{\eta}^*$$

的形式，其中 $\boldsymbol{\varepsilon}$ 是齐次线性方程组的解.

若齐次线性方程组的通解为 $\boldsymbol{x}=k_1\boldsymbol{\varepsilon}_1+k_2\boldsymbol{\varepsilon}_2+\cdots+k_{n-r}\boldsymbol{\varepsilon}_{n-r}$，则非齐次线性方程组的任一解都可以表示为

$$\boldsymbol{x}=k_1\boldsymbol{\varepsilon}_1+k_2\boldsymbol{\varepsilon}_2+\cdots+k_{n-r}\boldsymbol{\varepsilon}_{n-r}+\boldsymbol{\eta}^*$$

的形式，其中 $k_1,k_2,\cdots,k_{n-r}$ 为任意实数，称上式为非齐次线性方程组的通解，$\boldsymbol{\varepsilon}_1,\boldsymbol{\varepsilon}_2,\cdots,\boldsymbol{\varepsilon}_{n-r}$ 是齐次线性方程组的基础解系.

例 2 求方程组

$$\begin{cases}x_1+x_2-2x_4+x_5=-1;\\-2x_1-x_2+x_3-4x_4+2x_5=1;\\-x_11+x_2-x_3-2x_4+x_5=2\end{cases}$$

的通解.

解 对增广矩阵 $\overline{\mathbf{A}}$ 施行初等行变换

$$\overline{\mathbf{A}}=\begin{pmatrix}1&1&0&-2&1&-1\\-2&-1&1&-4&2&1\\-1&1&-1&-2&1&2\end{pmatrix}\rightarrow\begin{pmatrix}1&1&0&-2&1&-1\\0&1&1&-8&4&-1\\0&2&-1&-4&2&1\end{pmatrix}$$

$$\rightarrow\begin{pmatrix}1&1&0&-2&1&-1\\0&1&1&-8&4&-1\\0&0&-3&12&-6&3\end{pmatrix}\rightarrow\begin{pmatrix}1&0&0&2&-1&-1\\0&1&0&-4&2&0\\0&0&1&-4&2&-1\end{pmatrix},$$

$R(\mathbf{A})=R(\overline{\mathbf{A}})=3<5$，所以方程组有无穷多解，并有

$$\begin{cases}x_1=-2x_4+x_5-1;\\x_2=4x_4-2x_5;\\x_3=4x_4-2x_5-1.\end{cases}$$

令 $\begin{pmatrix}x_4\\x_5\end{pmatrix}=\begin{pmatrix}0\\0\end{pmatrix}$，则 $\begin{pmatrix}x_1\\x_2\\x_3\end{pmatrix}=\begin{pmatrix}-1\\0\\1\end{pmatrix}$，即得方程组的一个解 $\boldsymbol{\eta}^*$，即

$$\boldsymbol{\eta}^*=\begin{pmatrix}-1\\0\\-1\\0\\0\end{pmatrix}.$$

对应的齐次线性方程组为

$$\begin{cases}x_1=-2x_4+x_5;\\x_2=4x_4-2x_5;\\x_3=4x_4-2x_5.\end{cases}$$

令$\begin{pmatrix} x_4 \\ x_5 \end{pmatrix}=\begin{pmatrix} 1 \\ 0 \end{pmatrix},\begin{pmatrix} 0 \\ 1 \end{pmatrix}$，即得对应的齐次线性方程组的基础解系 $\boldsymbol{\varepsilon}_1=\begin{pmatrix} -2 \\ 4 \\ 4 \\ 1 \\ 0 \end{pmatrix}$，$\boldsymbol{\varepsilon}_2=\begin{pmatrix} 1 \\ -2 \\ -2 \\ 0 \\ 1 \end{pmatrix}$.

所以所求方程组的通解为

$$\begin{pmatrix} x_1 \\ x_2 \\ x_3 \\ x_4 \\ x_5 \end{pmatrix}=c_1\begin{pmatrix} -2 \\ 4 \\ 4 \\ 1 \\ 0 \end{pmatrix}+c_2\begin{pmatrix} 1 \\ -2 \\ -2 \\ 0 \\ 1 \end{pmatrix}+\begin{pmatrix} -1 \\ 0 \\ -1 \\ 0 \\ 0 \end{pmatrix},(c_1,c_2\in\boldsymbol{R}).$$

3.4　简单的线性规划问题

线性规划是数学中理论较完整、方法较成熟、应用较广泛的一个分支，它可以解决科学、工程、经济、军事等诸方面的实际问题.

3.4.1　线性规划问题的数学模型

数学模型方法是处理数学科学理论问题的一种经典方法，也是处理各类实际问题的一般方法.在许多实际问题中总存在着已知量和未知量，若将这些量之间的依赖关系，用数学式子表示出来，那么把这些数学式子就称为实际问题的数学模型.换言之，数学模型是描述实际问题共性的抽象的数学符号.它是针对现实世界中的特定对象，为了特定的目的，根据特有的内在规律，对特定对象进行分析、提炼、归纳、升华，运用适当的数学语言所表述出来的一种数学结构.它或者解释特定对象的现实状态，或者能预测对象的未来状态，或者能提供处理对象的最有决策或控制.

在生产实践和日常生活中，经常会遇到如何合理地使用有限资源（如资金、劳力、材料、机器、仪器设备、时间等），以获得最大效益的问题.

例 1　某制药厂在计划期内要安排生产Ⅰ、Ⅱ两种药，这些药品分别需要在 A、B、C、D 这 4 种不同的设备上加工.按工艺规定，每千克药品Ⅰ和Ⅱ在各台设备上所需要的加工台时数如表 3－1 所示.已知各设备在计划期内有效台时数（1 台设备工作 1 小时称为 1 台时）分别是 12、8、16 和 12.该制药厂每生产 1 千克药品可得利润 200 元，每成产 1 千克药品可得利润 300 元.问应如何安排生产计划，才能使制药厂利润最大？

表 3—1

药品	A	B	C	D
Ⅰ	2	1	4	0
Ⅱ	2	2	0	4

解 设 x_1,x_2 分别表示在计划期内药品Ⅰ和Ⅱ的产量(千克)，S 表示这个期间的制药厂利润，则计划期内生产Ⅰ、Ⅱ两种药品的利润总额为 $S=200x_1+300x_2$(元)，但是生产Ⅰ、Ⅱ两种药品在 A 设备上的加工台时数必须满足 $2x_1+2x_2\leqslant 12$；在 B 设备上的加工台时数必须满足 $x_1+2x_2\leqslant 8$；在 C 设备上的加工台时数必须满足 $4x_1\leqslant 16$；在 D 设备上的加工台时数必须满足 $4x_2\leqslant 12$；生产Ⅰ、Ⅱ两种药品的数量应是非负的数，即 $x_1,x_2\geqslant 0$. 于是上述的问题归结为

目标函数 $\max S=200x_1+300x_2$,

$$
\text{约束条件}\begin{cases}2x_1+2x_2\leqslant 12;\\x_1+2x_2\leqslant 8;\\4x_1\leqslant 16;\\4x_2\leqslant 12;\\x_1,x_2\geqslant 0.\end{cases}
$$

LINGO 程序：

```
Max S=200 * x1+300 * x2;
2 * x1+2 * x2<=12;
x1+2 * x2<=8;
4 * x1<=16;
4 * x2<=12;
```

计算结果：S=1400，x1=4，x2=2.

同样，在经济生活和生产活动中也遇到另一类问题，即为了达到一定的目标，应如何组织生产、合理安排工艺流程或调整产品的成分等，以使消耗人力、设备、资金、原材料等为最少.

例 2 用 3 种原料 B_1、B_2、B_3 配制某种食品，要求该食品中蛋白质、脂肪、糖、维生素的含量不低于 15、20、25、30 单位. 以上 3 种原料的单价及每单位原料所含各种成分的数量，如下表 3－2 所示. 问应如何配制该食品，使所需成本最低?

表 3—2

营养成分	原料			食品中营养成分的最低需要量/单位
	B_1	B_2	B_3	
蛋白质/(单位/千克)	5	6	8	15
脂肪/(单位/千克)	3	4	6	20
糖/(单位/千克)	8	5	4	25
维生素/(单位/千克)	10	12	8	30
原料单价/(元/千克)	20	25	30	

解 设 x_1、x_2、x_3 分别表示原料 B_1、B_2、B_3 的用量(千克),S 表示食品的成本(元),则这一食品配制问题变为

目标函数 $\min S=20x_1+25x_2+30x_3$,

约束条件 $\begin{cases}5x_1+6x_2+8x_3\geqslant 15;\\3x_1+4x_2+6x_3\geqslant 20;\\8x_1+5x_2+4x_3\geqslant 25;\\10x_1+12x_2+8x_3\geqslant 30;\\x_1,x_2,x_3\geqslant 0.\end{cases}$

LINGO 程序:

```
min S=20*x1+25*x2+30*x3;
5*x1+6*x2+8*x3>=15;
3*x1+4*x2+6*x3>=20;
8*x1+5*x2+4*x3>=25;
10*x1+12*x2+8*x3>=30;
```

计算结果:S=109.7222,x1=1.944444,x2=0,x3=2.361111.

从上面两个例子可以看出,线性规划的数学模型有如下特征.

(1)都有一组未知变量($x_1,x_2,\cdots,x_n$ 代表某一方案,它们取不同的非负值,代表不同的具体方案.

(2)都有一个目标要求,实现极大或极小.目标函数要用未知变量的线性函数表示.

(3)未知变量受到一组约束条件的限制,这些约束条件用一组线性等式或不等式表示.

正是由于目标函数和约束条件都是未知变量的线性函数,所以我们把这类问题称为线性规划问题.

线性规划问题的一般形式为

目标函数 $\max(\min)\ S=c_1x_+c_1x_2+\cdots+c_nx_n$,

约束条件 $\begin{cases}a_{11}x_1+a_{12}x_2+\cdots+a_{1n}x_n\leqslant(=,\geqslant)b_1;\\a_{21}x_1+a_{22}x_2+\cdots+a_{2n}x_n\leqslant(=,\geqslant)b_2;\\\qquad\cdots\cdots\\a_{m1}x_1+a_{m2}x_2+\cdots+a_{mn}x_n\leqslant(=,\geqslant)b_m;\\x_1,x_2,\cdots,x_n\geqslant 0.\end{cases}$

这里,$c_1x_1+c_1x_2+\cdots+c_nx_n$ 称为目标函数,记为 S,根据研究目标是最大值还是最小值,在目标函数前冠以"max"或"min",其中,称为成本或利润系数;$a_{ij}(i=1,2,\cdots,m;j=1,2,\cdots,n)$称为约束条件中未知变量的系数;$b_i(i=1,2,\cdots,m)$称为限定系数.

3.4.2 线性规划问题的图解法

1. 线性规划问题解的基本概念

设线性规划问题的标准形式为

目标函数　$\max S = \sum_{j=1}^{n} c_j x_j$；

约束条件　$\begin{cases} \sum_{j=1}^{n} a_{ij}x_j \geqslant (=, \leqslant) = b_i & i = 1,2,\cdots,m; \\ x_j \geqslant 0 & j=1,2,\cdots,n; \\ b_i \geqslant 0 & i=1,2,\cdots,m. \end{cases}$

(1)可行解：满足约束条件的解 $X=(x_1,x_2,\cdots,x_n)^T$，称为线性规划问题的可行解. 所有可行解的集合称为可行域.

(2)最优解：满足目标函数式的可行解称为线性规划问题的最优解.

(3)最优值：对应于最优解的目标函数值称为最优值.

2. 两个变量的线性规划问题的图解法

图解法是线性规划问题中最直观的一种解法，它仅限于两个变量的线性规划问题.

例 3　图解法解线性规划问题.

目标函数　$\max S=2x+y$；

约束条件　$\begin{cases} x+y\leqslant 5; \\ x-y\leqslant 3; \\ x,y\geqslant 0. \end{cases}$

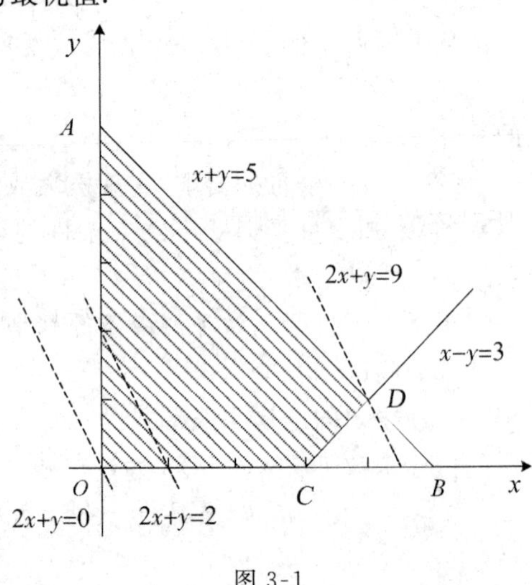

图 3-1

解　在平面直角坐标系中，$x+y\leqslant 5$ 表示直线 $x+y=5$ 及其左下方的半平面. $x-y\leqslant 3$ 表示直线 $x-y=5$ 及其左上方的半平面. $x,y\geqslant 0$ 表示只能取第一象限及其 x,y 轴正半轴上的点. 于是就构成了一个区域 $OADC$，如图 3-1 所示.

目标函数 $S=2x+y$，在坐标系中表示以 S 为参数的一组平行线 $y=-2x+S$. 当参数 S 的值由小逐渐变大时，直线 $y=-2x+S$ 沿其增大方向平行移动，当移动到 D 点时，点 D 坐标既满足约束条件，且又使目标函数取得最大值.

由 $x+y=5$ 与 $x-y=5$ 解得 D 坐标为(4,1). 所以最优解为 $x=4,y=1$，目标函数最大值为 $S=2\times 4+1=9$.

例 4　用图解法解线性规划问题.

目标函数　$\min S=3x+2y$；

约束条件 $\begin{cases} x+y\geqslant 4; \\ x-y\geqslant 1; \\ x,y\geqslant 0. \end{cases}$

解 在平面直角坐标系中，由约束条件可得无界可行域 G(如图阴影部分)，如图 3-2 所示.

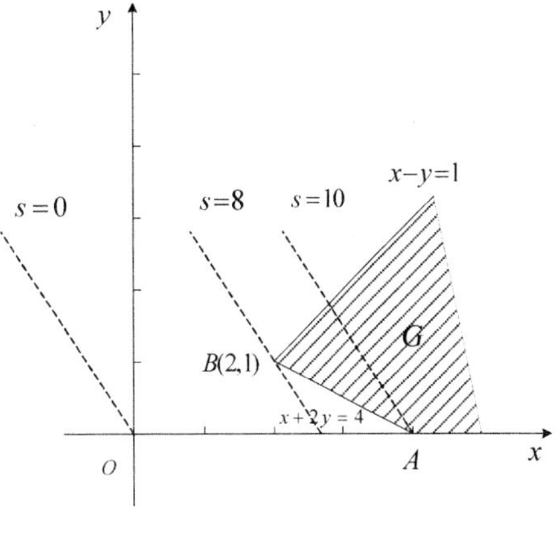

图 3-2

由于目标函数 $S=3x+2y$ 表示以 S 为参数的一组平行线，当参数 S 的值越小，直线离原点越近，由图 3-2 可以看出，点 B 就是满足条件的点. 因为点 B 坐标为 $(2,1)$，所以最优解为 $x=2$，$y=1$，目标函数最小值为 $S=3\times 2+2=8$.

如果本题改为目标函数求最大值，由于可行解无上界，所以也就没有最优解.

3. 线性规划问题的特点

由上面的图解法可以直观地看出线性规划问题的解具有如下特点.

(1)可行域总是凸边多形.

(2)如果一个线性规划问题确实存在唯一的最优解，那么它必定可在其可行域的一个顶点上达到.

(3)如果一个线性规划问题存在多重最优解，那么至少在其可行域有两个相邻的顶点所对应的目标函数值相等，且达到最大值(或最小值).

(4)如果可行域中一个顶点的目标函数值比其相邻顶点的目标函数值要好的话，那么它就比其他所有顶点的目标函数值都要好，或者说它就是一个最优解.

有时在求解线性规划时，会发现线性规划的约束条件矛盾，无法找到可行域，这时线性规划无解；有时也会遇到可行域无界且无最优解，这时称为无界解.

本章小节

本章主要介绍了克莱姆法则，求解线性方程组的消元法，维向量及其线性关系，线性方程组解的结构.

1. 基本概念主要有：线性方程组及其矩阵表示，方程组的系数矩阵，常数矩阵，增广矩阵等概念. 方程组的一般解、特解、基础解系、全部解等概念.

维向量及其线性关系，包括维向量的定义，向量组的线性组合、线性表出、线性相关、线性无关、极大无关组和向量组的秩等概念.

2. 利用消元法求解线性方程组的一般解.

首先写出增广矩阵$(\boldsymbol{A}\vdots\boldsymbol{B})$(或系数矩阵 $\boldsymbol{A}$)，并用初等行变换将其化成阶梯形矩阵；然后判断方程组是否有解；在有解的情况下，写出阶梯形矩阵对应的方程组，并用回代的方法求解；或者继续用初等行变换将阶梯形矩阵化成行简化阶梯形矩阵，写出方程组的一般解.

3. 线性方程组解的判定.

设 $\boldsymbol{AX}=\boldsymbol{B}$，则 $\boldsymbol{AX}=\boldsymbol{B}$ 有解 $\Leftrightarrow r(\boldsymbol{A})=r(\boldsymbol{A}\vdots\boldsymbol{B})$. 当 $r(\boldsymbol{A})=n$ 时，$\boldsymbol{AX}=\boldsymbol{B}$ 有唯一解；当 $r(\boldsymbol{A})<n$ 时，$\boldsymbol{AX}=\boldsymbol{B}$ 有无穷多解.

设 $\boldsymbol{AX}=0$，则 $\boldsymbol{AX}=\boldsymbol{0}$ 只有零解 $\Leftrightarrow r(\boldsymbol{A})=n$；$\boldsymbol{AX}=\boldsymbol{0}$ 有非零解 $\Leftrightarrow r(\boldsymbol{A})<n$.

当齐次线性方程组 $\boldsymbol{AX}=\boldsymbol{0}$ 的未知量个数大于方程个数（$m<n$）时，一定有非零解.

4. 判断向量组是线性无关或线性相关.

设一组向量 $\boldsymbol{\alpha}_1,\boldsymbol{\alpha}_2,\cdots\boldsymbol{\alpha}_m$，只要存在一组不全为 0 的数 $k_1,k_2,\cdots,k_m$，使

$$k_1\boldsymbol{\alpha}_1+k_2\boldsymbol{\alpha}_2+k_m\boldsymbol{\alpha}_m=\boldsymbol{0}$$

成立，则 $\boldsymbol{\alpha}_1,\boldsymbol{\alpha}_2,\cdots\boldsymbol{\alpha}_m$ 线性相关，也就是说，该向量组中至少有一个向量可以被其余向量线性表出.

如果当且仅当 $k_1=k_2=k\cdots=k_m=0$，才能使上式成立，则 $\boldsymbol{\alpha}_1,\boldsymbol{\alpha}_2,\cdots\boldsymbol{\alpha}_m$ 线性无关，即当 $\boldsymbol{\alpha}_1,\boldsymbol{\alpha}_2,\cdots\boldsymbol{\alpha}_m$ 线性无关时，向量组中任一向量都不能被其余向量线性表出.

5. 向量组的极大无关组和向量组的秩的求法.

把向量组中的每一个向量作为矩阵的列向量构成一个矩阵，用初等行变换将其化为阶梯形矩阵，则非零行的个数就是向量组的秩，所有主元所在列对应的原来向量组中的向量就构成一个极大无关组.

注意，向量组的秩不能大于向量的个数，也不能大于向量的维数 n. 即

$$r(\boldsymbol{\alpha}_1,\boldsymbol{\alpha}_2,\cdots,\boldsymbol{\alpha}_m)\leqslant\min\{m,n\}.$$

6. 求齐次线性方程组 $\boldsymbol{AX}=\boldsymbol{0}$ 的基础解系的一般步骤.

首先用初等行变换把方程组的系数矩阵化为行简化阶梯形矩阵；然后把行简化阶梯形矩阵中非主元列所对应的未知量作为自由未知量，写出方程组的一般解；再分别令自由未知量中的一个为 1 其余全部为 0 的办法，求出 $n-r$ 个解向量，这 $n-r$ 个解向量构成一个基础解系.

7. 求非齐次线性方程组 $\boldsymbol{AX}=\boldsymbol{B}$ 全部解的方法.

首先用初等行变换把方程组的增广矩阵化为行简化阶梯形矩阵；然后写出方程组的一般解，并求出它的一个解 $\boldsymbol{\eta}^*$（称为特解）；再求出该方程组的导出组 $\boldsymbol{AX}=\boldsymbol{0}$ 的一个基础解系 $\boldsymbol{\xi}_1,\boldsymbol{\xi}_2,\cdots,\boldsymbol{\xi}_{n-r}$，则非齐次线性方程组的全部解为

$$\boldsymbol{X}=\boldsymbol{\eta}^*+C_1\boldsymbol{\xi}_1+C_2\boldsymbol{\xi}_2+\cdots+C_{n-r}\boldsymbol{\xi}_{n-r}.$$

其中 $C_1,C_2,\cdots,C_{n-r}$ 是任意常数.

8. 将线性规划问题的一般形式化为标准形式的步骤

线性规划问题的一般形式包含了线性规划问题的所有可能的类型，形式的不统一，求最优解就很不方便. 为了有效地利用计算机来简捷地求解这类问题，需求规定一种标准形式：

（1）求目标函数的最大值，

(2)所有约束方程都用等号表示，

(3)所有变量都是非负的，

(4)约束方程等式右端的常数都是非负的，

因此，将一般形式化为标准形式需从这四个方面着手.

习题 3

1. 将下列矩阵化成行简化阶梯形矩阵：

(1) $\begin{pmatrix} 1 & 2 & 3 & 1 & 5 \\ 2 & 4 & 0 & -1 & -3 \\ -1 & -2 & 3 & 2 & 8 \\ 1 & 2 & -9 & -5 & -21 \end{pmatrix}$；　　(2) $\begin{pmatrix} 1 & 1 & 1 & -1 & -1 & -2 \\ 1 & 1 & 0 & 2 & -3 & -1 \\ 0 & 2 & 1 & -3 & 2 & -1 \\ 2 & 0 & 1 & 1 & -4 & -3 \end{pmatrix}$.

2. 解下列线性方程组：

(1) $\begin{cases} x_1+2x_2+3x_3=8, \\ 2x_1+5x_2-5x_3=16, \\ 3x_1-4x_2-5x_3=32; \end{cases}$　　(2) $\begin{cases} x_1+2x_2+3x_3=4, \\ 3x_1+5x_2+7x_3=9, \\ 5x_1+8x_2+11x_3=14; \end{cases}$

(3) $\begin{cases} 2x_1+x_2+3x_3=6, \\ 3x_1+2x_2+x_3=1, \\ 5x_1+3x_2+4x_3=27; \end{cases}$　　(4) $\begin{cases} x_1-x_2+x_3-x_4=0, \\ 2x_1-x_2+3x_3-2x_4=-1, \\ 3x_1-2x_2-x_3+2x_4=4; \end{cases}$

(5) $\begin{cases} 2x_1-3x_2+x_3+5x_4=6, \\ -3x_1+x_2+2x_3-4x_4=5, \\ -x_1-2x_2+3x_3+x_4=2; \end{cases}$　　(6) $\begin{cases} x_1-2x_2+3x_3=4, \\ 2x_1+x_2-3x_3=5, \\ -x_1+2x_2+2x_3=6, \\ 3x_1-3x_2+2x_3=7; \end{cases}$

(7) $\begin{cases} 3x_1-5x_2+x_3-2x_4=0, \\ 2x_1+3x_2-5x_3+x_4=0, \\ -x_1+7x_2-4x_3+3x_4=0, \\ 4x_1+15x_2-7x_3+8x_4=0; \end{cases}$　　(8) $\begin{cases} 3x_1+4x_2+x_3+2x_4+3x_5=0, \\ 5x_1+7x_2+x_3+3x_4+4x_5=0, \\ 4x_1+5x_2+2x_3+x_4+5x_5=0, \\ 7x_1+10x_2+x_3+6x_4+5x_5=0. \end{cases}$

3. 判别下列线性方程组解的情况：

(1) $\begin{cases} 2x_1+x_2+x_3=2, \\ x_1+3x_2+x_3=5, \\ x_1+x_2+5x_3=-7, \\ 2x_1+3x_2-3x_3=14; \end{cases}$　　(2) $\begin{cases} x_1+x_2-3x_3=-3, \\ 2x_1+2x_2-2x_3=-2, \\ x_1+x_2+x_3=1, \\ 3x_1+3x_2-5x_3=-5; \end{cases}$

(3) $\begin{cases} 2x_1+x_2-x_3+x_4=1, \\ 3x_1-2x_2+2x_3-3x_4=2, \\ 5x_1+x_2-x_3+2x_4=-1, \\ 2x_1-x_2+x_3-3x_4=4. \end{cases}$

4. 判别下面齐次线性方程组是否有非零解：

(1) $\begin{cases}3x_1+x_2-8x_3+2x_4+x_5=0,\\2x_1-2x_2-3x_3-7x_4+2x_5=0,\\x_1+11x_2-12x_3+34x_4-5x_5=0,\\x_1-5x_2+2x_3-16x_4+3x_5=0;\end{cases}$ (2) $\begin{cases}x_1+2x_2-4x_3+2x_4=0,\\3x_1-x_2+2x_3-x_4=0,\\-2x_1+4x_2-x_3+3x_4=0,\\3x_1+9x_2-7x_3+6x_4=0.\end{cases}$

5. 当 λ 取何值时，下列线性方程组无解？有解？在有解的情况下，求其解.

$$\begin{cases}x_1-2x_2+3x_3-4x_4=4,\\ \quad x_2-x_3+x_4=-3,\\x_1+3x_2\quad -3x_4=1,\\ \quad -7x_2+3x_3+x_4=\lambda.\end{cases}$$

6. 当 λ 取何值时，下列齐次线性方程组只有零解？有非零解？并求其非零解.

$$\begin{cases}x_1-2x_2+x_3-x_4=0,\\2x_1+x_2-x_3+x_4=0,\\x_1+7x_2-5x_3+5x_4=0,\\3x_1-x_2-2x_3-\lambda x_4=0.\end{cases}$$

7. 当 λ 取何值时，下列线性方程组无解？有唯一解？有无穷多解？在有解的情况下，求出解.

$$\begin{cases}\lambda x_1+x_2+x_3=1,\\x_1+\lambda x_2+x_3=\lambda,\\x_1+x_2+\lambda x_3=\lambda^2.\end{cases}$$

8. 设 $\boldsymbol{\alpha}_1=(1\quad 2\quad 3\quad -1)^T$，$\boldsymbol{\alpha}_2=(0\quad 1\quad -1\quad 2)^T$，$\boldsymbol{\alpha}_3=(-3\quad 10\quad 0\quad 5)^T$，求：

(1) $2\boldsymbol{\alpha}_1-2\boldsymbol{\alpha}_2+\boldsymbol{\alpha}_3$；　(2) $0\boldsymbol{\alpha}_1+0\boldsymbol{\alpha}_2+0\boldsymbol{\alpha}_3$；　(3) $x_1\boldsymbol{\alpha}_1+x_2\boldsymbol{\alpha}_2+x_3\boldsymbol{\alpha}_3$.

9. 设 $\boldsymbol{\alpha}=(6\quad -2\quad 0\quad 4)^T$，$\boldsymbol{\beta}=(-3\quad 1\quad 5\quad 7)^T$，求向量 $\boldsymbol{\gamma}$，使得 $2\boldsymbol{\alpha}+\boldsymbol{\gamma}=3\boldsymbol{\beta}$.

10. 判断向量 β 能否由向量组 $\alpha_1,\alpha_2,\alpha_3$ 线性表出，若能，写出它的一种表出方法.

(1) $\boldsymbol{\beta}=(8\quad 3\quad -1\quad -25)^T$，$\boldsymbol{\alpha}_1=(-1\quad 3\quad 0\quad -5)^T$，$\boldsymbol{\alpha}_2=(2\quad 0\quad 7\quad -3)^T$，$\boldsymbol{\alpha}_3=(-4\quad 1\quad -2\quad 6)^T$；

(2) $\boldsymbol{\beta}=(-8\quad -3\quad 7\quad -10)^T$，$\boldsymbol{\alpha}_1=(-2\quad 7\quad 1\quad 3)^T$，$\boldsymbol{\alpha}_2=(3\quad -5\quad 0\quad -2)^T$，$\boldsymbol{\alpha}_3=(-5\quad -6\quad 3\quad -1)^T$；

(3) $\boldsymbol{\beta}=(2\quad -30\quad 13\quad -26)^T$，$\boldsymbol{\alpha}_1=(3\quad -5\quad 2\quad -4)^T$，$\boldsymbol{\alpha}_2=(-1\quad 7\quad -3\quad 6)^T$，$\boldsymbol{\alpha}_3=(3\quad 11\quad -5\quad 10)^T$.

11. 证明：任一四维向量 $\boldsymbol{\beta}=(b_1\quad b_2\quad b_3\quad b_4)^T$ 都可以由下列向量组线性表出，并且表出方式只有一种. 写这种表出方式.

(1) $\boldsymbol{e}_1=(1\quad 0\quad 0\quad 0)^T$，$\boldsymbol{e}_2=(0\quad 1\quad 0\quad 0)^T$，$\boldsymbol{e}_3=(0\quad 0\quad 1\quad 0)^T$，$\boldsymbol{e}_4=(0\quad 0\quad 0\quad 1)^T$；

(1) $\boldsymbol{\alpha}_1=(1\quad 0\quad 0\quad 0)^T$，$\boldsymbol{\alpha}_2=(1\quad 1\quad 0\quad 0)^T$，$\boldsymbol{\alpha}_3=(1\quad 1\quad 1\quad 0)^T$，$\boldsymbol{\alpha}_4=(1\quad 1\quad 1\quad 1)^T$.

12. 判断下列向量组的线性相关性：

(1) $\boldsymbol{\alpha}_1=(1\quad 1\quad 1)^T, \boldsymbol{\alpha}_2=(0\quad 2\quad 5)^T, \boldsymbol{\alpha}_3=(1\quad 3\quad 6)^T$；

(2) $\boldsymbol{\alpha}_1=(1\quad -1\quad 2\quad 4)^T, \boldsymbol{\alpha}_2=(0\quad 3\quad 1\quad 2)^T, \boldsymbol{\alpha}_3=(3\quad 0\quad 7\quad 14)^T$；

(3) $\boldsymbol{\alpha}_1=(3\quad -1\quad 2)^T, \boldsymbol{\alpha}_2=(1\quad 5\quad -7)^T, \boldsymbol{\alpha}_3=(7\quad -13\quad 20)^T, \boldsymbol{\alpha}_4=(-2\quad 6\quad 1)^T$；

(4) $\boldsymbol{\alpha}_1=(1\quad -2\quad 4\quad -8)^T, \boldsymbol{\alpha}_2=(1\quad 3\quad 9\quad 27)^T, \boldsymbol{\alpha}_3=(1\quad 4\quad 16\quad 64)^T, \boldsymbol{\alpha}_4=(1\quad -1\quad 1\quad -1)^T$.

13. 证明：线性无关向量组的任何部分组也是线性无关的.

14. 求下列向量组的秩及其一个极大无关组，并将其余向量用极大无关组线性表出：

(1) $\boldsymbol{\alpha}_1=(1\quad 1\quad 1)^T, \boldsymbol{\alpha}_2=(1\quad 1\quad 0)^T, \boldsymbol{\alpha}_3=(1\quad 0\quad 0)^T, \boldsymbol{\alpha}_4=(1\quad 2\quad -3)^T$；

(2) $\boldsymbol{\alpha}_1=(1\quad -1\quad 2\quad 4)^T, \boldsymbol{\alpha}_2=(0\quad 3\quad 1\quad 2)^T, \boldsymbol{\alpha}_3=(3\quad 0\quad 7\quad 14)^T, \boldsymbol{\alpha}_4=(2\quad 1\quad 5\quad 6)^T, \boldsymbol{\alpha}_5=(1\quad -1\quad 2\quad 0)^T$；

(3) $\boldsymbol{\alpha}_1=(6\quad 4\quad 1\quad 9\quad 2)^T, \boldsymbol{\alpha}_2=(1\quad 0\quad 2\quad 3\quad -4)^T, \boldsymbol{\alpha}_3=(1\quad 4\quad -9\quad -6\quad -22)^T, \boldsymbol{\alpha}_4=(7\quad 1\quad 0\quad -1\quad 3)^T$；

15. 设向量组 $\boldsymbol{\alpha}_1=(1\quad -1\quad 2\quad 4)^T, \boldsymbol{\alpha}_2=(0\quad 3\quad 1\quad 2)^T, \boldsymbol{\alpha}_3=(3\quad 0\quad 7\quad 14)^T, \boldsymbol{\alpha}_4=(2\quad 1\quad 5\quad 6)^T, \boldsymbol{\alpha}_5=(1\quad -1\quad 2\quad 0)^T$.

(1) 证明 $\boldsymbol{\alpha}_1, \boldsymbol{\alpha}_5$ 线性无关；

(2) 求向量组包含 $\boldsymbol{\alpha}_1, \boldsymbol{\alpha}_5$ 的极大无关组.

16. 若已知向量组 $\boldsymbol{\alpha}_1, \boldsymbol{\alpha}_2, \cdots, \boldsymbol{\alpha}_m$ 的秩为 $r(r\leqslant m)$，则 $\boldsymbol{\alpha}_1, \boldsymbol{\alpha}_2, \cdots, \boldsymbol{\alpha}_m$ 中任意 r 个线性无关的向量都是极大无关组.

17. 求下列齐次线性方程组的一个基础解系和全部解：

(1) $\begin{cases} x_1-3x_2+x_3-2x_4=0, \\ -5x_1+x_2-2x_3+3x_4=0, \\ -x_1-11x_2+2x_3-5x_4=0, \\ 3x_1+5x_2+x_4=0; \end{cases}$

(2) $\begin{cases} 3x_1+x_2-8x_3+2x_4+x_5=0, \\ 2x_1-2x_2-3x_3-7x_4+2x_5=0, \\ x_1+11x_2-12x_3+34x_4-5x_5=0, \\ x_1-5x_2+2x_3-16x_4+3x_5=0; \end{cases}$

(3) $\begin{cases} 2x_1-5x_2+x_3-3x_4=0, \\ -3x_1+4x_2-2x_3+x_4=0, \\ x_1+2x_2-x_3+3x_4=0, \\ -2x_1+15x_2-6x_3+13x_4=0; \end{cases}$

(4) $\begin{cases} x_1-3x_2+x_3-2x_4-x_5=0, \\ -3x_1+9x_2-3x_3+6x_4+3x_5=0, \\ 2x_1-6x_2+2x_3-4x_4-2x_5=0, \\ 5x_1-15x_2+5x_3-10x_4-5x_5=0. \end{cases}$

18. 求下列线性方程组的全部解：

(1) $\begin{cases} 2x_1+7x_2+3x_3+x_4=6, \\ 3x_1+5x_2+2x_3+2x_4=4, \\ 9x_1+4x_2+x_3+7x_4=2; \end{cases}$

(2) $\begin{cases} 4x_1+2x_2-3x_3=2, \\ 3x_1-x_2+2x_3=10, \\ 11x_1+3x_2=8; \end{cases}$

(3) $\begin{cases} 2x_1+3x_2+x_3=4, \\ x_1-2x_2+4x_3=-5, \\ 3x_1+8x_2-2x_3=13, \\ 4x_1-x_2+9x_3=-6; \end{cases}$

(4) $\begin{cases} 3x_1+3x_2=0, \\ x_1-x_2+2x_3=-1, \\ 2x_1+x_2+x_3=1, \\ 5x_1+x_2+4x_3=1. \end{cases}$

19. 讨论 a,b 取何值时，下列线性方程组有解，并求全部解.

$$\begin{cases}3x_1+2x_2+x_3+x_4-3x_5=a,\\x_1+x_2+x_3+x_4+x_5=1,\\\quad x_2+2x_3+2x_4+6x_5=3,\\5x_1+4x_2+3x_3+3x_4-x_5=b.\end{cases}$$

20. 某化工厂生产某种化学产品，每单位标准重量为 1000g，由 A，B，C3 种化学物混合而成，其组成成分是单位产品中 A 不得超过 300g，B 不得少于 150g，C 不得少于 200g. 而 A，B，C 每克成本分别为 5 元、6 元、7 元. 问：如何配制此种化学产品，使成本最低？

21. 某产品重量为 150kg，要用 A，B 两种原料制成. 每单位 A 种原料成本为 2 元，每单位 B 种原料成本为 8 元. 该产品至少需要含 14 单位 B 种原料，最多含 20 单位 A 种原料. 每单位 A 种原料重 5kg，每单位 B 种原料重 10kg. 如使成本最小，该产品中 A，B 两种原料应各点多少？

22. 设某工厂有甲、乙、丙、丁四台机床，生产 A，B，C，D，E，F 6 种产品. 加工每一件产品所需时间和每一件产品的单价都是已知的，可用下列表格来表示.

产品 / 加工产品的工时 / 机床	A	B	C	D	E	F
甲	1	1	1	1	1	1
乙	2	0	0	5	0	0
丙	0	2	0	0	5	0
丁	0	0	3	0	0	8
产品单价（元）	30	28	32	72	64	80

假如在某一段时间内，甲、乙、丙、丁 4 台机床的最大工作能力为 850，700，600，900 工时，问在机床能力许可的条件下，每种产品各应生产多少才能使该厂总收入最多？

23. 一家玩具公司制造 3 种玩具汽车，每一种要求不同的制造技术. 高级的一种需要 17h 加工劳动力，8h 检验，每台利润 30 元；中级的需要 2h 加工劳动力，0.5h 检验，利润 5 元；低级的需要 0.5h 加工劳动力，10min 检验，利润 0.6 元. 可供利用的加工劳动力为 500h. 另外，市场预测表明，对高级的需求量不超过 10 台，中级的不超过 30 台，低级的不超过 100 台. 问该公司应采用怎样的生产计划，才能使总利润最大？

24. 将下列线性规划问题化为标准型：

(1) $\max S=10x_1+25x_2+30x_3$，

$$\begin{cases}x_1+x_2+x_3\leqslant 12,\\2x_1+3x_2\leqslant 20,\\x_3\leqslant 5,\\x_j\geqslant 0\quad (j=1,2,3);\end{cases}$$

(2) $\min S=3x_1+2x_2+x_3$，

$$\begin{cases}6x_1-x_2+4x_3\geqslant 21,\\2x_1+3x_2-5x_3\geqslant 35,\\x_j\geqslant 0\quad (j=1,2,3);\end{cases}$$

(3) $\min S=-2x_1+5x_2+x_3$，

$$\begin{cases}9x_1+5x_2-14\leqslant 0,\\ x_1+3x_2-2x_3=2,\\ 8x_1-x_2+4x_3\geqslant 0,\\ x_1\geqslant 0,\quad x_2\geqslant 0.\end{cases}$$

25. 用图解法解下列线性规划问题：

(1) $\min S=-x_1+x_2$，

$$\begin{cases}-2x_1+x_2\leqslant 2,\\ x_1-2x_2\leqslant 2,\\ x_1+x_2\leqslant 0,\\ x_1\geqslant 0,\quad x_2\geqslant 0;\end{cases}$$

(2) $\max S=-2x_1+x_2$，

$$\begin{cases}x_1+x_2\geqslant 1,\\ x_1-3x_2\geqslant -3,\\ x_1\geqslant 0,\quad x_2\geqslant 0;\end{cases}$$

(3) $\min S=-2x_1+x_2$，

$$\begin{cases}x_1+x_2\geqslant 1,\\ x_1-3x_2\geqslant -3,\\ x_1\geqslant 0,\quad x_2\geqslant 0;\end{cases}$$

(4) $\max S=3x_1+x_2$，

$$\begin{cases}x_1+x_2\leqslant 4,\\ -x_1+x_2\leqslant 0,\\ 6x_1+2x_2\leqslant 18,\\ x_1\geqslant 0,\quad x_2\geqslant 0;\end{cases}$$

(5) $\max S=-x_1+x_2$，

$$\begin{cases}-2x_1+x_2\leqslant 2,\\ x_1\geqslant 5.5,\\ x_1+x_2\leqslant 5,\\ x_1\geqslant 0,\quad x_2\geqslant 0.\end{cases}$$

26. 设线性规划问题

$\min S=x_4+x_5$，

$$\begin{cases}-x_1+2x_2-x_3+x_4=2,\\ 2x_1-2x_2+3x_3+x_5=3,\\ 2x_1-5x_2+3x_3+x_6=4,\\ x_j\geqslant 0\quad (j=1,2,\cdots,6).\end{cases}$$

若取约束方程组中变量 x_4,x_5,x_6 的系数列向量组成基 $\boldsymbol{B}$，试写出基 $\boldsymbol{B}$ 对应的单纯型表 $T(\boldsymbol{B})$.

27. 用单纯型方法解下列线性规划问题：

(1) $\min S=3x_1+x_2+x_3+x_4$，

$$\begin{cases}-2x_1+2x_2+x_3=4,\\ 3x_1+x_2+x_4=6,\\ x_j\geqslant 0\quad (j=1,2,3,4);\end{cases}$$

(2) $\min S=4x_1+2x_2-2x_3$，

$$\begin{cases}-x_1-2x_2+2x_3\geqslant 10,\\ x_2-x_3\leqslant 5,\\ x_j\geqslant 0\quad (j=1,2,3);\end{cases}$$

(3) $\max S=-4x_1-x_2$，

$$\begin{cases}3x_1+x_2=3,\\4x_1+3x_2\geqslant 6,\\x_1+2x_2\leqslant 3,\\x_1\geqslant 0,x_2\geqslant 0.\end{cases}$$

疑难解析和典型例题分析

例 1 解方程组

$$\begin{cases}\quad\quad x_2-x_3+x_4-x_5=0,\\x_1\quad\quad+x_3+2x_4-x_5=0,\\x_1+x_2\quad\quad+3x_4-2x_5=0,\\2x_1+2x_2\quad\quad+6x_4-3x_5=0.\end{cases}$$

分析 运用高斯消元法解线性方程组的具体步骤如下：

(1)对于非齐次线性方程组，写出线性方程组的增广矩阵$\overline{\mathbf{A}}=(\mathbf{A}\quad \boldsymbol{B})$，并利用初等行变换(不能进行列变换)，将增广矩阵$\overline{\mathbf{A}}=(\mathbf{A}\quad \boldsymbol{B})$化为阶梯形矩阵.

(2)求出系数矩阵的秩 $r(\mathbf{A})$与增广矩阵 $r(\overline{\mathbf{A}})$，利用线性方程组解的存在性判定定理，判断出方程组解的情况.

(3)若 $r(\mathbf{A})\neq r(\overline{\mathbf{A}})$，则方程组无解；若 $r(\mathbf{A})=r(\overline{\mathbf{A}})=n$(未知量个数)，则方程组有唯一解，写出阶梯形矩阵所对应的线性方程组，由最后一个方程解出 x_n，再代入第 $n-1$ 个方程，求出 x_{n-1}，如此继续下去，从而得到方程组的唯一解.

对于齐次线性方程组 $\boldsymbol{AX}=\boldsymbol{O}$，只需对系数矩阵 $\mathbf{A}$ 进行初等行变换，将其化为阶梯形矩阵. 若 $r(\mathbf{A})<n$(未知量个数)，则该齐次线性方程组有非零解，否则只有零解.

解

$$\mathbf{A}=\begin{pmatrix}0&1&-1&1&-1\\1&0&1&2&-1\\1&1&0&3&-2\\2&2&0&6&-3\end{pmatrix}\xrightarrow{r_1\leftrightarrow r_2}\begin{pmatrix}1&0&1&2&-1\\0&1&-1&1&-1\\1&1&0&3&-2\\2&2&0&6&-3\end{pmatrix}$$

$$\xrightarrow[r_4-2r_1]{r_3-r_1}\begin{pmatrix}1&0&1&2&-1\\0&1&-1&1&-1\\0&1&-1&1&-1\\0&2&-2&2&-1\end{pmatrix}\xrightarrow[r_4-2r_2]{r_3-r_2}\begin{pmatrix}1&0&1&2&-1\\0&1&-1&1&-1\\0&0&0&0&0\\0&0&0&0&1\end{pmatrix}.$$

因为 $r(\mathbf{A})=3<n=5$，所以原方程组有无穷多组解.

原方程同解于

$$\begin{cases}x_1+x_3+2x_4-x_5=0,\\x_2-x_3+x_4-x_5=0,\\x_5=0.\end{cases}$$

移项得

$$\begin{cases} x_1 = -x_3 - 2x_4, \\ x_2 = x_3 - x_4, \\ x_5 = 0. \end{cases}$$

令 $x_3 = c_1, x_4 = c_2$，则原方程组的通解为

$$\begin{cases} x_1 = -c_1 - 2x_2, \\ x_2 = c_1 - c_2, \\ x_3 = c_1, \\ x_4 = c_2, \\ x_5 = 0. \end{cases} \quad (c_1, c_2 \text{ 为任意实数})$$

例 2 已知线性方程组

$$\begin{cases} x_1 + \quad x_2 + \quad\quad x_3 + \quad\quad x_4 \quad = 1, \\ \quad\quad\quad x_2 - \quad\quad x_3 + \quad\quad 2x_4 \quad = 1, \\ 2x_1 + 3x_2 + (a+2)x_3 + \quad 4x_4 \quad = b+3, \\ 3x_1 + 5x_2 + \quad\quad x_3 + (a-8)x_4 = 5. \end{cases}$$

问：

(1)当 a, b 取何值时，方程组无解？

(2)当 a, b 取何值时，方程组有唯一解？并求该解.

(3)当 a, b 取何值时，方程组有无穷多组解？并求通解.

解

$$\overline{\mathbf{A}} = \begin{pmatrix} 1 & 1 & 1 & 1 & 1 \\ 0 & 1 & -1 & 2 & 1 \\ 2 & 3 & a+2 & 4 & b+3 \\ 3 & 5 & 1 & a+8 & 5 \end{pmatrix} \xrightarrow[r_4 - 3r_1]{r_3 - 2r_1} \begin{pmatrix} 1 & 1 & 1 & 1 & 1 \\ 0 & 1 & -1 & 2 & 1 \\ 0 & 1 & a & 2 & b+1 \\ 0 & 2 & -2 & a+5 & 2 \end{pmatrix}$$

$$\xrightarrow[r_4 - 2r_2]{r_3 - r_2} \begin{pmatrix} 1 & 1 & 1 & 1 & 1 \\ 0 & 1 & -1 & 2 & 1 \\ 0 & 0 & a+1 & 0 & b \\ 0 & 0 & 0 & a+1 & 0 \end{pmatrix}$$

(1)当 $a = -1$ 且 $b \neq 0$ 时，$r(\mathbf{A}) = 2 \neq r(\overline{\mathbf{A}}) = 3$，故方程组无解；

(2)当 $a \neq -1$，b 任意取值，有 $r(\mathbf{A}) = r(\overline{\mathbf{A}}) = 4 = n$，所以方程组有唯一解，则原方程组同解于

$$\begin{cases} x_1 + x_2 + x_3 + \ x_4 = 1, \\ \quad\quad x_2 - x_3 + 2x_4 = 1, \\ (a+1)x_3 = b, \\ (a+1)x_4 = 0. \end{cases}$$

解之得原方程组的解为

$$\begin{cases} x_1 = -\dfrac{2b}{a+1}, \\ x_2 = \dfrac{a+b+1}{a+1}, \\ x_3 = \dfrac{b}{a+1}, \\ x_4 = 0. \end{cases}$$

(3)当 $a=-1$ 且 $b=0$ 时，$r(\boldsymbol{A})=r(\overline{\boldsymbol{A}})=2<n=4$，故方程组有无穷解，则原方程组同解于

$$\begin{cases} x_1+x_2+x_3+\ x_4=1, \\ \qquad x_2-x_3+2x_4=1. \end{cases}$$

即

$$\begin{cases} x_1=1-x_2-x_3-x_4, \\ x_2=1+x_3-2x_4. \end{cases}$$

令 $x_3=c_1$，$x_4=c_2$，则原方程组的通解为

$$\begin{cases} x_1=c_2-2c_1, \\ x_2=1+c_1-2c_2, \\ x_3=c_1, \\ x_4=c_2. \end{cases} (c_1, c_2 \text{ 为任意常数})$$

例 3 用图解法求解.

$\max S=x_1+2x_2$，

$$\text{s} \cdot \text{t} \begin{cases} x_1-x_2 \geqslant -2, \\ x_1+x_2 \geqslant 2, \\ x_1 \geqslant 0, x_2 \geqslant 0. \end{cases}$$

解 在直角坐标系 x_1Ox_2 中，作出满足所有约束条件的可行解域 D(如图 9-4).

令 $S=0$，$S=2$，做等值线，显然在无界可行解域 D 上找不到一点，使得过该点的等值线离原点最远. 故该规划问题无解.(思考：若将目标函数改为 $\min S=x_1+2x_2$，该问题是否有最优解？若有，最优值为多少？)

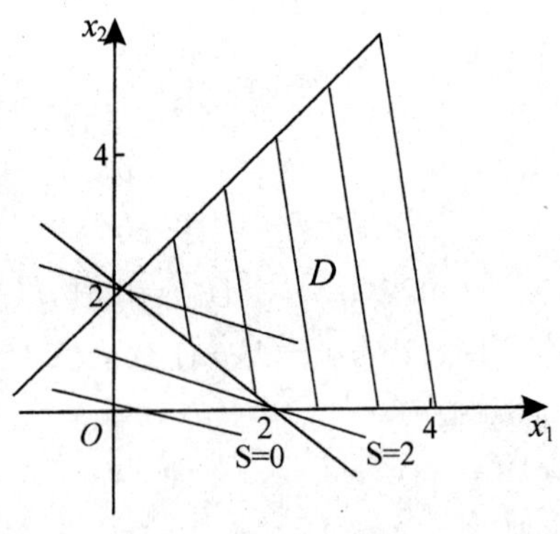

图 3-4

例 4 某工厂利用甲、乙、丙三种原料，生产 B_1，B_2，B_3，B_4 四种产品，每月可供该厂原料中 500t，乙 300t，丙 200t. 生产一吨不同的产品可获得的利润及生产一吨不同产品所消耗的原料数量(见下表).

原料消耗表

消耗 \ 产品 / 原料	B_1	B_2	B_3	B_4	原料供量(t)
甲	1	1	2	2	500
乙	0	1	1	3	300
丙	1	2	1	0	200
利润(元/t)	200	250	300	150	

问工厂每月应如何安排生产计划,使利润最大?

利用单纯型法求解线性规划问题时首先化为规划问题的标准形,然后利用单纯型方法的求解步骤,判断方法,通过单纯型表的变化,最终求出规划问题的最优解或判断规划问题无解.注意,最后一定给出原规划问题的最优解和最优值.

解 设计划生产 B_j 种产品 $x_j(j=1,2,3,4)$吨,可获利润 S 元.则该问题的数学模型为

$$\max S=200x_1+250x_2+300x_3+150x_4,$$

$$\text{s}\cdot\text{t}\begin{cases}x_1+x_2+2x_3+2x_4\leqslant 500,\\x_2+x_3+3x_4\leqslant 300,\\x_1+2x_2+x_3\leqslant 200,\\x_j\geqslant 0.\ (j=1,2,3,4)\end{cases}$$

将上述问题化为标准形:

$$\min S'=-S=-200x_1-250x_2-300x_3-150x_4,$$

$$\text{s}\cdot\text{t}\begin{cases}x_1+x_2+2x_3+2x_4+x_5=500,\\x_2+x_3+3x_4+x_6=300,\\x_1+2x_2+x_3+x_7=200,\\x_j\geqslant 0\quad (j=1,2,\cdots,7).\end{cases}$$

取基 $B_1=(P_5,P_6,P_7)=I_3$,得 $T(B_1)$(见下表).

$T(B_1)$单纯型表

$T(B_1)$		x_1	x_2	x_3	x_4	x_5	x_6	x_7
S'	0	200	250	300	150	0	0	0
x_5	500	1	1	2	2	1	0	0
x_6	300	0	1	1	3	0	1	0
x_7	200	1	2	1	0	0	0	1

显然因 S'行有正数,故基 B_1 不是最优基. S'行中 300 是最大正数,故 x_3 为换入变量,又因 $\min\left\{\frac{500}{2},\frac{300}{1},\frac{200}{1}\right\}=\frac{200}{1}$,故 x_7 为换出变量,从而得新基 $B_2=(P_5,P_6,P_7)$,其对应的 $T(B_2)$(见下表).

$T(B_2)$单纯型表

$T(B_2)$		x_1	x_2	x_3	x_4	x_5	x_6	x_7
S'	-5600	-100	-350	0	150	0	0	-300
x_5	100	-1	-3	0	2	1	0	-2
x_6	100	-1	-1	0	3	0	1	-1
x_7	200	1	2	1	0	0	0	1

显然,因 S'行仍有正数,故基 B_2 不是最优基.因 S'行中只有正数 150,故 x_4 为换入变量,又因 $\min\left\{\frac{100}{2},\frac{100}{3}\right\}=\frac{100}{3}$,故 x_6 为换出变量,从而得新基 $B_3=(P_5,P_4,P_3)$,其对应的 $T(B_3)$见下表.

$T(B_3)$单纯型表

$T(B_3)$		x_1	x_2	x_3	x_4	x_5	x_6	x_7
S'	-5600	$-\frac{250}{3}$	$-\frac{1000}{3}$	0	0	0	$-\frac{50}{3}$	$-\frac{850}{3}$
x_5	$\frac{100}{3}$	$-\frac{1}{3}$	$-\frac{7}{3}$	0	0	1	$-\frac{2}{3}$	$-\frac{4}{3}$
x_6	$\frac{100}{3}$	$-\frac{1}{3}$	$-\frac{1}{3}$	0	1	0	$\frac{1}{3}$	$-\frac{1}{3}$
x_7	200	1	2	1	0	0	0	1

显然 S'行无正数,即基 B_3 为最优基.$x_1=0,x_2=0,x_3=200,x_4=\frac{100}{3},x_5=\frac{100}{3},x_6=0,x_7=0$ 为最优解,最优值 $S'=-5600$.

故原规划问题的最优解为 $x_1=0,x_2=0,x_3=200,x_4=\frac{100}{3}$,目标函数 S 最大值为 5600.即工厂每月安排生产 B_3 产品 200t,B_4 产品$\frac{100}{3}$t,可使利润最大为 5600 元.

[阅读材料]运筹学在经济中的应用举例

问题 3.1　生产计划的最大利润

某煤场生产褐煤和无烟煤,设采煤,选煤,洗煤三道流水线每天运行时间不超过 12 个小时、10 小时、8 小时。生产每吨褐煤需要采煤 3 小时,选煤 3 小时,洗煤 4 小时,可获利 4 千元;生产每吨无烟煤需采煤 4 小时,选煤 3 小时,洗煤 2 小时,可获利 3 千元,问如何安排生产计划使每日获利最大?

分析与解答

设每日生产 x_1(百吨)褐煤,x_2(百吨)无烟煤,Z 为每日获利(千元),问题可描述为如下形式

约束条件

$$\begin{cases}3x_1+4x_2\leqslant 12;\\3x_1+3x_2\leqslant 10;\\4x_1+2x_2\leqslant 8;\\x_1\geqslant 0,x_2\geqslant 0,\end{cases}$$

使得利润 Z 达到最大，即

$$\text{Max } Z=4x_1+3x_2.$$

问题 3.2　生产计划最小成本问题

某饮料公司设下甲、乙两个酒厂，甲厂日生产能力为 3000 瓶葡萄酒，1000 瓶白酒，2000 瓶香槟酒，乙厂日生产能力为 1000 瓶葡萄酒，1000 瓶白酒，6000 瓶香槟酒，已知甲乙两场开工一天需消耗成本分别为 6000 和 4000 元，在某周期内市场调查需求 24000 瓶葡萄酒，16000 瓶白酒，48000 瓶香槟酒，问该公司如何安排两厂的开工天数，使得在满足市场需求下生产成本最小？

分析与解答

设计划甲厂开工 x_1 天，乙厂开工 x_2 天，Z 为生产总成本，上述问题可表示为如下形式

变量满足下面约束条件

$$\begin{cases}3000x_1+1000x_2\geqslant 24000;\\1000x_1+1000x_2\geqslant 16000;\\2000x_1+6000x_2\geqslant 48000;\\x_1\geqslant 0,x_2\geqslant 0.\end{cases}$$

使得总成本 Z 最小，即

$$\text{Min } Z=6000x_1+4000x_2。$$

问题 3.3　合理下料问题

有一批长度规格为 180cm 的钢管，今需三种不同长度的管料，需要量为：70cm 长度 100 根，52cm 长度 150 根，35cm 长度 100 根，问如何合理安排管料使总的余料最少？

分析与解答

一个管料使用方案是由一种或多种管料使用方式配以一定的数量构成的。设一根 180cm 长的钢管能切下 x 段 70cm 规格的管料，y 段 52cm 规格的管料，z 段 35cm 的规格管料，则变量 x,y,z 满足

$$\begin{cases}70x+50y+35z\leqslant 180;\\180-(70x+52y+35z)<35;\\x,y,z\geqslant 0,\end{cases}$$

且 x,y,z 为整数.

仔细分析可得如下 8 种管料使用方式，见下表 3－3.

表 3—3

管料使用方式	一	二	三	四	五	六	七	八	需要段数
规格	2	1	1	1	0	0	0	0	100
	0	2	1	0	3	2	1	0	150
	1	0	1	3	0	2	3	5	100
余料(cm)	5	6	23	5	24	6	23	5	

设 $x_i(i=1,2,\cdots,8)$表示用第 i 中方式下料得到的符合要求的钢管根数，于是问题可表述为下列数学形式.

变量 $x_i(i=1,2,\cdots,8)$满足条件

$$\begin{cases}2x_1+x_2+x_3+x_4\geqslant 100;\\2x_2+x_3+3x_5+2x_6+x_7\geqslant 150;\\x_1+x_3+3x_4+2x_6+3x_7+5x_8\geqslant 100;\\x_i\geqslant 0\text{ 且为整数}(i=1,2,\cdots,8);\end{cases}$$

使总的余料最小，即

$$\text{Min } Z=5x_1+6x_2+23x_3+5x_4+24x_5+6x_6+23x_7+5x_8.$$

问题 3.4 营养配方问题

某人因健康因素需日服 A1、A2 两种营养成分各不少于 15 个国际单位，已知一种药品 B 中每片含 A1、A2 分别为 2 个、5 个国际单位，另一种药品 C 中每片含 A1、A2 分别为 5 个、3 个国际单位，药品 B、C 每片价格分别为 0.5 元和 0.8 元，问每日应服这两种药品各多少片，才能在满足 A1、A2 的营养需求下费用最省？

分析与解答

设每日应服药品 B x_1 片，药品 C x_2 片，Z 为在满足 A1、A2 的营养需求下的日费用，问题于是可表达为

求变量 x_1、x_2，满足条件

$$\begin{cases}2x_1+5x_2\geqslant 15;\\5x_1+3x_2\geqslant 15;\\x_1,x_2\geqslant 0\end{cases}$$

使得在满足 A1、A2 的营养需求下费用最省，即

$$\text{Min } Z=0.5x_1+0.8x_2.$$

问题 3.5 利润最大时的生产计划

某工厂用 3 种原料 p_1,p_2,p_3 生产 3 种产品 Q_1,Q_2,Q_3. 已知单位产品所需原料数量如表 3—4 所示，试制定出利润最大的生产计划.

表 3—4

单位产品所需原料数量 kg　产品 原料	Q_1	Q_2	Q_3	原料可用量
p_1	2	3	0	1500
p_2	0	2	4	800
p_3	3	2	5	2000
单位产品的利润(千元)	3	5	4	

分析与解答

设产品 Q_j 的产量为 x_j 个单位，$j=1,2,3$，他们受到一些条件的限制. 首先，他们不能取负值，即必须有 $x_j \geqq 0, j=1,2,3$；其次，根据题设，三种原料的消耗量分别不能超过它们的可用量，即它们又必须满足

$$\begin{cases} 2x_1+3x_2 \leqslant 1500; \\ 2x_2+4x_3 \leqslant 800; \\ 3x_1+2x_2+5x_3 \leqslant 2000. \end{cases}$$

我们希望在以上约束条件下，使总利润 $Z=3x_1+5x_2+4x_3$ 达到最大时求出 x_1, x_2, x_3，综上可得

$$\text{Max } Z=3x_1+5x_2+4x_3,$$

$$\text{s.t.} \begin{cases} 2x_2+3x_2 \leqslant 1500; \\ 2x_2+4x_3 \leqslant 800; \\ 3x_1+2x_2+5x_3 \leqslant 2000; \\ x_j \geqslant 0, j=1,2,3. \end{cases}$$（“s. t. ”是“subject to”的缩写，表示约束条件）

这就是该问题的基本模型. 由于目标函数和约束条件对于决策变量都是线性的，因此它属于线性规划模型.

当 $x_1=375, x_2=250, x_3=75$ 时，总利润最大为 2675 千元.

问题 3.6　生产计划问题

某工厂要生产两种新产品：门与窗. 经预算，每生产一扇门需要在车间 1 加工 1 小时、在车间 3 加工 3 小时；每生产一扇窗需要在车间 2 和车间 3 各加工 2 小时. 而车间 1 每周可用于生产这两种新产品的时间的时间为 4 小时、车间 2 为 12 小时、车间 3 为 18 小时. 已知每扇门的利润为 300 元，每扇窗的利润为 500 元. 而且根据市场调查得到的这两种新产品的市场需求状况可以确定，按当前的定价可确保所有新产品能售出去. 问该工厂如何安排这两种新产品的生产计划，才能使总利润最大?

分析与解答

工厂管理层所面临的问题是如何确定两种新产品的每周产量，以使总利润最大，同时必须考虑工厂三个车间有限的可用工时，这是一个典型的资源分配问题。

所考虑的活动如下.

活动 1:生产新产品门;

活动 2:生产新产品窗.

分配给这些活动的有限资源如下.

资源 1:车间 1 的可用工时为 4;

资源 2:车间 2 的可用工时为 12;

资源 3:车间 3 的可用工时为 18.

于是综合分析,可用表 3－5 表示这一资源分配问题.

表 3－5　两种新产品的有关数据

车间	单位产品的生产时间/小时		每周可获得的生产时间/小时
	门	窗	
1	1	0	4
2	0	2	12
3	3	2	18
单位利润/元	300	500	

要做的决策是安排每周门与窗的生产数量 x_1 与 x_2,使得总利润 Z 最大,即

$$\text{Max } Z=300x_1+500x_2.$$

由上述分析可建立该问题的线性规划模型

$$\text{Max } Z=300x_1+500x_2,$$

$$\text{s.t.}\begin{cases}x_1\leqslant 4,\\2x_2\leqslant 12,\\3x_1+2x_2\leqslant 18,\\x_1,x_2\geqslant 0,\end{cases}$$

即每周生产 2 扇门,6 扇窗时,总利润最大为 3600 元.

问题 3.7　生产的最大利润

某工厂生产 A、B 两种产品,均需经过两道工序,每生产 1 吨 A 产品需要经第一道工序加工 2 小时,第二道工序加工 3 小时;每生产 1 吨 B 产品需要经第一道工序加工 3 小时,第二道工序加工 4 小时. 可供利用的第一道工序工时为 15 小时,第二道工序工时为 25 小时.

生产产品 B 的同时可产出副产品 C,每生产 1 吨 B 产品,可得到 2 吨产品 C 而不需要外加任何费用. 副产品 C 一部分可以盈利,但剩下的只能报废,报废需要有一定的费用.

各项费用如下:出售产品 A 每吨能盈利 400 元,出售产品 B 每吨能盈利 800 元,每销售 1 吨副产品 C 能盈利 300 元,当剩余的产品 C 报废时,每吨损失费为 200 元.

经市场预测,在计划期内产品 C 的最大销量为 5 吨.

问如何安排 A、B 两种产品的产量可使工厂的盈利最大?

分析与解答

(1)决策变量

本问题的难点是由于副产品 C 的出现使问题变得复杂，如果直接设 A，B，C 产品的产量分别为 x_1，x_2，x_3，由于副产品的单位利润不同(盈利 300 元或损失 200 元)，因此 x_3 的系数不是常数，但如果把副产品 C 的销售量与报废量区分开来，设做两个变量，就可以比较容易地建立线性规划模型，设 A、B 产品的产量分别为 x_1，x_2，副产品 C 的销售量和报废量分别为 x_3，x_4.

(2)目标函数

工厂总的盈利为最大，即 $\text{Max } Z=400x_1+800x_2+300x_3-200x_4$.

(3)约束条件

①第一道工序：$2x_1+3x_2\leqslant 15$.

②第二道工序：$3x_1+4x_2\leqslant 25$.

③产品 B 和产品 C：$2x_1=x_3+x_4$.

④产品 C 的最大销量：$x_3\leqslant 5$.

⑤非负：$x_i\geqslant 0(i=1,2,3,4)$.

由此得到线性规划模型

$$\text{Max } Z=400x_1+800x_2+300x_3-200x_4;$$

$$\text{s.t.}\begin{cases}2x_1+3x_2\leqslant 15;\\3x_1+4x_2\leqslant 25;\\2x_2=x_3+x_4;\\x_3\leqslant 5;\\x_i\geqslant 0(i=1,2,3,4).\end{cases}$$

当产品 A 生产 3.75 吨，产品 B 生产 2.5 吨，副产品 C 生产 5 吨，且全部销售出时，公司盈利最大为 5000 元.

财务规划是资源分配线性规划问题的一个重要领域之一，这一领域中所分配的资源通常为财务资产，如现金、证券、银行存款等. 看下面的几个例子.

问题 3.8　房地产投资规划

某公司是商务房地产开发项目的主要投资商，目前，该公司有机会在三个建设项目中投资.

项目 1：建造高层办公楼.

项目 2：建造宾馆.

项目 3：建造购物中心.

每个项目要求投资者在四个不同的时期投资：在当前预付定金，一年、两年、三年后分别追加投资. 表 3－6 显示四个时期每个项目所需的资金。投资者可以按一定的比例进行投资以获得相应比例的效益.

表 3—6　四个时期每个项目所需的资金　　　　单位:百万元

年份	办公楼项目	宾馆项目	购物中心项目
0(现在)	40	80	90
1	60	80	50
2	90	80	20
3	10	70	60
净现值	45	70	50

公司目前有 2500 万元资金可供投资,预计一年后,又可获得 2000 万元,两年后获得另外的 2000 万元,三年后还有 1500 万元可供投资.那么,该公司要在每个项目上按多大比例投资,才能使投资组合获得最大的总净现值?

分析与解答

这是一个典型的资金资源分配问题.

(1)决策变量

假设 x_1 为办公楼项目的投资比例,x_2 为宾馆项目的投资比例,x_3 为购物中心项目的投资比例.

(2)目标函数

总净现值最大,即 $\text{Max } Z=45x_1+70x_2+50x_3$.

(3)约束条件

约束条件是公司在各时期可获得的资金限制(资源约束)。但必须注意:前期尚未使用的资金,可以在下一期使用(为了简化问题,我们不考虑资金可获得的利息).因此,每一时点的资金限制就表现为累积的资金.表 3—7 显示了累积的资金数据.

表 3—7　累计资金数据表　　　　单位:百万元

年份	办公楼项目	宾馆项目	购物中心项目	可用资金
0(现在)	40	80	90	25
1	100	160	140	45
2	190	240	160	65
3	200	310	220	80
净现值	45	70	50	

①现在的总投资不超过可获得的资金 25(百万元),即

$$40x_1+80x_2+90x_3\leqslant 25.$$

②1 年后的总投资不超过累计可获得的资金 45(百万元),即

$$100x_1+160x_2+140x_3\leqslant 45.$$

③2 年后的总投资不超过累计可获得的资金 65(百万元),即

$$190x_1+240x_2+160x_3\leqslant 65.$$

④3 年后的总投资不超过累计可获得的资金 80(百万元),即

$$200x_1+310x_2+220x_3\leqslant 80.$$

⑤非负:$x_i\geqslant 0(i=1,2,3)$.

从而得到该问题的数学模型

$$\text{Max } Z=45x_1+70x_2+50x_3,$$

$$\text{s.t.}\begin{cases}40x_1+80x_2+90x_3\leqslant 25;\\100x_1+160x_2+140x_3\leqslant 45;\\190x_1+240x_2+230x_3\leqslant 65;\\200x_1+310x_2+220x_3\leqslant 80;\\x_i\geqslant 0(i=1,2,3).\end{cases}$$

不投资办公楼的项目，宾馆项目的投资比例为 16.5%，购物中心项目的投资比例为 13.11%，此时获得的总净现值最大.

问题 3.9　工程项目投资分配方案

某部门有一批资金用于甲、乙、丙、丁、戊五个工程项目的投资，已知用于各工程项目时所得的净收益（投入资金的百分比）如表 3－8 所示.

表 3－8　工程项目投资净收益

工程项目	甲	乙	丙	丁	戊
收益(%)	10	8	6	5	9

由于某种原因，决定用于项目甲的投资不大于其他各项投资之和；而用于项目乙和戊的投资之和不小于丙的投资. 试确定该部门收益最大的投资分配方案.

分析与解答

这是一个投资分配问题，它也是一个资源分配问题.

(1)决策变量

假设用 x_1,x_2,x_3,x_4 和 x_5 分别表示用于项目甲、乙、丙、丁和戊的投资百分数.

(2)目标函数

部门收益最大，即

$$\text{Max } Z=0.10x_1+0.08x_2+0.06x_3+0.05x_4+0.09x_5.$$

(3)约束条件

①用于各种项目的投资百分数之和必须等于 100%，即：$x_1+x_2+x_3+x_4+x_5=1$.

②项目甲的投资不大于其他各项投资之和，即：$x_1-x_2-x_3-x_4-x_5\leqslant 0$.

③项目乙和项目戊的投资之和不小于丙的投资，即：$x_2-x_3+x_5\geqslant 0$.

④非负：$x_1,x_2,x_3,x_4,x_5\geqslant 0$.

于是得到该问题的数学模型

$$\text{Max } Z=0.10x_1+0.08x_2+0.06x_3+0.05x_4+0.09x_5,$$

$$\text{s.t.}\begin{cases}x_1+x_2+x_3+x_4+x_5=1;\\x_1-x_2-x_3-x_4-x_5\leqslant 0;\\x_2-x_3+x_5\geqslant 0;\\x_1,x_2,x_3,x_4,x_5\geqslant 0.\end{cases}$$

问题 3.10 营养配餐问题

假定一个成年人每天需要从食物中获得 3000kcal 的热量、55g 的蛋白质和 800mg 的钙. 如果市场上只有四种食品可供选择,它们每千克所含的热量和营养成分及市场价格如表 3－9,问如何选择才能在满足营养的前提下使购买食品的费用最小?

表 3－9 四种视频所含的热量、营养成分和市场价格

序号	食品名称	热量/kcal	蛋白质/g	钙/mg	价格/元
1	猪肉	1000	50	400	14
2	鸡蛋	800	60	200	6
3	大米	900	20	300	3
4	白菜	200	10	500	2

分析与解答

(1)决策变量

设 $x_i(i=1,2,3,4)$为第种食品每天的购入量.

(2)目标函数

在满足营养的前提下使购买食品的费用最小,即

$$\text{Min } Z=14x_1+6x_2+3x_2+2x_4.$$

(3)约束条件

①每天需要从食物中获得不少于 3000kcal 的热量即

$$1000x_1+800x_2+900x_3+200x_4\geqslant 3000.$$

②天需要从食物中获得不少于 55g 的蛋白质即

$$50x_1+60x_2+20x_3+10x_4\geqslant 55.$$

③天需要从食物中获得不少于 800mg 的钙即

$$400x_1+200x_2+300x_3+500x_4\geqslant 800.$$

④非负:$x_i\geqslant 0(i=1,2,3,4)$.

于是我们得到这样的线性规划模型:

$$\text{Min } Z=14x_1+6x_2+3x_3+2x_4,$$

$$\text{s.t.}\begin{cases}1000x_1+800x_2+900x_3+200x_4\geqslant 3000,\\50x_1+60x_2+20x_3+10x_4\geqslant 55,\\400x_1+200x_2+300x_3+500x_4\geqslant 800,\\x_1\geqslant 0(i=1,2,3,4).\end{cases}$$

每天购买 3.33kg 的大米,就可以在满足营养的前提下使购买食品的费用最小为 10 元。

问题 3.11 材料问题

在某建筑工程施工中需要制作 10000 套钢筋,每套钢筋由 2.9m、2.1m 和 1.5m 三种不同长度的钢筋各一根组成,他们的直径和材质相同. 目前在市场上采购到的同类钢筋的长度每根均为 7.4m,问应购进多少根长的钢筋才能满足工程的需要?

分析与解答

该问题最简单的处理方法是在每根 7.4m 长的钢筋上截取 2.9m、2.1m 和 1.5m 的短钢筋各一根，剩下料头 0.9m，共用去 10000 根 7.4m 长的钢筋，但这佯作不经济，若改用套裁就会节约原材料，为此，必须分析共有多少种不同的裁法，该问题的可能裁料方案用表 3－10 表示.

表 3－10　材料问题

裁的根数 方案 / 下料长度	材料方案编号							
	1	2	3	4	5	6	7	8
2.9	2	1	1	1	0	0	0	0
2.1	0	2	1	0	3	2	1	0
1.5	1	0	1	3	0	2	3	4
料头长度/m	0.1	0.3	0.9	0	1.1	0.2	0.8	1.4

(1)决策变量

设 $x_i(i=1,2,\cdots 8)$表示按第 i 种材料方案所需 7.4m 长的原料根数.

(2)目标函数

至少购进多少根 7.4m 长的钢筋才能满足工程的需要，即所需 7.4m 长的钢筋根数最少

$$\text{Min } Z=x_1+x_2+x_3+x_4+x_5+x_6+x_7+x_8.$$

(3)约束条件

①2.9m 长度的钢筋 10000 根：$2x_1+x_2+x_3+x_4\geqslant 1000$.

④2.1m 长度的钢筋 10000 根：$2x_2+x_3+3x_5+2x_6+x_7\geqslant 10000$.

⑤1.5m 长度的钢筋 10000 根：$x_1+x_3+3x_4+2x_6+3x_7+4x_8\geqslant 10000$.

⑥非负：$x_i\geqslant 0(i=1,2,3,4,5,6,7,8)$.

于是得到该问题的线性规划模型

$$\text{Min } Z=x_1+x_2+x_3+x_4+x_5+x_6+x_7+x_8,$$

$$\text{s.t.}\begin{cases}2.9x_1+x_2+x_3+x_4\geqslant 10000;\\2x_2+x_3+3x_4+2x_6+3x_7+4x_8\geqslant 10000;\\x_1+x_3+3x_4+2x_6+3x_7+4x_8\geqslant 10000;\\x_i\geqslant 0(i=1,2,3,4,5,6,7,7).\end{cases}$$

按第 1 种材料方案 1000 根，按第 2 种材料方案 5000 根，按第 4 种材料方案 3000 根，就可以满足工程的需要，总共需要 7.4m 长的钢筋 1000＋5000＋3000＝9000 根.

问题 3.12　航空公司人员的排班问题

排班问题是成本收益平衡问题研究的一个重要应用领域. 在这一领域中管理层意识到在向顾客提供令人满意的服务水平的同时必须进行成本控制，因此，必须去寻找成本和利益之间的平衡，于是，研究如何规划每个轮班人员才能以最小的成本提供令人满意的服

务.

某航空公司正准备增加其中心机场的来往航班,因此需要雇佣更多的服务人员.分析研究新的航班时刻表,以确定一天中不同时段为达到客户满意水平必须工作的服务人员数,表 9—10 的最后一列显示了不同时段的最少需要人数,其中第一列给出对应的时段,表中还显示了五种排班方式,每八小时为一班,各班的时间安排如下.

排班 1:6:00am~2:00pm,即早上 6 点上班.

排班 2:8:00am~4:00pm,即早上 8 点上班.

排班 3:中午~8:00pm,即中午 12 点上班.

排班 4:4:00pm~午夜,即下午 4 点上班.

排班 5:10:00pm~6:00am,即晚上 10 点上班.

表 3—11 中打钩的部分表示不同排班在哪些时段在岗,因为不同排班的开始上班时间有差异,所以工资也有所不同.

表 3—11 航空公司人员排班问题的有关数据

时段	排班 1	排班 2	排班 3	排班 4	排班 5	最少需要人数
6:00am~8:00am	√					48
8:00am~10:00am	√	√				79
10:00am~中午	√	√				65
中午~2:00pm	√	√	√			87
2:00pm~4:00pm		√	√			64
4:00pm~6:00pm			√	√		73
6:00pm~8:00pm			√	√		82
8:00pm~10:00pm				√		43
10:00pm~午夜				√	√	52
午夜~6:00pm					√	15
每人每月工资(元)	170	160	175	180	195	

问:确定不同的排班人数,使得人员总费用(工资)最少,必须保证达到每个时段所要求的服务水平.

分析与解答

这是一个纯成本收益平衡问题.

(1)决策变量

确定不同的排班人数,设 $x_i \geqslant 0(i=1,2,3,4,5)$分别表示早 6 点、早 8 点、中午 12 点、下午 4 点、晚 10 点上班的人数.

(2)目标函数

人员总费用(工资)最少,即

$$\text{Min } Z=170x_1+160x_2+175x_3+180x_4+195x_5.$$

(3)约束条件

①每个时段的在岗人数不少于最低的可接受水平(最少需要人数).

6:00am~8:00am:$x_1 \geqslant 48$;

8:00am～10:00am:$x_1+x_2\geqslant 79$;

10:00am～中午:$x_1+x_2\geqslant 65$;

中午～2:00pm:$x_1+x_2+x_3\geqslant 87$;

2:00pm～4:00pm:$x_2+x_3\geqslant 64$;

4:00pm～6:00pm:$x_3+x_4\geqslant 73$;

6:00pm～8:00pm:$x_3+x_4\geqslant 82$;

8:00pm～10:00pm:$x_4\geqslant 43$;

10:00pm～午夜:$x_4+x_5\geqslant 52$;

午夜～6:00pm:$x_5\geqslant 15$.

②非负:$x_i\geqslant 0(i=1,2,3,4,5)$.

从而由此得到数学模型

$$\mathrm{Min}\ Z=170x_1+160x_2+175x_3+180x_4+195x_5,$$

$$\text{s. t.}\begin{cases}x_1\geqslant 48;\\x_1+x_2\geqslant 79;\\x_1+x_2\geqslant 65;\\x_1+x_2+x_3\geqslant 87;\\x_2+x_3\geqslant 64;\\x_3+x_4\geqslant 73;\\x_3+x_4\geqslant 82;\\x_4\geqslant 43;\\x_4+x_5\geqslant 52;\\x_5\geqslant 15;\\x_i\geqslant 0(i=1,2,3,4,5).\end{cases}$$

早 6 点班需人数 48 名,早 8 点班需人数 31 名,中午班需人数 39 名,下午 4 点班需人数 43 名,晚 10 点班需人数 15 名,这时总费用(工资)最少,为每天 30610 元.

问题 3.13　公交系统工作人员计划安排问题

某昼夜服务的公交系统每天各时间段(每 4h 为一个时间段)所需的值班人数如表 3－12所示,这些值班人员在某一时段开始上班后要连续工作 8h(包括轮流用餐时间在内),问该系统至少需多少名工作人员才能满足值班的需要.

表 3－12　公交系统值班要求

班次	时间段	所需人数
1	6:00～10:00	60
2	10:00～14:00	70
3	14:00～18:00	60
4	18:00～22:00	50
5	22:00～2:00	20
6	2:00～6:00	30

问分析与解答

(1)决策变量

在本例中,每一段上班的工作人员,既包括本时段开始上班的人,又包括上一时段开始上班的人,于是设 $x_i(i=1,2,3,4,5,6)$ 为第 i 个时段开始上班的人员数.

(2)目标函数

该系统至少需要多少名工作人员才能满足值班的需要,即

$$\text{Min } Z=x_1+x_2+x_3+x_4+x_5+x_6.$$

得到该问题的线性规划模型

$$\text{Min } Z=x_1+x_2+x_3+x_4+x_5+x_6;$$

$$\text{s.t.}\begin{cases}x_1+x_2\geqslant 70;\\x_2+x_3\geqslant 60;\\x_3+x_4 5\geqslant 50;\\x_4+x_5\geqslant 20;\\x_5+x_6\geqslant 30;\\x_6+x_1\geqslant 60;\\x_i\geqslant 0(i=1,2,3,4,5,6).\end{cases}$$

该系统只需 150 名工作人员就满足值班的需要.

问题 3.14 债权投资组合优化问题

某公司董事决定将 20 万元现金进行债券投资,经咨询,现有五种债券是比较好的投资对象,他们是:黄河汽车,长江汽车,华南电器,西南电器,缜山纸业.他们的投资回报率如表 3－13 所示,为减少风险,董事会要求,对汽车业投资不超过 12 万元,对电器业的投资不超过 8 万元,其中对长江汽车的投资不得超过对汽车业投资的 65%,对纸业的投资不得低于对汽车业投资的 20%.问该公司应如何投资,才能在满足董事会要求的前提下使得总回报额最大?

表 3－13 五中债券的投资回报率

债券名称	黄河汽车	长江汽车	华南电器	西南电器	缜山纸业
回报率	6.5%	9.2%	4.5%	5.5%	4.2%

分析与解答

(1)决策变量

对五种投资债券的投资额,设该公司对五种投资债券的投资金额分别为 x_1,x_2,x_3,x_4,x_5(万元).

(2)目标函数

使得公司总汇报额最大,即

$$\text{Max } Z=6.5\%x_1+9.2\%x_2+4.5\%x_3+5.5\%x_4+4.2\%x_5.$$

(3)约束条件

①总投资额为 20 万元现金:$x_1+x_2+x_3+x_4+x_5\leqslant 20$.

②汽车业的投资不得超过 12 万元：$x_1+x_2\leqslant 12$.

③电器业的投资不超过 8 万元：$x_3+x_4\leqslant 8$.

④对长江汽车业的投资不得超过对汽车业投资的 65%：$x_2\leqslant 65\%(x_1+x_2)$.

⑤对纸业的投资不得低于对汽车业投资的 20%：$x_5\geqslant 20\%(x_1+x_2)$.

⑥非负：$x_1,x_2,x_3,x_4,x_5\geqslant 0$.

于是得到数学模型

$$\text{Max } Z=6.5\%x_1+9.2\%x_2+4.5\%x_3+5.5\%x_4+4.2\%x_5;$$

$$\text{s.t.}\begin{cases}x_1+x_2+x_3+x_4+x_5\leqslant 20;\\x_1+x_2\leqslant 12;\\x_3+x_4\leqslant 8;\\x_2\leqslant 65\%(x_1+x_2);\\x_5\geqslant 20\%(x_1+x_2);\\x_1,x_2,x_3,x_4,x_5\geqslant 0.\end{cases}$$

黄河汽车、长江汽车、华南电器、西南电器、缜山纸业的债券投资金额分别为 4.2 万元、7.8 万元、0 万元、5.6 万元、2.4 万元时，这时公司的投资回报额最大，为 1.3994 万元.

问题 3.15　连续投资问题

某部门在今后五年内考虑跟下列项目投资，情况如下.

项目 A：从第一年到第四年每年年初都可以投资，并于次年年没收回本利 115%.

项目 B：第三年年初可以投资，到第五年年末收回本利 125%，但规定最大额不超过 4 万元.

项目 C：第二年年初可以投资，到第五年年末收回本利 140%，但规定最大额不超过 3 万元.

项目 D：五年内每年年末都可以购买公债，并于当年年末归还，并加利息 6%.

该部门项目资金 10 万元，问如何确定这些项目的投资额，才使得第五年年末拥有的资金的本利总额最大？

分析与解答

(1)决策变量

设 $x_i(i=1,2,3,\cdots)$为投资额(万元)，根据给定的条件，将决策变量列于表格 3－14.

表 3－14　连续投资决策变量

年份 项目	项目 A	项目 B	项目 C	项目 D
第一年	x_1			x_7
第二年	x_2		x_6	x_8
第三年	x_3	x_5		x_9
第四年	x_4			x_{10}
第五年				x_{11}

(2)约束条件

①第一年初:由于只有项目 A 和项目 D 可以投资,因此应把 10 万元资金全部投出去,于是有

$$x_1+x_7=10.$$

②第二年初:年初由于项目 A 要次年年末才可以收回投资,因此第二年初的资金只有第一年年初对项目 D 投资后,在年末收回的本利 106%,而投资项目有 A、B、C、D,于是有

$$x_2+x_6+x_8=106\%x_7.$$

③第三年初:年初的资金为第二年初对项目 D 投资后,在年末收回的本利 $106\%x_8$ 以及第一年初对项目 A 投资后,在年末收回本利 115%,而投资项目有 A、B、D,于是有

$$x_3+x_5+x_9=115\%x_1+106\%x_8.$$

④第四年初:年初的资金为第三年初对项目 D 投资后,在年末收回的本利 $106\%x_9$ 以及第二年初对项目 A 投资后,在年末收回本利 115%,而投资项目有 A、D,于是有

$$x_4+x_{10}=115\%x_2+106\%.$$

⑤第五年初:年初的资金为第四年初对项目 D 投资后,在年末收回的本利 $106\%x_{10}$ 以及第三年初对项目 A 投资后,在年末收回本利 $115\%x_3$,而投资项目只有 D,于是有

$$x_{11}=115\%x_3+106\%x_{10}.$$

⑥项目 B 投资不超过 4 万元:$x_5\leqslant4$.

⑦项目 C 投资不超过 3 万元:$x_6\leqslant3$.

⑧非负:$x_i\geqslant0(i=1,2,3,4,5,6,7,8,9,10,11)$.

(3)目标函数

第五年年末拥有的资金的本利总额最大,而第五年年末的本利获得有四项:

第四年初对项目 A 投资后,在年末收回的本利 $115\%x_4$;

第三年初对项目 B 投资后,在年末收回的本利 $125\%x_5$;

第二年初对项目 C 投资后,在年末收回的本利 $140\%x_6$;

第五年初对项目 D 投资后,在年末收回的本利 $106\%x_{11}$.

于是得到目标函数

$$\text{Max } Z=115\%x_4+125\%x_5+140\%x_6+106\%x_{11}.$$

由此得到线性规划模型:

$$\text{Max } Z=115\%x_4+125\%x_5+140\%x_6+106\%x_{11},$$

$$\text{s.t.}\begin{cases} x_1+x_7=10; \\ x_2+x_6+x_8=106\%x_7; \\ x_3+x_5+x_9=115\%x_1+106\%x_8; \\ x_4+x_{10}=115\%x_2+106\%x_9; \\ x_{11}=115\%x_3+106\%x_{10}; \\ x_5\leqslant 4; \\ x_6\leqslant 3; \\ x_j\geqslant 0(i=1,2,3,4,5,6,7,8,9,10,11). \end{cases}$$

求得结果如表 3—15.

表 3—15　连续投资求解结果

项目 年份	项目 A	项目 B	项目 C	项目 D
第一年	7.17			2.83
第二年	0		3	0
第三年	4.25	4		0
第四年	0			0
第五年				4.88

此时第五年年末拥有的资金的本利总额最大为 14.37 万元.

问题 3.16　运输问题

某公司从两个产地 A_1,A_2 将物品运往三个销地 B_1,B_2,B_3,各产地的产量、各产地的销量和各产地运往各销地每件物品的运费表如表 3—16 所示,问如何调运,才能使总运输费最小?

表 3—16　公司产销量与运输费用表

销地 产地	B_1	B_2	B_3	产量
A_1	13	15	12	78
A_2	11	29	22	45
销量	43	35	45	产销平衡

分析与解答

(1)决策变量

设 $x_i(i=1,2,3)$分别表示从产地 A_1 运往销地 B_1,B_2,B_3 的物品数量,$x_j(j=4,5,6)$分别表示从产地 A_2 运往销地 B_1,B_2,B_3 的物品数量.

(2)目标函数

总运费最小,即

$$\text{Min } Z=13x_1+15x_2+12x_3+11x_4+29x_5+22x_6.$$

(3)约束条件

①产地 A_1:$x_1+x_2+x_3=78$.

②产地 A_2:$x_4+x_5+x_6=45$.

③销地 B_1:$x_1+x_4=43$.

④销地 B_2:$x_2+x_5=35$.

⑤销地 B_3:$x_3+x_6=45$.

⑥非负:$x_i\geqslant 0(i=1,2,3,4,5,6)$.

于是得到下列模型

$$\text{Min } Z=13x_1+15x_2+12x_3+11x_4+29x_5+22x_6,$$

$$\text{s.t.}\begin{cases}x_1+x_2+x_3=78;\\x_4+x_5+x_6=45;\\x_1+x_4=43;\\x_2+x_5=35;\\x_3+x_6=45;\\x_i\geqslant 0(i=1,2,3,4,5,6).\end{cases}$$

从产地 A_1 将物品运往销地 B_2,B_3 分别为 35,43,从产地 A_2 将物品运往销地 B_1,B_3 分别为 43,2 时,总运费最小为 1558.

问题 3.17 指派问题

设有三项任务分配给三个人做,各人的能力水平有高低,各自擅长有不同,故完成任务的效率也不同(见表 3—17),如何对每人分配一项任务,使总效率最大?

表 3—17 工作效率

任务 人	B_1	B_2	B_3
A_1	10	2	5
A_2	8	1	2
A_3	9	3	4

分析与解答

(1)决策变量

设 $x_i(i=1,2,3)$表示 A_1 去完成这三项任务,$x_j(j=4,5,6)$表示 A_2 去完成这三项任务,$x_k(k=7,8,9)$表示 A_3 去完成这三项任务.

(2)目标函数

总效率最大,即

$$\text{Max } Z=10x_1+2x_2+5x_3+8x_4+x_5+2x_6+9x_7+3x_8+4x_9.$$

(3)约束条件

由于每人只能完成一项任务，且每项任务只能有一人完成，于是用 1 代表每个人只能完成一项任务，也代表每项任务只能有一人完成.

①对 A_1：$x_2+x_2+x_3=1$(表示 A_1 只能完成 B_1，B_2，B_3 三项任务中的一项).

②对 A_2：$x_4+x_5+x_6=1$.

③对 A_3：$x_7+x_8+x_9=1$.

④对任务 B_1：$x_1+x_4+x_7=1$(表示任务 B_1 只能有 A_1，A_2，A_3 中的其中 1 人来完成).

⑤对任务 B_2：$x_2+x_5+x_8=1$.

⑥对任务 B_3：$x_3+x_6+x_9=1$.

⑦非负：$x_i\geqslant 0(i=1,2,3,4,5,6,7,8,9)$.

于是得到模型

$$\text{Max } Z=10x_1+2x_2+5x_3+8x_4+x_5+2x_6+9x_7+3x_8+4x_9,$$

$$\text{s.t.}\begin{cases}x_1+x_2+x_3=1;\\x_4+x_5+x_6=1;\\x_7+x_8+x_9=1;\\x_1+x_4+x_7=1;\\x_2+x_5+x_8=1;\\x_3+x_6+x_9=1;\\x_i\geqslant 0(i=1,2,3,4,5,6,7,8,9).\end{cases}$$

问题 3.18　工件加工任务分配问题

某车间有两台机床甲和乙，可用来加工三种工件.假定这两台机床的可用台数分别为 700 和 800，三种工件的数量分别为 300、500、400，且已知用不同的机床加工单位数量的不同工件所需的台时数和加工费用如表 3－18 所示，问怎样分配机床的加工任务，才能既满足加工工件的要求，又使总加工费用最低？

表 3－18　工件的加工情况

机床类型	单位工件所需加工台时			单位工件的加工费用(元)			可用台时数
	工件 1	工件 2	工件 3	工件 1	工件 2	工件 3	
甲	0.4	1.1	1.0	13	9	10	700
乙	0.5	1.2	1.3	11	12	8	800

分析与解答

(1)决策变量

设在甲机床上加工工件 1、2 和 3 的数量分别为 x_1，x_2 和 x_3，在乙机床上加工工件 1、2 和 3 的数量分别为 x_4，x_5 和 x_6.

(2)目标函数

总加工费用最低，即

$$\text{Min } Z=13x_1+9x_2+10x_3+11x_4+12x_5+8x_6;$$

(3)约束条件

①对工件 1 数量的限制：$x_1+x_4=300$.

②对工件 2 数量的限制：$x_2+x_5=500$.

③对工件 3 数量的限制：$x_3+x_6=400$.

④机床甲的可用总台时限制：$0.4x_1+1.1x_2+x_3\leqslant 700$.

⑤机床乙的可用总台时限制：$0.5x_4+1.2x_5+1.3x_6\leqslant 800$.

⑥非负：$x_i\geqslant 0(i=1,2,3,4,5,6)$.

于是得到该问题的数学模型

$$\text{Min } Z=13x_1+9x_2+10x_3 11x_4+12x_5+8x_6;$$

$$\text{s.t.}\begin{cases}x_1+x_4=300;\\x_2+x_5=500;\\x_3+x_6=400;\\0.4x_1+1.1x_2+x_3\leqslant 700;\\0.5x_4+1.2x_5+1.3x_6\leqslant 800;\\x_i\geqslant 0(i=1,2,3,4,5,6).\end{cases}$$

在甲机床上加工工件 2 数量为 500，在乙机床上加工工件 1 和 3 的数量分别为 300、400 时，总加工费用最低为 11000.

问题 3.19　合理配料问题

某公司计划要用 A、B、C 三种原料混合配制出三种不同规格的产品甲、乙、丙，产品的规格要求和单价、原料的供应量和单价等数据如表 3－19 所示，问：该公司应如何安排生产，才能使总利润最大？

表 3－19　混合配料数据表

产品＼原料	A	B	C	产品单价/(元/kg)
甲	≥50%	≤35%	不限	90
乙	≥40%	≤45%	不限	85
丙	30%	50%	20%	65
原料供应量/kg	200	150	100	
原料单价/(元/kg)	60	35	30	

分析与解答

(1)决策变量

设 $x_i(i=1,4,7)$表示原料 A、B、C 用于产品甲的数量，$x_j(j=2,5,8)$表示原料 A、B、C 用于产品乙的数量，$x_k(k=3,6,9)$表示原料 A、B、C 用于产品丙的数量. 于是决策变量可表示为表 3－20 所示.

表 3－20　混合配料的决策变量表

产品＼原料	甲	乙	丙
A	x_1	x_2	x_3
B	x_4	x_5	x_6
C	x_7	x_8	x_9

此时，原料 A 的使用量为：$x_1+x_2+x_3$；

原料 B 的使用量为：$x_4+x_5+x_6$；

原料 C 的使用量为：$x_7+x_8+x_9$；

产品甲的产量为：$x_1+x_4+x_7$；

产品乙的产量为：$x_2+x_5+x_8$；

产品丙的产量为：$x_3+x_6+x_9$.

(2)目标函数

总利润最大，总利润＝产品收入－原料支出.

产品收入：甲为 $90(x_1+x_4+x_7)$，乙为 $85(x_2+x_5+x_8)$，丙为 $65(x_3+x_6+x_9)$.

原料支出：原料 A 为 $60(x_1+x_2+x_3)$，

原料 B 为 $35(x_4+x_5+x_6)$，

原料 C 为 $30(x_7+x_8+x_9)$.

于是得到目标函数为.

$$\text{Max } Z=90(x_1+x_4+x_7)+85(x_2+x_5+x_8)+65(x_3+x_6+x_9)-60(x_1+x_2+x_3).$$
$$-35(x_4+x_5+x_6)-30(x_7+x_8+x_9)$$

(3)约束条件

①原料供应量限制.

原料 A：$x_1+x_2+x_3\leqslant 200$.

原料 B：$x_4+x_5+x_6\leqslant 150$.

原料 C：$x_7+x_8+x_9\leqslant 100$.

②规格要求.

甲对原料 A：$x_1\geqslant 50\%(x_1+x_4+x_7)$.

甲对原料 B：$x_4\leqslant 35\%(x_1+x_4+x_7)$.

乙对原料 A：$x_2\geqslant 40\%(x_2+x_5+x_8)$.

乙对原料 B：$x_5\leqslant 45\%(x_2+x_5+x_8)$.

丙对原料 A：$x_3=30\%(x_3+x_6+x_9)$.

丙对原料 B：$x_6=50\%(x_3+x_6+x_9)$.

丙对原料 C：$x_9=20\%(x_3+x_+x_9)$.

③非负：$x_i\geqslant 0(i=1,4,7)$，$x_j\geqslant 0(j=2,5,8)$，$x_k\geqslant 0(k=3,6,9)$.

由此得到线性规划模型

$$\text{Max } Z=90(x_1+x_4+x_7)+85(x_2+x_5+x_8)+65(x_3+x_6+x_9)-60(x_1+x_2+x_3),\\ -35(x_4+x_5+x_6)-30(x_7+x_8+x_9);$$

$$\text{s.t.}\begin{cases} x_1+x_2+x_3\leqslant 200; \\ x_4+x_5+x_6\leqslant 150; \\ x_7+x_8+x_9\leqslant 100; \\ x_1\geqslant 50\%(x_1+x_4+x_7); \\ x_4\leqslant 35\%(x_1+x_4+x_7); \\ x_2\geqslant 40\%(x_2+x_5+x_8); \\ x_5\leqslant 45\%(x_2+x_5+x_8); \\ x_3=30\%(x_3+x_6+x_9); \\ x_6=50\%(x_3+x_6+x_9); \\ x_9=20\%(x_3+x_6+x_9); \\ x_i\geqslant 0(i=1,4,7),x_j\geqslant 0(j=2,5,8),x_k\geqslant 0(k=3,6,9). \end{cases}$$

用原料 A 100kg,原料 B 37.5kg,原料 C 62.5kg 混合生产产品甲 200kg;A 100kg,原料 B 112.5kg,原料 C 37.5kg 混合生产产品甲 250kg;不生产丙时,该公司能获得最大总利润为 19000 元。

问题 3－20　市场调查问题

某市场调查公司受某厂的委托,调查消费者对某种新产品的了解和反映情况,该厂对市场调查公司提出了下列要求.

(1)共对 500 个家庭进行调查;

(2)在被调查家庭中,至少有 200 个是没有孩子的家庭,同时至少有 200 个是有孩子的家庭;

(3)至少对 300 个被调查家庭采用问卷式书面调查,对其余家庭可采用口头调差;

(4)在有孩子的被调查家庭中,至少对 50%的家庭采用问卷式书面调查;

(5)在没有孩子的被调查家庭中,至少对 60%的家庭采用问卷式书面调查。

对不同家庭采用不同的调查方式的费用如表 3－21 所示.

问:市场调查公司应如何进行调查,使得在满足厂方要求的条件下,使得总调查费用最少?

表 3－21　市场调查费用表

家庭类型	调查费用/元	
	问卷式书面调查	口头调查
有孩子的家庭	50	30
没有孩子的家庭	40	25

分析与解答

(1)决策变量

设：x_1 为对有孩子的家庭采用问卷式书面调查的数目，

x_2 为对有孩子的家庭采用口头调查的数目，

x_3 为对没有孩子的家庭采用问卷式书面调查的数目，

x_4 为对没有孩子的家庭采用问卷式书面调查的数目.

(2)目标函数

总调查费用最少，即

$$\text{Min } Z=50x_1+30x_2+40x_3+25x_4.$$

(3)约束条件

①共对 500 个家庭进行调查：$x_1+x_2+x_3+x_4=500$.

②至少有 200 个是没有孩子的家庭：$x_3+x_4\geqslant 200$.

③至少有 200 个是有孩子的家庭：$x_1+x_2\geqslant 200$.

④至少对 300 个被调查家庭采用问卷式书面调查：$x_1+x_3\geqslant 300$.

⑤在有孩子的被调查家庭中，至少对 50%的家庭采用问卷式书面调查：$x_1\geqslant 50\%(x_1+x_2)$.

⑥在没有孩子的被调查家庭中，至少对 60%的家庭采用问卷式书面调查：$x_3\geqslant 60\%(x_3+x_4)$.

⑦非负：$x_i\geqslant 0(i=1,2,3,4)$.

于是得到线性规划模型

$$\text{Min } Z=50x_1+30x_2+40x_3+25x_4;$$

$$\text{s. t.}\begin{cases}x_1+x_2+x_3+x_4=500;\\x_1+x_2\geqslant 200;\\x_3+x_4\geqslant 200;\\x_1+x_3\geqslant 300;\\x_1\geqslant 50\%(x_1+x_2);\\x_3\geqslant 60\%(x_3+x_4);\\x_i\geqslant 0(i=1,2,3,4).\end{cases}$$

对有孩子的家庭采用问卷式书面调查的数目、对没有孩子的家庭采用口头调查的数目、对没有孩子的家庭采用口头调查的数目都为 100，对没有孩子的家庭采用问卷式书面调查的数目为 200 时，总调查费用最少为 18500 元。

第四章　概率论基础

学习目标

1.理解随机事件的概念,了解事件的关系和运算.

2.理解概率的概念,会计算古典概型的概率,会熟练运用加法公式进行有关计算.

3.理解条件概率,会熟练运用乘法公式和全概率公式进行有关计算和应用.

4.理解事件的独立性,熟练掌握有关计算方法.

5.理解随机变量及其概率分布、概率密度的概念,了解分布函数的概念,掌握常见随机变量的概率分布、密度函数和分布函数的性质及其计算方法,了解 3σ 准则.

6.理解期望和方差的概念,掌握它们的性质,熟练掌握它们的计算方法,熟记常见随机变量的期望和方差.

概率(或然率或几率)是随机事件出现的可能性的量度,其起源与博弈问题有关.概率论是一门研究客观世界随机现象数量规律的数学分支学科.

早在 15～16 世纪意大利数学家开始讨论“两人赌博提前结束的赌金分配”等概率问题.1654 年,数学家费马(Fermat,1601～1665)和帕斯卡(Pascal,1623～1662)在书信交往中,用组合方法给出了赌金分配的解答.1657 年,荷兰数学家惠更斯(Huygens,1629～1695)发表的《论赌博中的计算》是最早的概率论文章.1713 年发表的瑞士数学家雅科布・贝努利(Jakob Bernoulli,1654～1705)的遗著《推测术》(*Ars－Conjectandi*)奠定了概率论的理论基础.后人在此基础上形成了完善的概率论公理化体系,从而成为一门独立的数学分支.随机事件和事件的概率是概率论中两个基本的概念,研究事件间的关系和运算、概率的性质及概率的计算是概率论中的一些基本问题,这些都是本章要讨论的主要内容.

4.1 随机事件

4.1.1 随机现象与随机试验

自然现象与社会现象多种多样，按其发生的可能性来划分，大体上可分为两类：确定性和非确定性. 在一定条件下，重复试验或观察，其结果总是确定的，这一类现象称为**必然现象**；在一定条件下，重复试验或观察，某种结果可能发生，也可能不发生，即它的结果是不确定的，这一类现象称为**随机现象**.

掷一枚质地均匀的硬币究竟是正面向上，还是反面向上，事先无法知道，但是经过很多次反复试验可知其向上的可能性是50%，具有一定的规律性.

比如，用手向上抛一个石子必然下落，掷一枚骰子一定不会出现"7"点是必然现象；抛一枚硬币，可能徽面向上，也可能数字向上(以下称徽面为正面、数字为反面)是随机现象.

为了探索随机现象发生的规律性，常常对某一现象进行大量的实验(或观测)，从中找出规律. 如测量某棵树现有的高度、检验某成品的合格品数，这些对自然现象和社会现象加以研究所进行的实验(或观察)，称为**试验**. 若一个试验具有以下三个特性：

(1)可以在相同条件下重复进行；

(2)每次试验的可能结果不止一个，在试验之前可以知道所有可能的结果；

(3)每次试验的结果，试验之前不能确定.

则称这样的试验为**随机试验**，记为E. 本章提到的试验都是随机试验.

实验表明，随机现象在个别试验中表现出结果的不确定性，而在大量重复试验中是有其规律性的. 例如：某射手一次射击可能击中目标，也可能击不中目标，但在大量重复对目标进行射击时，命中率趋于某一稳定值，具有明显的规律性. 在大量重复试验中随机现象呈现出的某种规律性称为**统计规律性**.

4.1.2 随机事件

在随机试验中，出现的可能结果称为**随机事件**，简称**事件**，用大写字母$A,B,C,\cdots$表示. 随机事件在一定条件下可能发生也可能不发生.

例1 掷一枚骰子的试验，有6种可能结果，即"出现1点"，"出现2点"，……，"出现6点". 每一种结果看做一个事件，记作

$$A_i=\{\text{出现 } i \text{ 点}\}(i=1,2,\cdots,6).$$

例2 盒中有10个球，其中有6个红球、4个白球，从中任取4个球，其中有3个红

球、1 个白球，把这种结果看做一个事件，记作

$$B=\{从盒中任取 4 球，其中 3 红球、1 白球\}.$$

例 3 某射手每进行一次射击，并观察命中的环数，就是一次试验. 进行 10 次射击，"击中环数为 i"($i=1,2,\cdots,10$)，"击中环数大于 3"等，这些可能观察到的结果都是随机事件，记作

$$A_i=\{出现 i 环\}(i=1,2,\cdots,10);$$
$$B=\{击中的环数大于 3\}.$$

随机试验的每一个可能结果，称为一个**基本事件**或**样本点**，它是不能再分解的事件. 由基本事件组成的事件称为**复合事件**. 如在例 3 中，$A_0,A_1,A_2,\cdots,A_{10}$ 都是基本事件，B 是由 $A_4,A_5,A_6,A_7,A_8,A_9,A_{10}$ 组合而成的复合事件.

一个随机试验的基本事件的全体组成的集合，称为**基本空间**或**样本空间**，记作 Ω. 如例 1 中样本空间 $\Omega=\{A_1,A_2,\cdots,A_6\}$，样本点为 $A_1,A_2,\cdots,A_6$.

每次试验中一定发生的事件称为**必然事件**，记作 Ω. 如例 2 中的试验，事件"从盒中任取 5 球，至少有 1 个红球"为必然事件. 每次试验中一定不发生的事件称为**不可能事件**，记作 $\varnothing$. 如例 1 中，事件"出现 7 点"是不可能事件. 必然事件和不可能事件都是确定性的，为了讨论问题方便，把它们当做特殊的随机事件.

4.1.3 事件的关系及运算

研究随机现象必然涉及多个随机事件，为了掌握事件发生的规律，讨论事件之间的关系是非常必要的. 考虑到事件的集合内涵，可以借助集合论的方法作为讨论事件之间关系的工具.

1. 事件的包含与相等

(1)包含关系：若事件 A 发生必然导致事件 B 发生，则称**事件 B 包含事件 A**，记作 $A\subset B$ 或 $B\supset A$(如图 4-1).

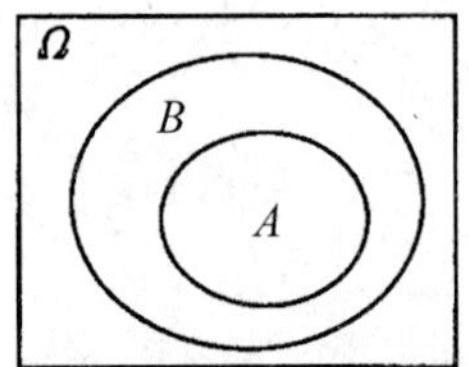

图 4-1 事件的包含关系

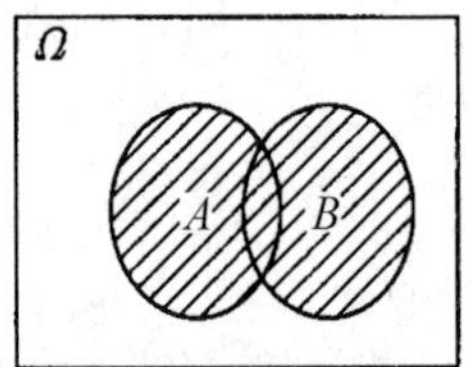

图 4-2 事件的和

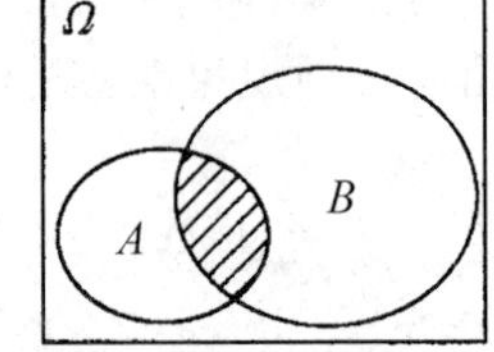

图 4-3 事件的积

例如，某产品的合格品分为一等品与二等品. 现从合格品中任取一件，设事件 $A=\{取出的是一等品\}$，$B=\{取出的是合格品\}$，则 $A\subset B$.

(2)相等关系：若 $A\subset B$ 且 $A\supset B$，则称**事件 A 与事件 B 相等**，记作 $A=B$.

在例 3 中，事件 B 与事件$\{击中的环数为 4,5,6,7,8,9,10\}$是相等事件.

2. 事件的和、积、差

(1)事件的和:事件 A 与事件 B 至少有一个发生,即事件 A 或事件 B 发生,称这个事件为**事件 A 与事件 B 的和或并**,记作 $A+B$ 或 $A\cup B$(如图 4-2).

事件的和可以推广到有限多个事件的情形:事件 $A_1,A_2,\cdots,A_n$ 至少一个发生的事件称为 n **个事件的和**,记作 $\sum_{i=1}^{n}A_i$ 或 $\bigcup_{i=1}^{n}A_i$

例 4 甲、乙两人同时向一目标射击,设事件 $A=$\{甲命中目标\},$B=$\{乙命中目标\},$C=$\{目标被命中\},则 $C=A+B$.

由事件和的定义可知,$A+\Omega=\Omega$,$A+\varnothing=A$,

例 5 甲乙两人参加摸奖活动,设事件 $A=$\{甲中奖\},$B=$\{乙中奖\},事件 $C=$\{两人都中奖\}事件 C 发生就相当于事件 A 与事件 B 同时发生,由此定义积事件.

(2)事件的积:事件 A 与 B 同时发生,即事件 A 发生且事件 B 发生,称这个事件为**事件 A 与事件 B 的积或交**,记作 AB 或 $A\cap B$(如图 4-3).

事件的积也可以推广到有限多个事件的情形:事件 $A_1,A_2,\cdots,A_n$ 同时发生的事件称为 n **个事件的积**,记作 $\prod_{i=1}^{n}A_i$ 或 $\bigcap_{i=1}^{n}A_i$.

如在例 4 中,设事件 $D=$\{甲、乙都命中目标\},则 $D=AB$.

根据事件积的定义可知,对任一事件 A,有 $A\Omega=A$,$A\varnothing=\varnothing$.

(3)事件的差:事件 A 发生且事件 B 不发生的事件称为**事件 A 与 B 的差**,记作 $A-B$(如图 4-4).

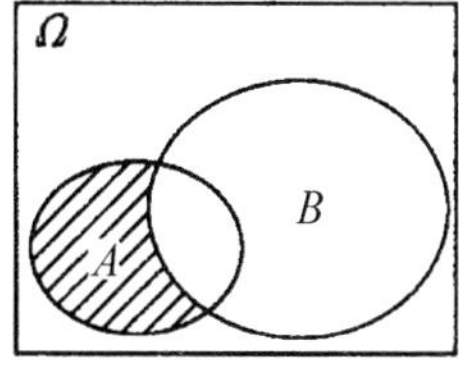

图 4-4 事件的差

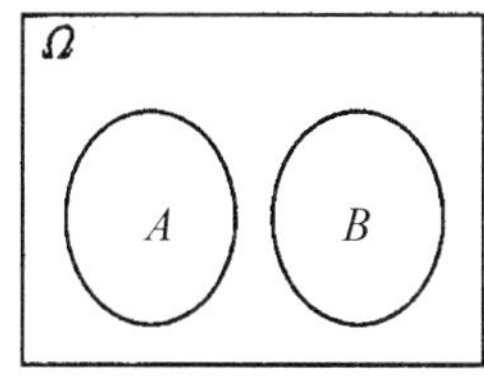

图 4-5 互斥事件

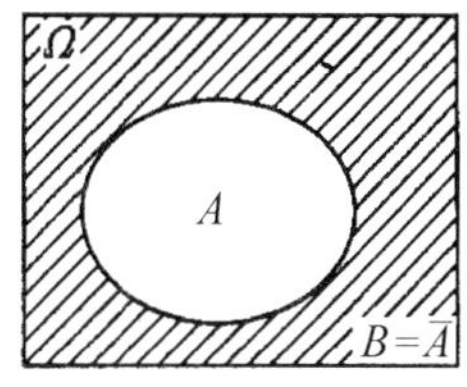

图 4-6 对立事件

如在例 4 中,设事件 $E=$\{甲单独命中目标\},则 $E=A-B$.

思考 $A+B=B+A$ 对吗? $AB=B-A$ 对吗?

3. 互斥事件与对立事件

(1)互斥事件:若事件 A 与 B 不能同时发生,即 $AB=\varnothing$,则称它们是**互斥事件**或**互不相容事件**(如图 4-5).

如果 $A_1,A_2,\cdots,A_n$ 中的任意两个事件是互斥的,则称这 n 个事件**互斥**.

例 6 观察某电话台 3 分钟内被呼叫的次数,记事件 $A=$\{3 分钟内被呼叫 10 次\},事件 $B=$\{3 分钟内被呼叫 28 次\},试问事件 A 与事件 B 是不是互不相容.

解 在确定的时间内,被呼叫的次数只能是唯一的一个数.事件 A 出现,即在 3 分钟内被呼叫 10 次,当然就不可能是 28 次,即若事件 A 出现,则事件 B 不出现;同理,事件 B

出现，就不可能有事件 A 不出现. 故事件 A 与事件 B 互不相容.

例 7 向一个目标射击，设 $A=\{$击中目标$\}$，$B=\{$没击中目标$\}$，显然事件 A 与事件 B 不能同时发生，但其中必然会有一个事件发生.

(2)对立事件：若事件 A 与事件 B 必有一个发生，但不能同时发生，即 $A+B=\Omega$，$AB=\varnothing$，则称事件 A 与事件 B 是**对立事件**或**互逆事件**，A 的对立事件记作 $\overline{A}$（如图 4-6）.

由定义知，对立事件有如下性质：

性质 4.1 $\overline{A}=\Omega-A$，$A\overline{A}=\varnothing$，$\overline{\overline{A}}=A$；

性质 4.2 $\overline{\Omega}=\varnothing$，$\overline{\varnothing}=\Omega$.

对立事件一定是互斥事件，而互斥事件不一定是对立事件，因此事件 A 与 B 的差又可写为 $A\overline{B}$，即 $A-B=A\overline{B}$.

例 8 从一批产品中，随机抽取两件产品进行检验，记 $A=\{$抽到两件产品都是合格品$\}$，试表述事件 A 的对立事件.

解 两件产品都是合格品的否定，就是或者两件产品都是不合格品，或者两件产品中有一件不合格品一件合格品，所以

$$\overline{A}=\{\text{两件产品都是不合格品}\}\cup\{\text{两件产品中有一件不合格品一件合格品}\}.$$

4. 互斥完备事件组

若事件 $A_1,A_2,\cdots,A_n$ 两两互斥，且 $A_1+A_2+\cdots+A_n=\Omega$，则称 $A_1,A_2,\cdots,A_n$ 构成一个**互斥完备事件组**，简称**完备事件组**（如图 4-7）.

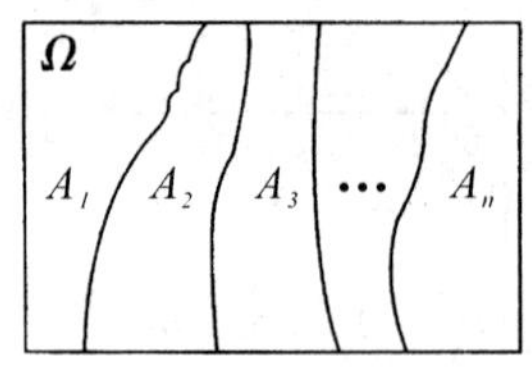

图 4-7

例 9 掷一枚骰子，{出现 1 点}，{出现 2 点}，…，{出现 6 点}这 6 个基本事件构成一个完备事件组；{出现奇数点}与{出现偶数点}这两个复合事件也构成一个完备事件组. {出现奇数点}，{出现 2 点}，{出现 4 点}，{出现 6 点}这 4 个事件也构成一个完备事件组，而{出现奇数点}，{出现偶数点}，{出现 1 点}，{出现 2 点}这个 4 事件不能构成完备事件组，因为它们不互斥；{出现偶数点}，{出现 3 点}，{出现 5 点}这 3 个事件也不能构成完备事件组，因为它们的和不是必然事件 Ω.

由事件的关系与运算定义，有下列运算规律：

(1)交换律　$A+B=B+A$，$AB=BA$；

(2)结合律　$A+(B+C)=(A+B)+C$，　$A(BC)=(AB)C$；

(3)分配律　$A(B+C)=AB+AC$，$A\cup(B\cap C)=(A\cup B)\cap(A\cup C)$；

(4)吸收律　若 $A\subset B$，则 $A+B=B$ 且 $AB=A$；

(5)德摩根律　$\overline{A+B}=\overline{A}\,\overline{B}$，$\overline{AB}=\overline{A}+\overline{B}$.

其中德摩根律也适用于无限个事件.

4.2 随机事件的概率

除了必然事件和不可能事件外,任一随机事件在一次试验中都有发生与不发生的可能性,人们往往通过实际观察来估计这个事件发生的可能性的大小.例如遇到某种天气,人们常会说"今天十之八九会下雨",这个"十之八九"就表示"今天下雨"这个事件发生的可能性的大小.这是人们通过大量观察得出的一种统计规律,即已经经历了多次这种天气,下雨的天数所占的比例大约是$\frac{8}{10}$到$\frac{9}{10}$.一般地,人们希望用一个适当的数字表示一个事件在一次试验中发生的可能性的大小.

4.2.1 概率的统计定义

一般地,一个随机事件在一次试验中是否发生是不确定的,但在大量重复试验中,它的发生具有统计规律性,这种规律的数量指标就是概率.

如果对某一试验重复进行 n 次,而事件 A 发生 k 次,那么称$\frac{k}{n}$为事件 A 发生的**频率**,记为 $f_n(A)$,即 $f_n(A)=\frac{k}{n}(k\leqslant n)$.频率反映了事件发生可能性的大小.显然,任何随机事件的频率都是介于 0 与 1 之间的一个数.

历史上有人做过投掷一枚质地均匀硬币的试验,其结果见下表.

试验者	投掷次数 n	正面朝上次数 m	频率 m/n
蒲丰	4040	2048	0.5069
皮尔逊	24000	12012	0.5005
维尼	30000	14994	0.4998

从上表可以看出,{正面朝上}的频率接近 0.5.

如果在多次重复试验中,事件 A 发生的频率呈现出稳定性,而且当试验次数增加时,这种稳定性愈加明显,频率总是定于某一常数 p 附近,这个常数的大小就是事件 A 发生的可能性的大小,可作为事件 A 的概率.

定义 4.1 在一定条件下,重复进行 n 次试验,如果随着试验次数 n 的增加,事件 A 发生的频率$\frac{m}{n}$稳定地在某个常数 p 附近摆动,则称 p 为事件 A 的**概率**,记作 $P(A)$.

由此可见,上表中{正面朝上}的概率 $P(A)=0.5$.

通常称上述定义为概率的统计定义.由此定义可得到一种近似计算概率的方法,这就是当 n 充分大时,把事件的频率作为它的概率的近似值.

由概率的统计定义易知概率具有如下基本性质:

性质 4.3 $0 \leqslant P(A) \leqslant 1$;

性质 4.4 $P(\Omega)=1, P(\varnothing)=0$.

4.2.2 概率的古典定义

利用统计定义计算事件的概率需要做大量的重复试验,比较麻烦,人们对某些事件可通过直观分析,精确地求得事件发生的概率.如袋中有 10 个大小相同的球,其中有 3 个红球,从中任取 1 个,取得红球的概率显然是 $\frac{3}{10}$.

应用直观分析的方法得到概率时,要求随机试验应具有以下两个特征:

(1)有限性:所有可能的试验结果(基本事件)只有有限个;

(2)等可能性:每一个基本事件的发生是等可能的.

具备以上特征的试验模型称为**古典概型**.

定义 4.2 在古典概型中,总的基本事件数为 n,而事件 A 包含的基本事件数为 m,则称 $\frac{m}{n}$ 为事件 A 的**概率**,记作 $P(A)=\frac{m}{n}$.

这个定义称为概率的古典定义.在古典定义下,求得的概率也称**古典概型**.

例 1 同时抛掷 3 枚硬币,求出现"恰有一枚正面向上"的概率.

解 设 $A=${恰有一枚正面朝上},则试验中等可能的基本事件数共有 8 个,即{正,正,正},{正,正,反},{正,反,正},{正,反,反}{反,正,正},{反,正,反},{反、反、正},{反,反,反},而事件 A 包含 3 个基本事件:{正,反,反},{反,正,反},{反,反,正},故 $P(A)=\frac{3}{8}$.

例 2 一次发行社会福利奖券 100000 张,其中有 2 张一等奖,10 张二等奖,100 张三等奖,1000 张四等奖.试问购买一张奖券中奖的概率是多少?

解 设 $A=${中奖},因中奖机会均等,

$$n=100000,\ m=2+10+100+1000=1112,$$

故

$$P(A)=\frac{1112}{100000}=0.01112.$$

例 3 某城市电话号码(假设 0 可做首位)是 7 位,由 0,1,2,3,4,5,6,7,8,9 这 10 个数字组成,数字可以重复.任取一个电话号码,求:

(1)它由不同的 7 个数字组成的概率;

(2)它由末两位数是 18、前 5 位数可以取重复数字组成的概率.

解 由 7 个数字(可以重复)组成的电话号码共有 10^7 种,

(1)设 A={由 7 个不同数字组成的电话号码},A 中包含 A_{10}^7 种号码,故

$$P(A)=\frac{A_{10}^7}{10^7}=\frac{189}{3125}\approx 0.06048.$$

(2)设 B 表示后两位是 18,而前 5 位数字可以取重复数字组成的电话号码,此种电话号码共有 10^5 种,故

$$P(A)=\frac{10^5}{10^7}=\frac{1}{100}=0.01.$$

例 4 假设每人的生日在一年 365 天中的任一天是等可能性的,若任意选取 $n(n\leqslant 365)$ 个人,求下列事件的概率:

(1)A={n 个人的生日各不相同};

(2)B={n 个人中至少有两人生日相同}.

解 基本事件总数为 365^n.

(1) 事件 A 包含的基本事件个数 $m_A=365\cdot 364\cdot\cdots\cdot(365-n+1)=A_{365}^n$,则

$$P(A)=\frac{A_{365}^n}{365^n}=\frac{365\cdot 364\cdot\cdots\cdot(365-n+1)}{365^n}.$$

(2)事件 B 包含的基本事件个数 $m_B=365^n-A_{365}^n$,则

$$P(B)=\frac{365^n-A_{365}^n}{365^n}=1-\frac{365\cdot 364\cdot\cdots\cdot(365-n+1)}{365^n}.$$

经计算可得如下表的结果.

n	23	30	40	50	64	100
p	0.507	0.706	0.891	0.970	0.997	0.9999997

从上表可以看出,若一个班级有 64 名学生,则几乎可以肯定地说:"至少有两人生日相同."因为这一事件发生的概率为 99.7%.

例 5 为了估计一个大型渔场中鱼的尾数,常使用以下的方法:先从渔场中捕出一定数量的鱼并做上记号后放回水中,经过适当时间,让其充分混合,再从渔场中捕出一定数量的鱼,查看有记号的鱼所占的比例,从而估计渔场中鱼的尾数.如果第一次捕出 1000 尾并做上记号放回水中,第二次捕出 600 尾,其中有记号的鱼有 10 尾.试估计该渔场中鱼的尾数.

解 设 A 表示"捕到有记号的鱼",n 表示渔场中鱼的尾数.假定每尾鱼被捕到的可能性是相等的,则由古典概率计算公式,得

$$P(A)=\frac{1000}{n},$$

第二次捕出 600 尾鱼中,有记号的鱼有 10 尾,由概率的统计定义,得

$$P(A)\approx\frac{10}{600},$$

所以

$$\frac{1000}{n}\approx\frac{10}{600},$$

解方程,得

$$n\approx 60000(\text{尾})$$

即该渔场中大约有60000尾鱼.

4.2.3 概率的加法公式

1.互斥事件的概率加法公式

例6 掷一枚骰子,求出现不大于2点或不小于4点的概率.

解 设 e_i 表示"出现 i 点"($i=1,2,3,4,5,6$),A 表示"出现不大于2点",B 表示"出现不小于4点",C 表示"出现不大于2点或不小于4点",则

$\Omega=\{e_1,e_2,\cdots,e_6\}$,$A=\{e_1,e_2\}$,$B=\{e_4,e_5,e_6\}$,$C=A+B=\{e_1,e_2,e_4,e_5,e_6\}$,

所以

$$P(A)=\frac{2}{6},\quad P(B)=\frac{3}{6},\quad P(C)=\frac{5}{6}.$$

事实上,$P(C)=P(A+B)=P(A)+P(B)=\frac{5}{6}$.

定理4.1 两个互斥事件 A 与 B 的和的概率等于这两个事件概率的和,即若 $AB=\varnothing$,则

$$P(A+B)=P(A)+P(B).$$

证 此定理可以用古典概率加以证明.设样本空间有 n 个基本事件,而随机事件 A 包含 m_A 个基本事件,随机事件 B 包含 m_B 基本事件,由于事件 A 与 B 是互不相容的,所以 $A+B$ 包含的基本事件个数是 m_A+m_B,用古典概率

$$P(A+B)=\frac{m_A+m_B}{n}=\frac{m_A}{n}+\frac{m_B}{n}=P(A)+P(B).$$

思考 若 A 与 B 是对立事件,此式是否成立?

推论4.1 若 $A_1,A_2,\cdots,A_n$ 两两相斥,则

$$P(A_1+A_2+\cdots+A_n)=P(A_1)+P(A_2)+\cdots+P(A_n),$$

即

$$P\left(\sum_{i=1}^{n}A_i\right)=\sum_{i=1}^{n}P(A_i).$$

推论4.2 事件 A 的概率等于1减去它的对立事件的概率,即

$$P(A)=1-P(\overline{A}).$$

例7 某班学生共50人,学习成绩共分4级:优秀10人,良好15人,中等20人,不及格5人.求该班学生成绩的及格率与不及格率.

解 设 $A=\{\text{优秀}\}$,$B=\{\text{良好}\}$,$C=\{\text{中等}\}$,$D=\{\text{不及格}\}$,$E=\{\text{及格}\}$,则

$$P(A)=\frac{10}{50},\quad P(B)=\frac{15}{50},\quad P(C)=\frac{20}{50},\quad P(D)=\frac{5}{50}.$$

因为 A,B,C,D 都是互斥的事件，故

$$P(E)=P(A+B+C)=\frac{10}{50}+\frac{15}{50}+\frac{20}{50}=0.9.$$

因为 D 与 E 为对立事件，故

$$P(D)=1-P(E)=1-0.9=0.1.$$

例 8 从装有 7 个球(4 个白球，3 个黑球)的袋中任取 3 个，求至少取出 2 个白球的概率.

解 设 $A_1=\{$任意取出的 3 个球中有 2 个白球$\}$，$A_2=\{$任意取出的 3 个球全是白球$\}$，由 A_1,A_2 互不相容可知所求为

$$P(A_1+A_2)=P(A_1)+P(A_2).$$

因为

$$P(A_1)=\frac{C_3^1C_4^2}{C_7^3}\approx 0.514,\quad P(A_2)=\frac{C_4^3}{C_7^3}\approx 0.114,$$

所以

$$P(A_1+A_2)=P(A_1)+P(A_2)\approx 0.514+0.114=0.628.$$

2. 任意事件的概率加法公式

例 9 某大学经济贸易系一年级一班有 50 名同学，在参加学校举行的一次篮球比赛和乒乓球比赛中，有 30 人报名参加篮球比赛，有 15 人报名参加乒乓球比赛，有 10 人既报名参加篮球比赛又报名参加乒乓球比赛. 现从该班任选一名同学，求该同学参加篮球比赛或乒乓球比赛的概率.

解 设 A 表示参加篮球比赛的同学，B 表示参加乒乓球比赛的同学，则 A 有 30 人，B 有 15 人，AB 有 10 人，且 $A+B$ 表示参加篮球比赛或乒乓球比赛的同学，则由古典概率公式有

$$\begin{aligned}P(A+B)&=P(A)+P(B)-P(AB)\\&=\frac{30}{50}+\frac{15}{50}-\frac{10}{50}=0.6+0.3-0.2.\end{aligned}$$

定理 4.2 如果 A 与 B 为任意两个事件，则

$$P(A+B)=P(A)+P(B)-P(AB).$$

由于事件 $A+B$ 表示事件 A 与事件 B 中至少有一个发生，从而它的对立事件为 A 与 B 都不发生，即事件 $\overline{A}\,\overline{B}$，根据加法公式的特殊情况，得到概率 $P(A+B)=1-P(\overline{A}\,\overline{B})$.

推论 4.3 对任意事件 A,B,C，有

$$P(A+B+C)=P(A)+P(B)+P(C)-P(AB)-P(BC)-P(AC)+P(ABC).$$

在应用加法公式时，应该首先判断构成和事件的两个事件 A 与 B 是否互斥，然后应用相应的加法公式计算概率. 判断两个事件是否互斥的方法是：考察任何一个试验中，这两个事件有无可能同时发生. 若有可能同时发生，则 $P(AB)\neq 0$，A 与 B 非互斥；若不可能

同时发生，则 $P(AB)=0$，A 与 B 互斥. 于是有

$$P(A+B)\xlongequal{A,B\text{任意}}P(A)+P(B)-P(AB),$$

$$P(A+B)\xlongequal{A,B\text{互斥，即 }P(AB)=0}P(A)+P(B).$$

例 10 某公司所属 3 个分厂的职工情况为：第一分厂有男职工 4000 人，女职工 1600 人；第二分厂有男职工 3000 人，女职工 1400 人；第三分厂有男职工 800 人，女职工 500 人. 如果从该公司职工中随机抽选一人，求该职工为女职工或第三分厂职工的概率.

解 设 A 表示抽中为女职工的事件，则

$$P(A)=\frac{1600+1400+500}{4000+1600+3000+1400+800+500}=\frac{35}{113}.$$

设 B 表示抽中为第三分厂的事件，则

$$P(B)=\frac{800+500}{11300}=\frac{13}{113}.$$

设 C 表示抽中第三分厂女职工的事件，则有 $C=AB$，其概率为

$$P(C)=P(AB)=\frac{500}{11300}=\frac{5}{113}.$$

抽中女职工或第三分厂职工的概率，即为 $P(A+B)$，有

$$P(A+B)=P(A)+P(B)-P(AB)=\frac{35+13-5}{113}\approx 0.381.$$

4.3 条件概率与乘法公式

4.3.1 条件概率

在实际问题中，往往需要计算在某个事件已发生的前提下，另一事件发生的概率. 例如，某单位在一次分房过程中，按职工工龄、职称、学历进行积分排序选房，但选到最后一套住房时，甲、乙两人处于同一选房积分，于是决定由二人抽签，确定选房资格. 若 A 表示甲抽中，B 表示乙抽中，则事件 A 发生必然影响事件 B 发生的概率，同样事件 B 发生必然影响事件 A 发生的概率.

定义 4.3 在事件 A 已经发生的条件下，事件 B 发生的概率称为事件 B 对 A 的**条件概率**，记作 $P(B|A)$. 相应地，把 $P(B)$ 称为**无条件概率**.

一般地，$P(A|B)$ 与 $P(A)$ 是不相等的. 显然，抽签选房例子中 $P(A|B)=0$，$P(B|A)=0$.

例 1 某仓库中有一批产品 200 件，它是由甲、乙两厂共同生产的，其中甲厂的产品

中有正品 100 件、次品 20 件，乙厂的产品中有正品 65 件、次品 15 件. 现从这批产品中任取一件，设 A 表示“取到乙厂产品”，B 表示“取到正品”，试求：$P(A)$，$P(AB)$，$P(B|A)$.

解 产品的分配情况见下表：

	正品	次品	总数
甲厂	100	20	120
乙厂	65	15	80
总数	165	35	200

根据古典概率公式，有

$$P(A)=\frac{80}{200},\quad P(B)=\frac{165}{200},\quad P(AB)=\frac{65}{200}.$$

求在事件 A 发生的条件下事件 B 发生的基本事件总数应为 80，即 $P(B|A)=\frac{65}{80}$. 显然，$P(AB)\neq P(B|A)$，但是有

$$P(B|A)=\frac{65}{80}=\frac{65/200}{80/200}=\frac{P(AB)}{P(A)}.$$

一般地，设有事件 A 和 B，且 $P(A)>0$，则在事件 A 发生的条件下，事件 B 发生的条件概率为 $P(B|A)=\frac{P(AB)}{P(A)}$. 若 $P(B)>0$，则 $P(A|B)=\frac{P(AB)}{P(B)}$.

例 2 假设我国人口中能活到 75 岁的概率为 0.8，活到 100 岁以上的概率为 0.2. 有一个已经活到 75 岁的老人，问能活到 100 岁以上的概率.

解 设 $A=\{$活到 100 岁$\}$，$B=\{$活到 75 岁$\}$，则 $P(B)=0.8$.

由于活到 100 岁的人必活到 75 岁，所以 $AB=A$，因而有

$$P(AB)=P(A)=0.2,$$

故

$$P(A|B)=\frac{P(AB)}{P(B)}=\frac{0.2}{0.8}=0.25.$$

例 3 某地区一年内刮风的概率为 $\frac{4}{15}$，下雨的概率为 $\frac{2}{15}$，既刮风又下雨的概率为 $\frac{1}{10}$. 求：

(1)在刮风的条件下下雨的概率；

(2)在下雨的条件下刮风的概率.

解 设事件 $A=\{$刮风$\}$，$B=\{$下雨$\}$，则 $AB=\{$既刮风又下雨$\}$，由题意可得到概率

$$P(A)=\frac{4}{15},\quad P(B)=\frac{2}{15},\quad P(AB)=\frac{1}{10},$$

(1)在刮风的条件下下雨的概率为

$$P(B|A)=\frac{P(AB)}{P(A)}=\frac{1/10}{4/15}=\frac{3}{8};$$

(2)在下雨的条件下刮风的概率为

$$P(A|B)=\frac{P(AB)}{P(B)}=\frac{1/10}{2/15}=\frac{3}{4}.$$

4.3.2 乘法公式

由公式 $P(A|B)=\frac{P(AB)}{P(B)}$ 或者 $P(B|A)=\frac{P(AB)}{P(A)}$ 可以得出下面定理：

定理 4.3 乘法公式

$$P(AB)=P(B)P(A|B),P(B)\neq 0,$$

$$P(AB)=P(A)P(B|A),P(A)\neq 0,$$

即两个事件同时发生的概率等于其中一个事件发生的概率与该事件发生的条件下另一事件发生的条件概率的乘积.

例 4 在 100 个零件中有 4 个次品，从中接连抽取 2 次，每次取 1 个，无放回抽取，求下列事件的概率：

(1)第二次才取到正品；

(2)两次都取到正品；

(3)两次中恰好取到一个正品.

解 设 $A_i=\{$第 i 次取到正品$\}(i=1,2)$.

(1)设 $A=\{$第二次才取到正品$\}$，那么 A 表示第一次取到次品与第二次取到正品同时发生，则

$$P(A)=P(\overline{A_1}A_2)=P(\overline{A_1})P(A_2|\overline{A_1})=\frac{4}{100}\times\frac{96}{99}\approx 0.0388.$$

(2)设 $B=\{$两次都取到正品$\}$，那么 B 表示第一次取到正品与第二次取到正品同时发生，则

$$P(B)=P(A_1A_2)=P(A_1)P(A_2|A_1)=\frac{96}{100}\times\frac{95}{99}\approx 0.9212.$$

(3)设 $C=\{$两次中恰有一个正品$\}$，那么 C 表示"第一次取到正品且第二次取到次品"或者"第一次取到次品且第二次取到正品"发生，则

$$\begin{aligned}P(C)&=P(A_1\overline{A_2}+\overline{A_1}A_2)=P(A_1\overline{A_2})+P(\overline{A_1}A_2)\\&=P(A_1)P(\overline{A_2}|A_1)+P(\overline{A_1})P(A_2|\overline{A_1})\\&=\frac{96}{100}\times\frac{4}{99}+\frac{4}{100}\times\frac{96}{99}\approx 0.0776.\end{aligned}$$

乘法公式可以推广到有限个事件同时发生的情形，当 $P(A_1A_2\cdots A_{n-1})>0$ 时，有

$$P(A_1A_2\cdots A_n)=P(A_1)P(A_2|A_1)P(A_3|A_1A_2)\cdots P(A_n|A_1A_2\cdots A_{n-1}).$$

乘法公式与加法公式结合应用，可以求和事件的概率.

例 5 在仓库内同时装有两种报警系统 A 与 B. 当报警系统 A 单独使用时，其有效的

概率为 0.92；当报警系统 B 单独使用时，其有效的概率为 0.90；在报警系统 B 有效的条件下，报警系统 A 有效的概率为 0.93. 若发生意外时，求：

(1)在报警系统 B 有效的条件下报警系统 A 失灵的概率；

(2)在报警系统 A 有效的条件下报警系统 B 有效的概率；

(3)两种报警系统中至少有一个报警系统有效的概率；

(4)两种报警系统都失灵的概率.

解 设事件 A 表示报警系统 A 有效，事件 B 表示报警系统 B 有效，由题意得概率

$$P(A)=0.92,\quad P(B)=0.90,\quad P(A|B)=0.93.$$

(1)所求在报警系统 B 有效的条件下报警系统 A 失灵的概率为条件概率 $P(\overline{A}|B)$，根据加法公式的特殊情况，得到条件概率

$$P(\overline{A}|B)=1-P(A|B)=1-0.93=0.07,$$

所以在报警系统 B 有效的条件下，报警系统 A 失灵的概率为 0.07.

(2)所求在报警系统 A 有效的条件下报警系统 B 有效的概率为条件概率 $P(B|A)$，根据乘法公式

$$P(A)P(B|A)=P(B)P(A|B),$$

得到条件概率

$$P(B|A)=\frac{P(B)P(A|B)}{P(A)}=\frac{0.90\times0.93}{0.92}\approx0.910,$$

所以在报警系统 A 有效的条件下报警系统 B 有效的概率为 0.910.

(3)两种报警系统中至少有一种报警系统有效，意味着报警系统 A 有效或报警系统 B 有效，即事件 A 发生或事件 B 发生，可用和事件 $A+B$ 表示，根据加法公式与乘法公式，得到概率

$$\begin{aligned}P(A+B)&=P(A)+P(B)-P(AB)=P(A)+P(B)-P(B)P(A|B)\\&=0.92+0.90-0.90\times0.93=0.983.\end{aligned}$$

所以两种报警系统中至少有一种报警系统有效的概率为 0.983.

(4)两种报警系统都失灵，意味着报警系统 A 失灵且报警系统 B 失灵，即事件 A 不发生且事件 B 不发生，可用积事件 $\overline{A}\,\overline{B}$ 表示，它的对立事件是两种报警系统中至少有一种报警系统有效即和事件 $A+B$，根据加法公式的特殊情况，得到概率

$$P(\overline{A}\,\overline{B})=1-P(A+B)=1-0.983=0.017,$$

所以两种报警系统都失灵的概率为 0.017.

例 6 某人有 5 把钥匙，只有一把能打开房门，逐把试开，假设再把试开的可能性相同，试求：

(1)第 2 次才打开房门的概率；

(2)3 次内打开房门的概率.

解 设事件 $A_i=\{$第 i 次试开就打开房门$\}(i=1,2,3,4,5)$,

(1)第二次才打开房门的概率是

$$P(\overline{A}_1A_2)=P(\overline{A}_1),P(A_2|\overline{A}_1)=\frac{4}{5}\times\frac{1}{4}=0.2.$$

(2)三次内打开房门概率

$$\begin{aligned}P(A_1+\overline{A}_1A_2+\overline{A}_1\cdot\overline{A}_2\cdot A_3)&=P(A_1)+P(\overline{A}_1)P(A_2)+P(\overline{A}_1\ \overline{A}_2A_3)\\&=P(A_1)+P(\overline{A}_1)P(A_2|\overline{A}_1)+P(\overline{A}_1)\\&\quad\cdot P(\overline{A}_2|\overline{A}_1)\cdot P(A_3|\overline{A}_1\ \overline{A}_2)\\&=\frac{1}{5}+\frac{4}{5}\times\frac{1}{4}+\frac{4}{5}\times\frac{3}{4}\times\frac{1}{3}=0.6.\end{aligned}$$

4.3.3 全概率公式

计算某些事件的概率较为麻烦,若能把它分为若干个互斥事件的和,再求它的概率就会使计算变得较为简单.

例 7 某工厂有甲、乙、丙 3 个车间生产同一种产品,这 3 个车间生产的产品数量分别占全部产品的$\frac{1}{2}$,$\frac{3}{10}$,$\frac{1}{5}$,而它们生产的正品数分别为本车间产品的$\frac{95}{100}$,$\frac{96}{100}$,$\frac{97}{100}$. 把这 3 个车间的产品混在一起,求任取一件是正品的概率.

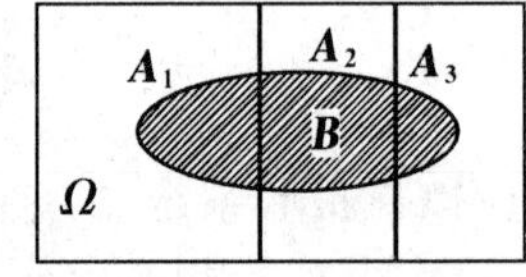

图 4-8

解 设 A_1,A_2,A_3 分别表示甲、乙、丙 3 个车间的产品,B 表示在全部产品中任取一件恰好为正品,A_1,A_2,A_3 为两两互斥事件(如图 4-8),且

$$A_1+A_2+A_3=\Omega,B=A_1B+A_2B+A_3B,$$

故任取一个是正品的概率为

$$\begin{aligned}P(B)&=P(A_1B+A_2B+A_3B)=P(A_1B)+P(A_2B)+P(A_3B)\\&=P(A_1)P(B|A_1)+P(A_2)P(B|A_2)+P(A_3)P(B|A_3)\\&=\frac{1}{2}\times\frac{95}{100}+\frac{3}{10}\times\frac{96}{100}+\frac{1}{5}\times\frac{97}{100}=0.957.\end{aligned}$$

把例 7 中计算概率方法应用于一般事件的概率计算,有如下的全概率公式:

定理 4.4 如果事件 $A_1,A_2,\cdots,A_n$ 满足:

(1)$A_1,A_2,\cdots,A_n$ 两两互斥,且 $P(A_i)>0(i=1,2,\cdots,n)$,

(2)$A_1+A_2+\cdots+A_n=\Omega$,

则对于任意事件 B 有

$$\begin{aligned}P(B)&=P(A_1)P(B|A_1)+P(A_2)P(B|A_2)+\cdots+P(A_n)P(B|A_n)\\&=\sum_{i=1}^{n}P(A_i)P(B\mid A_i).\end{aligned}$$

全概率公式的实质是把一个复杂事件的概率化为若干个简单事件的概率 $P(A_iB)$的和,起到化繁为简的目的.

例 8 某工厂生产的产品以 100 件为一批,假定每批产品中的次品数不超过 4,具有下表所示概率.

一批产品中的次品数	0	1	2	3	4
概率	0.1	0.2	0.4	0.2	0.1

现进行抽样检验,从每批中任取 10 件来检验,若发现其中有次品,则认为该批产品不合格.求一批产品通过检验的概率.

解 设 $B=\{$一批产品通过检验$\}$,$A_i=\{$一批产品中含有 i 个次品$\}(i=0,1,2,3,4)$.显然 A_0,A_1,A_2,A_3,A_4 两两互不相容,且 $A_0+A_1+A_2+A_3+A_4=\Omega$.
由于

$$P(A_0)=0.1,\quad P(B|A_0)=1;$$

$$P(A_1)=0.2,\quad P(B|A_1)=\frac{C_{99}^{10}}{C_{100}^{10}}=0.900;$$

$$P(A_2)=0.4,\quad P(B|A_2)=\frac{C_{98}^{10}}{C_{100}^{10}}\approx 0.809;$$

$$P(A_3)=0.2,\quad P(B|A_3)=\frac{C_{97}^{10}}{C_{100}^{10}}\approx 0.727;$$

$$P(A_4)=0.1,\quad P(B|A_4)=\frac{C_{96}^{10}}{C_{100}^{10}}\approx 0.652,$$

所以

$$\begin{aligned}P(B)&=\sum_{i=0}^{4}P(BA_i)=\sum_{i=0}^{4}P(A_i)P(B\mid A_i)\\&=1\times 0.1+0.900\times 0.2+0.809\times 0.4+0.727\times 0.2+0.652\times 0.1\\&=0.814.\end{aligned}$$

4.4 事件的独立性

4.4.1 两个事件的独立性

定义 4.4 若事件 A 的概率不受事件 B 发生与否的影响,即 $P(A|B)=P(A)$,则称**事件 A 对事件 B 独立**,否则,称为**不独立**的.

由乘法公式易验证,若事件 A 对事件 B 独立,那么事件 B 对事件 A 也一定独立,因此,称事件 A 与事件 B 相互独立.

例如,两个人各掷一枚硬币,设 $A=\{$甲掷出正面$\}$,$B=\{$乙掷出正面$\}$,则事件 A 发生的概率与事件 B 发生的条件无关,即事件 A 与事件 B 相互独立.

由乘法公式可以证明下面定理.

定理 4.5 事件 A 与事件 B 相互独立的充分必要条件是 $P(AB)=P(A)P(B)$.

定理 4.6 若事件 A 与事件 B 相互独立,则事件 $\overline{A}$ 与 B,A 与 $\overline{B}$,$\overline{A}$ 与 $\overline{B}$ 每一对事件也相互独立.

证 $B=\Omega B=(\overline{A}+A)B=AB+\overline{A}B$,$AB$ 与 $\overline{A}B$ 是互斥事件,于是

$$P(B)=P(AB)+P(\overline{A}B),$$

而事件 A,B 相互独立,所以

$$\begin{aligned}P(\overline{A}B)&=P(B)-P(AB)\\&=P(B)-P(A)P(B)\\&=[1-P(A)]P(B)=P(\overline{A})P(B),\end{aligned}$$

即 $\overline{A}$ 与 B 相互独立.

其余仿此证明.

事件的独立性往往根据实际问题或经验来判断.

例 1 甲、乙两人同时独立地射击同一目标各一次,他们命中目标的概率分别为 0.8 和 0.7.求下列事件的概率:

(1)两人都命中目标;

(2)乙命中目标,而甲没有命中目标;

(3)目标被命中.

解 设 $A=\{$甲命中目标$\}$,$B=\{$乙命中目标$\}$,则 $P(A)=0.8$, $P(B)=0.7$ 且 A 与 B 相互独立.

(1)两人都命中目标的概率为

$$P(AB)=P(A)P(B)=0.8\times0.7=0.56;$$

(2)乙命中目标,而甲没有命中目标的概率为

$$P(\overline{A}B)=P(\overline{A})P(B)=[1-P(A)]P(B)=0.2\times0.7=0.14;$$

(3)目标被命中的概率为

$$P(A+B)=P(A)+P(B)-P(AB)=0.8+0.7-0.56=0.94.$$

4.4.2 多个事件的独立性

定义 4.5 若 $n(n\geqslant2)$ 个事件 $A_1,A_2,\cdots,A_n$ 中任一事件的概率不受其他一个或几个事件发生与否的影响,则称**事件 $A_1,A_2,\cdots,A_n$ 相互独立**.

定理 4.7 若事件 $A_1,A_2,\cdots,A_n$ 相互独立,则

$$P(A_1A_2\cdots A_n)=P(A_1)P(A_2)\cdots P(A_n).$$

注 n 个事件相互独立不仅要求它们中任意两个相互独立(称为两两独立),而且要求 n 个事件中任意一个与剩余事件中任意 $k(2\leqslant k\leqslant n-1)$ 个的积事件都相互独立.

推论 4.4 若事件 $A_1,A_2,\cdots,A_n$ 相互独立,则事件 $\overline{A_1},\overline{A_2},\cdots,\overline{A_n}$ 相互独立;$A_1,A_2,$

…,A_n 中任一事件(或任几个事件)的对立事件与其他事件相互独立.

例 2 某企业招工时需要进行 3 项考核,这 3 项考核的通过率分别为 0.6,0.8,0.85.求招工时的淘汰率.

解 设 A,B,C 分别表示通过一、二、三项考核,它们是相互独立的,事件 ABC 表示被录取,而 $\overline{ABC}$ 表示被淘汰,则有

$$P(\overline{ABC})=1-P(ABC)=1-P(A)P(B)P(C)$$
$$=1-0.6\times0.8\times0.85=1-0.408=0.592.$$

例 3 甲、乙、丙三人相互独立破译密电码,甲、乙、丙破译密电码的概率分为 $\frac{1}{3}$,$\frac{1}{4}$,$\frac{1}{5}$.求密电码被破译的概率.

解 设事件 A,B,C 分别表示甲、乙、丙破译密电码,则由题意得到概率

$$P(A)=\frac{1}{3},\quad P(B)=\frac{1}{4},\quad P(C)=\frac{1}{5}.$$

密电码被破译,意味着甲、乙、丙三人至少有一人破译密电码,可用和事件 $A+B+C$ 表示,于是有

$$P(A+B+C)=1-P(\overline{A}\,\overline{B}\,\overline{C})=1-P(\overline{A})P(\overline{B})P(\overline{C})$$
$$=1-[1-P(A)][1-P(B)][1-P(C)]$$
$$=1-\left(1-\frac{1}{3}\right)\left(1-\frac{1}{4}\right)\left(1-\frac{1}{5}\right)=\frac{3}{5},$$

所以电码被破译的概率为 $\frac{3}{5}$.

4.4.3 贝努利概型

1. 贝努利概型

定义 4.6 进行 n 次重复试验,若每次试验的条件相同,且各次试验的结果互不影响,则称这 n 次试验是**相互独立试验**.在 n 次相互独立的试验中,如果每次试验只有事件 A 发生或 A 不发生(即 $\overline{A}$ 发生)两种情况,且 $P(A)=p$ 保持不变,这时总有 $P(\overline{A})=1-p$,则称这 n 次试验为 n **次独立重复试验**,或 n **重贝努利概型**,也称**贝努利概型**.

2. 二项概率公式

在 n 次贝努利实验中,如果事件 A 在每次试验中发生的概率为 p,把这 n 次试验中事件 A 恰好发生 k 次的概率记作 $P_n(k)(0\leqslant k\leqslant n)$,那么如何计算这个概率呢?先看下例.

例 4 某射手射击 4 次,每次击中目标的概率为 p.试求下列事件的概率:

(1)在 4 次射击中,恰好击中目标 1 次;

(2)在 4 次射击中,恰好击中目标 2 次.

解 射击 4 次可看做是 4 次独立重复试验.设 A 表示“1 次射击击中目标”,则 $\overline{A}$ 表示

“1次射击未击中目标”.

(1)在4次射击中击中1次的可能性有C_4^1种，每一种情况都是“1次击中，3次未击中”同时发生，如事件$A\,\overline{A}\,\overline{A}\,\overline{A}$发生，又因各次射击都是独立的，故有

$$P(A\,\overline{A}\,\overline{A}\,\overline{A})=P(A)P(\overline{A})P(\overline{A})P(\overline{A})=p(1-p)^3,$$

从而在4次射击中，恰好击中1次的概率为

$$P_4(1)=C_4^1p(1-p)^3.$$

(2)与(1)的情况类似，在4次射击中恰好击中2次共有C_4^2种情况，而每一种情况都是“2次击中，2次未击中”同时发生，如事件$A\overline{A}A\,\overline{A}$发生，故有

$$P(A\overline{A}A\,\overline{A})=C_4^2p^2(1-p)^{4-2},$$

从而在4次射击中恰好有2次击中目标的概率为

$$P_4(2)=C_4^2p^2(1-p)^{4-2}.$$

一般地，对n重贝努利概型，有如下定理：

定理4.8 设一次试验中事件A发生的概率为p，则对n重贝努利概型，A恰好发生k次的概率$P_n(k)$为

$$P_n(k)=C_n^kp^k(1-p)^{1-k},(k=0,1,2,\cdots,n)$$

并且

$$\sum_{k=0}^{n}P_n(k)=1.$$

此公式称为**二项概率公式**.

例5 某人定点投篮，每次进球的概率为0.7，连续投篮4次，求恰有3次进球的概率.

解 这是个4重贝努利概型问题，设$A=\{$一次投篮进球$\}$，则$P(A)=0.7$，恰有3次进球的概率为

$$\begin{aligned}P_4(3)&=C_4^3\times0.7^3\times(1-0.7)^{4-3}\\&=4\times0.7^3\times0.3=0.4116.\end{aligned}$$

4.5 随机变量及其概率分布

前面已经讨论了随机现象、随机试验及随机事件，并对某些具体随机事件发生的概率进行了研究.但如何从整体上对随机现象的统计规律性进行全面深入的研究与探讨，这就需要引入新的概念——随机变量及其概率分布.

4.5.1 随机变量

考虑投掷一枚均匀骰子，在各次试验中，会出现不同的点数，因此“出现的点数”是一

个变量，它的可能取值为1，2，3，4，5，6中的一个值，它取哪个值是随机的，事先不能准确预料，但是它取每一个值的概率却是确定的，皆为$\frac{1}{6}$. 这说明可以用试验中“出现的点数”这个变量的所有可能取值以及取这些值的概率描述这个随机现象，即可用试验中“出现的点数”这个变量的取值表示试验结果，而这个变量依试验结果是随机取值的.

一般地，对于随机试验，若其试验结果可用一个变量的取值表示，这个变量取值带有随机性，并且取这些值的概率是确定的，则称这样的变量为**随机变量**. 随机变量通常用大写字母X,Y,Z等表示，随机变量的取值为具体数值，可用小写字母x,y,z等表示.

如：某人射击，假设其每次击中目标的可能性为0.8，现在他连续射击30次，则该人击中目标的次数就是一个随机变量X，并且X所有可能的取值为0，1，2，…，30.

在引进随机变量后，随机事件就可以用变量的取值表示，这样就把对随机事件及其概率的研究转化为对随机变量取值及其概率的研究，便于讨论随机现象的数量规律.

例1 掷一枚质地均匀的硬币，{出现反面}与{出现正面}两个事件构成一个完备事件组，用−1代表{出现反面}，用1代表{出现正面}. 设随机变量

$$X=\begin{cases}-1, & \text{出现反面},\\ 1, & \text{出现正面},\end{cases}$$

则X表示投掷结果.

例2 一批产品的废品率为4%，从中任意抽取一个产品进行检验，{抽取的是合格品}与{抽取的是废品}两个事件构成一个完备事件组，用0代表{抽取的是合格品}，用1代表{抽取的是废品}. 设随机变量

$$X=\begin{cases}0, & \text{抽取的是合格品},\\ 1, & \text{抽取的是废品},\end{cases}$$

则X表示抽取产品的结果.

事件的代表数选得合理，会给研究带来方便. 如例2中，X又可表示为抽取的废品个数.

用随机变量X描述随机试验，一般不需要给出试验的完备事件组，但要说明X表示对象和X的取值情况，通过X表示的对象和取值情况反映出完备事件组.

例3 某汽车站每10分钟一班车，有位乘客事先并不知道汽车到达车站的时间，并且他在任一时刻到达车站都是可能的，那么他等候汽车的时间就是一个随机变量X，并且该变量的取值范围为一个区间(0，10).

常见的随机变量有两大类，一类是取值为有限个或无穷可列个的离散型随机变量，另一类是取值为某个区间或整个实数集$\mathbf{R}$的连续型随机变量. 下面就讨论离散型随机变量和连续型随机变量及其概率分布.

4.5.2 离散型随机变量及其概率分布

在实际工作中，经常见到一类随机变量是离散型随机变量.

定义 4.7 若随机变量 X 的所有可能取值可以一一列举,即所有可能取值为有限个或无限可列个,则称随机变量 X 为**离散型随机变量**.

描述离散型随机变量有两个要素,一个是它的所有可能取值,另一个是取这些值的概率,这两个要素构成了离散型随机变量的概率分布.

定义 4.8 设离散型随机变量 X 的所有可能取值 $x_1,x_2,\cdots$,若取这些值的概率依次为 $p_1,p_2,\cdots$,则称

$$P\{X=x_k\}=p_k \quad (k=1,2,\cdots)$$

为 X 的**概率分布**或**概率函数**.

概率分布常写成如下分布表的形式

X	x_1	x_2	$\cdots$	x_k	$\cdots$
P	p_1	p_2	$\cdots$	p_k	$\cdots$

在离散型随机变量 X 的概率分布中,概率 $p_k(k=1,2,\cdots)$显然是非负的,而且事件 $X=x_1,X=x_2,\cdots\cdots$构成一个完备事件组,当然其对应的概率之和应当等于 1,所以离散型随机变量 X 的概率分布具有下列基本性质:

性质 4.5 $p_k\geqslant 0(k=1,2,\cdots)$.

性质 4.6 $\sum\limits_k p_k=1$.

离散型随机变量 X 在某范围内取值的概率,等于它在这个范围内一切可能取值对应的概率之和. 当离散型随机变量的概率分布被确定后,不仅可以知道它取各个可能值的概率,而且还可以求出它在某个范围内取值的概率,所以离散型随机变量的概率分布描述了相应的随机试验.

例 1 中随机变量 X 的概率分布为

X	-1	1
P	0.5	0.5

例 2 中随机变量 X 的概率分布为

X	0	1
P	0.96	0.04

例 4 袋中有 3 个红球、5 个黑球,从中任取 2 个球,写出取到的黑球个数 X 的概率分布.

解 X 的取值是随机的,它可能取的值是 0,1,2. 事件$\{X=0\}$表示取到的 2 个球中没有黑球,事件$\{X=1\}$表示取到的 2 个球中有 1 个黑球,事件$\{X=2\}$表示取到的 2 个球都是黑球.

这是一个古典概型问题. 袋中共 8 个球,根据定义 4.8,有

$$P\{X=0\}=\frac{C_3^2}{C_8^2}=\frac{3}{28};\quad P\{X=1\}=\frac{C_3^1C_5^1}{C_8^2}=\frac{15}{28};\quad P\{X=2\}=\frac{C_5^2}{C_8^2}=\frac{10}{28}.$$

于是 X 的概率分布为

X	0	1	2
P	$\frac{3}{28}$	$\frac{15}{28}$	$\frac{10}{28}$

下面介绍一些常见的离散型随机变量及其概率分布.

1. 离散均匀分布

定义 4.9 若随机变量 X 可能取的值是 $x_1, x_2, \cdots, x_n$，且概率分布为

$$P\{X=x_k\}=\frac{1}{n}(k=1,2,\cdots,n) ,$$

则称 x 服从**离散均匀分布**.

例如，掷一枚骰子，用 X 表示出现的点数，则它可以取 1 到 6，且取值的概率都是$\frac{1}{6}$，其概率分布为 $P\{X=k\}=\frac{1}{6}\quad(k=1,2,\cdots,6)$，$X$ 服从离散均匀分布.

2. 两点分布

定义 4.10 如果随机变量 X 只可能取 0，1 两个值，且概率分布为

$$P\{X=1\}=p,\quad P\{X=0\}=1-p,(0<p<1)$$

则称 X 服从**两点分布**. 记作 $X\sim 0\text{-}1$ 分布.

例如，例 1 和例 2 中的随机变量均服从两点分布.

如果一个实验，其结果只有两个，则可以用两点分布来描述. 例如产品抽查合格试验，如果只考虑产品合格与否，则可以用两点分布表示为

$$X=\begin{cases}1, & \text{产品合格},\\ 0, & \text{产品不合格},\end{cases}$$

且

$$P\{X=1\}=p,\quad P\{X=0\}=1-p.$$

两点分布是经常遇到的一种分布，很多试验可以归结为两点分布，如子弹中靶与否、学生成绩及格与否、学生性别登记“男与女”等等.

3. 二项分布

定义 4.11 若随机变量 X 可能取的值是 $0,1,2,\cdots,n$，且概率分布为

$$P\{X=k\}=P_n(k)=C_n^k p_k(1-p)^{n-k}(k=0,1,2,\cdots,n),$$

其中 n,p 为参数，且 $0<p<1$，则称 X 服从参数为 n,p 的**二项分布**，记作 $X\sim B(n,p)$.

设 $1-p=q$，可以看出 $P\{X=k\}=P_n(k)=C_n^k p_k q^{n-k}$ 恰好是二项式$(q+px)^n$ 的展开式中第 $k+1$ 项 x^k 的系数，故称以 $P_n(k)$ 为概率函数的分布为二项分布. 显然，上一节介绍的 n 重贝努利概型中事件 A 发生的次数服从二项分布. 当 $n=1$ 时，二项分布变成两点分布.

例 5 据调查，市场上假冒的某名牌香烟有 15%. 某人每年买 20 条这个品牌的香烟，求他至少买到 1 条假香烟的概率.

解 假设他买到 X 条假香烟，对 1 条香烟，真假必具其一，且为假的概率是 15%，为

真的概率是 85%，所以 X 服从二项分布 $B(20,0.15)$，20 条香烟全为真，即 $X=0$，于是

$$
\begin{aligned}
P\{X\leqslant 1\}&=P\{X=0\}+P\{X=1\}\\
&=\frac{3^0}{0!}\mathrm{e}^{-3}+\frac{3^1}{1!}\mathrm{e}^{-3}=4\mathrm{e}^{-3}\approx 0.199.
\end{aligned}
$$

例 6 有 2000 家商店参加了某保险公司设立的火灾保险，每年 1 月 1 日商店向该保险公司支付 1500 元的火灾保险费，在发生火灾时，可向保险公司领取 20 万元，若在一年中，商店发生火灾的概率为 0.002，求

(1)未来一年有 5 家商店发生火灾的概率；

(2)未来一年内保险公司获利不少于 200 万元的概率.

解 设 x 为未来一年内发生火灾的商店数，依题设，$x\sim B(2000,0.002)$，即

$$P(x=k)=C_{2000}^{k}0.002^{k}0.998^{2000-k},k=0,1,2,\cdots,2000.$$

在本题中，由于 $n=2000$ 很大，$P=0.002$ 很小，$np=4$，所以，可进行近似计算，取 $\lambda=np=4$，由附表Ⅰ有

$$P(x=5)=\frac{4^5}{5!}\mathrm{e}^{-4}\approx 0.156293.$$

(2)设 $B=\{$未来一年内保险公司获利不少于 200 万元$\}$，则 B 发生意味着

$$2000\times 1500-200000x\geqslant 2000000,$$

即

$$x\leqslant 5,$$

因此有

$$
\begin{aligned}
P(x\leqslant 5)&=P(x=0)+P(x=1)+P(x=2)+P(x=3)+P(x=4)+P(x=5)\\
&=0.018316+0.073263+0.146525+0.195367+0.195367+0.156293\\
&=0.785131.
\end{aligned}
$$

4. 泊松分布

定义 4.12 若随机变量 X 的可能取值是 $0,1,2,\cdots$，取各个值的概率为

$$P\{X=k\}=\frac{\lambda^k\mathrm{e}^{-\lambda}}{k!},(k=0,1,2,\cdots,n)$$

其中 $\lambda>0$ 是常数，则称 X 服从参数为 λ 的**泊松分布**，记作 $X\sim P(\lambda)$.

泊松分布可以作为大量试验中稀有事件发生次数的概率分布的一个数学模型. 例如，纺纱车间大量纱锭在某段时间内的断头数、数字通信中传输数学发生误码的个数、一分钟内电话交换台收到的呼叫次数、一批布匹上的疵点数、确定时间内放射性物质放射出的粒子个数等等，一般都服从泊松分布.

二项分布当 n 很大、p 很小(一般 $np<5$)时，可用泊松分布近似代替，其中 $\lambda=np$.

例 7 一大批产品的次品率为 0.015，从这批产品中不放回地任取了 100 件，求其中有一件次品的概率.

解 当产品数量很大时，前面抽样不放回对后面抽样影响不大，因此，这里不放回抽样可以看成有放回抽样，本题可按二项分布或泊松分布计算. 令 X 表示抽到的次品数.

按二项分布计算，$n=100, p=0.015$，则

$$P\{X=1\}=C_{100}^{1}\times(0.015)^{1}\times(1-0.015)^{99}\approx 0.33595;$$

按泊松分布计算，$\lambda=np=1.5$，则

$$P\{X=1\}=\frac{1.5e^{-1.5}}{1!}\approx 0.334695.$$

比较两个结果，可以看出它们相差很小.

4.5.3 连续型随机变量及其分布

在实际工作中，经常见到的另一类随机变量是连续随机变量，即随机变量 X 的所有可能取值是某一区间的所有实数，这些实数不可能逐个列举，所以对连续型随机变量 X，不研究它取某个实数的概率，而是研究它在某个区间$[a,b]$上取值的概率，即考察事件$\{a\leqslant x\leqslant b\}$发生的概率. 如“测量某地气温”、“检测某种型号的电子管的寿命”、“检查某高校学生的身高、体重”等，这里的变量都具有随机性，但它们的取值充满某个区间或整个实数域. 下面我们正式引入连续型随机变量及其概率密度的概念.

定义 4.13 对于随机变量 X，若存在非负可积函数 $f(x)(-\infty<x<+\infty)$，使得对任意实数 $a<b$，有

$$P\{a\leqslant x\leqslant b\}=\int_a^b f(x)\mathrm{d}x,$$

则称 X 为**连续型随机变量**；称 $f(x)$ 为 X 的**概率密度函数**，简称**概率密度**或**密度函数**. 称函数 $F(x)=P\{X\leqslant x\}$ 为 X 的**分布函数**或**累积分布函数**. 在直角坐标系中所作概率密度的图像称为**概率密度曲线**，简称**密度曲线**.

由定义易知：

(1) $f(x)\geqslant 0$;

(2) $\int_{-\infty}^{+\infty} f(x)\mathrm{d}x = P\{-\infty<x<+\infty\}=1$;

(3) $P\{X=a\}=\int_a^a f(x)\mathrm{d}x=0$, $P\{X=b\}=\int_b^b f(x)\mathrm{d}x=0$;

(4) $P\{a\leqslant x\leqslant b\}=P\{a<x\leqslant b\}=P\{a<x<b\}=P\{a\leqslant x<b\}$;

(5) $P\{a\leqslant x\leqslant b\}=F(b)-F(a)$.

由定积分的几何应用可知，事件$\{a\leqslant x\leqslant b\}$发生的概率 $P\{a\leqslant X\leqslant b\}=\int_a^b f(x)\mathrm{d}x$ 等价于密度函数 $f(x)$，x 轴与直线 $x=a, x=b$ 所围图形的面积(如图 4-9)，而密度函数 $f(x)$ 与 x 轴$(-\infty<x<+\infty)$所围图形的面积恰好是 1(如图 4-10).

例 8 已知 $X\sim f(x)=\begin{cases}Ax^2, & 0<x<1,\\ 0, & \text{其他}.\end{cases}$

求：(1)常数 A；

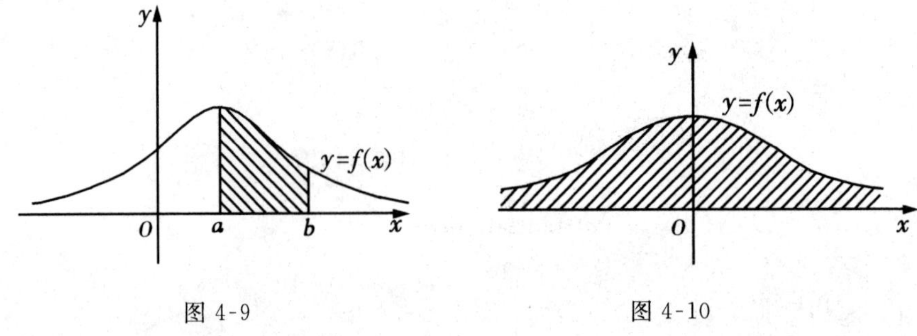

图 4-9　　图 4-10

(2)$P\{-1<X<2\}$,$P\{|X|\leqslant 1\}$,$P\{X<0.2\}$,$P\{X>1\}$.

解　(1)由密度函数的性质,有

$$\int_{-\infty}^{+\infty} f(x)\mathrm{d}x=\int_{-\infty}^{0} 0\mathrm{d}x+\int_{0}^{1} Ax^2\mathrm{d}x+\int_{1}^{+\infty} 0\mathrm{d}x=\int_{0}^{1} Ax^2\mathrm{d}x=\frac{1}{3}A=1,$$

因此 $A=3$.

(2)$P\{-1<X<2\}=\int_{-1}^{2} f(x)\mathrm{d}x=\int_{0}^{1} 3x^2\mathrm{d}x=1$,

$P\{|X|\leqslant 1\}=P\{-1\leqslant X\leqslant 1\}=\int_{-1}^{1} f(x)\mathrm{d}x=\int_{0}^{1} 3x^2\mathrm{d}x=1$,

$P\{X<0.2\}=\int_{-\infty}^{0.2} f(x)\mathrm{d}x=\int_{0}^{0.2} 3x^2\mathrm{d}x=x^3\Big|_{0}^{0.2}=0.008$,

$P\{X>1\}=\int_{1}^{+\infty} f(x)\mathrm{d}x=0$.

分布函数是描述各种类型随机变量取值的统计规律的统一形式.对于离散型随机变量,更多的是使用分布律;对于连续型随机变量,其取值统计规律往往由概率密度函数来确定.下面介绍一些常见的连续型随机变量及其分布.

1.均匀分布

定义 4.14　若连续型随机变量 X 的概率密度函数为

$$f(x)=\begin{cases}\dfrac{1}{b-a}, & a\leqslant x\leqslant b,\\ 0, & \text{其他},\end{cases}$$

则称随机变量 X 在区间 (a,b) 上服**从均匀分布**,记作 $X\sim U(a,b)$.相应的分布函数为

$$F(x)=\begin{cases}0, & x<a,\\ \dfrac{x-a}{b-a}, & a\leqslant x<b,\\ 1, & x\geqslant b.\end{cases}$$

均匀分布的概率含义是:随机变量 X 仅在 (a,b) 上取值,并且落在 (a,b) 中任意子区间内的概率只与区间长度成正比,而与区间的位置无关.之所以称之为均匀分布,原因在于 X 落在任意长度相等的子区间的概率相等.$f(x)$ 与 $F(x)$ 的图像分别如图 4-11、4-12 所示.

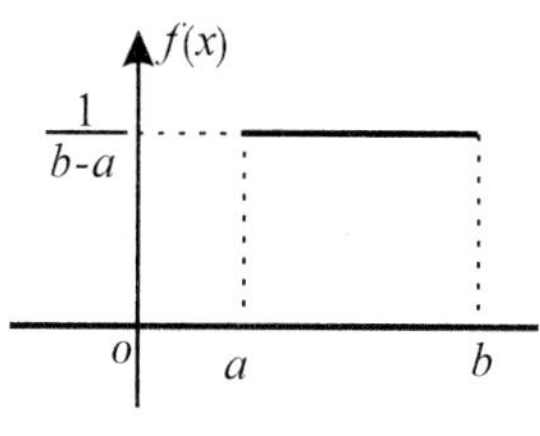

图 4-11

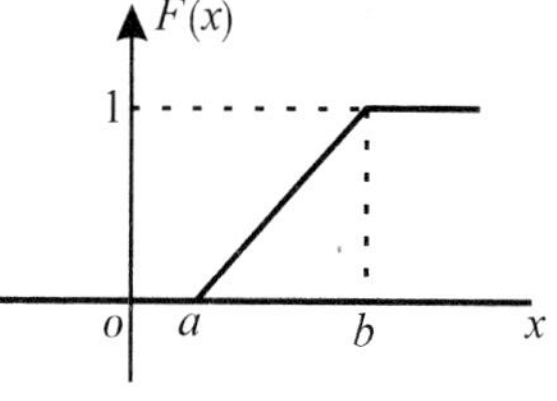

图 4-12

具有均匀分布的随机变量 X，常常描述在区间 (a,b) 内任一处出现的可能性都相等的问题. 例如，在刻度器上读数时把零头数化为最靠近整分度时所发生的误差、在每隔一定时间有一辆公共汽车通过的汽车停车站上乘客候车的时间等.

例 9 在某公共汽车站，汽车每隔 8 分钟发一班车，一乘客在任何一时刻到达车站是等可能的. 试求：

(1)此乘客等车时间 X 的概率分布；

(2)分布函数 $F(x)$；

(3)等车时间不超过 5 分钟的概率，等车时间超过 2 分钟的概率；

(4)等车时间超过 2 分钟，但不到 5 分钟的概率.

解 (1)由已知，显然 X 服从 $(0,8)$ 上的均匀分布，其概率密度为

$$f(x)=\begin{cases}\dfrac{1}{8}, & x\in(0,8),\\ 0, & \text{其他}.\end{cases}$$

(2)由分布函数定义，

当 $x<0$ 时，$F(x)=0$；

当 $0\leqslant x<8$ 时，$F(x)=0=\int_{-\infty}^{x} f(t)\mathrm{d}t=\int_{0}^{8}\frac{1}{8}\mathrm{d}t=\frac{x}{8}$；

当 $8\leqslant x<+\infty$ 时，$F(x)=1$，所以

$$F(x)=\begin{cases}0, & x<0,\\ \dfrac{x}{8}, & 0\leqslant x<8,\\ 1, & 8\leqslant x<+\infty.\end{cases}$$

(3)所求事件的概率为

$$P\{x\leqslant 5\}=F(5)-F(-\infty)=\frac{5}{8},$$

$$P\{x>2\}=F(+\infty)-F(2)=1-\frac{2}{8}=\frac{3}{4}.$$

(4)所示事件的概率为

$$P\{2<x<5\}=P\{2<x\leqslant 5\}=F(5)-F(2)=\frac{5}{8}-\frac{2}{8}=\frac{3}{8}.$$

2. 指数分布

定义 4.15 若连续型随机变量 X 的概率密度为

$$f(x)=\begin{cases}\lambda e^{-\lambda x}, & x>0,\\ 0, & x\leqslant 0,\end{cases}\quad (\lambda>0)$$

则称 X 服从参数为 λ 的**指数分布**，记作 $X\sim E(\lambda)$. 相应的分布函数为

$$F(x)=\begin{cases}1-e^{-\lambda x}, & x>0,\\ 0, & x\leqslant 0.\end{cases}$$

$f(x)$与 $F(x)$的图像分别如图 4-13、4-14 所示.

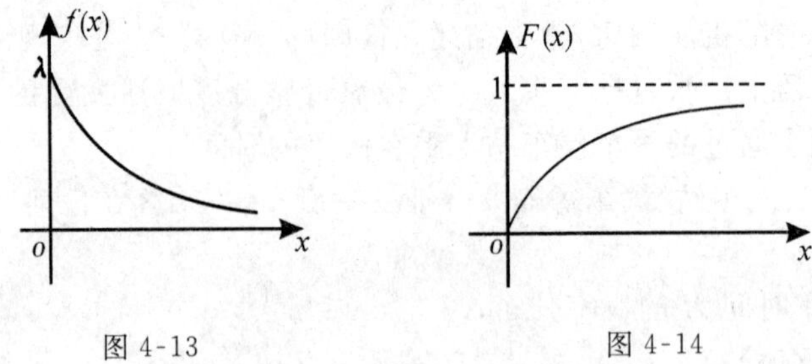

图 4-13　　图 4-14

指数分布常用来作为各种“寿命”分布的近似. 例如电子计算机的寿命、无线电元件的寿命、随机服务系统中的服务时间等，都常被假定服从指数分布. 因此指数分布在可靠性分析和排队论等领域中有着广泛的应用.

例 10　某种机器出故障前正常运行的时间 X(单位:h)是一个连续型随机变量. 其概率密度函数是

$$f(x)=\begin{cases}\dfrac{1}{200}e^{-\frac{x}{200}}, & x>0,\\ 0, & x\leqslant 0.\end{cases}$$

试求该机器能连续正常工作 50 小时到 150 小时的概率以及能连续正常工作超过 200 小时的概率.

解　由题知，X 是连续型随机变量，依公式有

$$P\{50\leqslant X\leqslant 150\}=\int_{50}^{150}\frac{1}{200}e^{-\frac{x}{200}}dx$$
$$=e^{-\frac{1}{4}}-e^{-\frac{3}{4}}\approx 0.306.$$

类似可得

$$P\{X>200\}=\int_{200}^{+\infty}\frac{1}{200}e^{-\frac{x}{200}}dx=e^{-1}\approx 0.368.$$

这就是说，该机器在 200 小时后出故障的可能性是 36.8%.

3. 正态分布

正态分布是所有概率分布中最重要的分布，体现在实践与理论两个方面. 在现实社会中，大量的分布都服从正态分布，如测量误差，农作物的产量，某地区一年的降雨量，产品的长度、宽度、高度、质量指标，职工的收入，物价的变动及学生的考试成绩等均服从正态分布. 理论方面，正态分布可以导出其他的分布，而其他分布在一定条件下又可用正态分布来近似表示，并且正态分布的概率计算很完善，因此，正态分布在概率论和数量统计的

理论研究中占有很重要的地位.

(1)正态分布的概率

定义 4.16 若连续型随机变量 X 的密度函数为

$$f(x)=\frac{1}{\sqrt{2\pi}\sigma}e^{-\frac{(x-\mu)^2}{2\sigma^2}},(-\infty<x<+\infty)$$

其中 $\mu,\sigma>0$ 为参数,则称 X 服从参数为 μ,σ^2 的**正态分布**,记作 $X\sim N(\mu,\sigma^2)$,也称 X 为**正态随机变量**.

X 的分布函数为

$$F(x)=\frac{1}{\sqrt{2\pi}\sigma}\int_{-\infty}^{x}e^{-\frac{(t-\mu)^2}{2\sigma^2}}dt.(-\infty<x<+\infty)$$

特别地,当 $\mu=0,\sigma=1$ 时,称 X 服从标准正态分布,记作 $X\sim N(0,1)$,它的概率密度和分布函数分别用特定记号 $\varphi(x)$ 和 $\Phi(x)$ 表示,即

$$\varphi(x)=\frac{1}{\sqrt{2\pi}}e^{-\frac{x^2}{2}},(-\infty<x<+\infty)$$

$$\Phi(x)=\frac{1}{\sqrt{2\pi}}\int_{-\infty}^{x}e^{-\frac{t^2}{2}}dt.(-\infty<x<+\infty)$$

显然,$\Phi(x)>0$;可以证明 $\int_{-\infty}^{+\infty}\Phi(x)dx=1$.

(2)正态变量密度函数的图像

正态变量密度函数的图像如图 4-15 所示,它是一条对称的钟形曲线,称为**正态曲线**.正态曲线以 $x=\mu$ 为对称轴,并且在 $x=\mu$ 处达到最大值.$f(\mu)=\frac{1}{\sqrt{2\pi}\sigma}$.

另外,由图 4-16 可以看出,参数 σ 决定了正态曲线峰的陡峭程度,σ 较大时曲线趋于平缓,σ 较小的曲线趋于陡峭.但 σ 的变化不影响曲线的中心位置,而是反映了 X 所取数据与中心值 μ 的离散程度.

标准正态曲线如图 4-17 所示,它关于 y 轴对称.

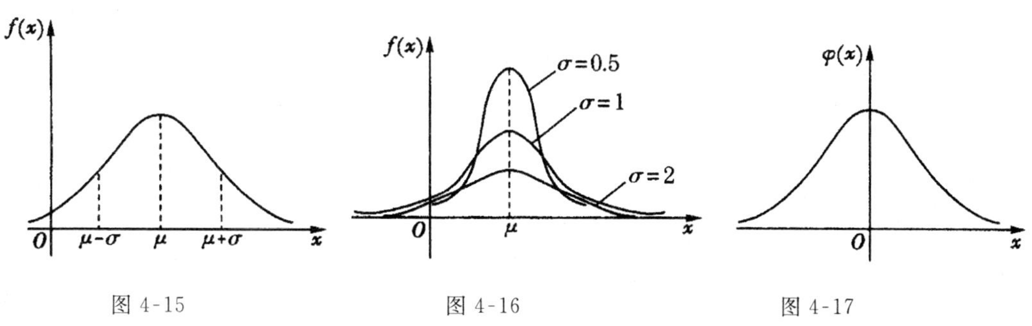

图 4-15　　图 4-16　　图 4-17

(3)正态分布的计算

我们先介绍下面的定理.

定理 4.9 设 $X \sim N(\mu,\sigma^2)$，则 $Y=\dfrac{X-\mu}{\sigma} \sim N(0,1)$.

证 因为 $P\{a \leqslant Y \leqslant b\} = P\left\{a \leqslant \dfrac{X-\mu}{\sigma} \leqslant b\right\} = P\{\mu + a\sigma \leqslant X \leqslant \mu + b\sigma\}$

$$= \int_{\mu+a\sigma}^{\mu+b\sigma} \frac{1}{\sqrt{2\pi}\sigma} e^{-\frac{(x-\mu)^2}{2\sigma^2}} dx$$

$$\xlongequal{\text{设 } t = \frac{x-\mu}{\sigma}} \int_a^b \frac{1}{\sqrt{2\pi}} e^{-\frac{t^2}{2}} dt$$

$$= \int_a^b \frac{1}{\sqrt{2\pi}} e^{-\frac{x^2}{2}} dx.$$

所以 $Y \sim N(0,1)$.

这个定理说明，任何一个非标准正态变量（称为一般正态变量）都可以化成标准正态变量. 下面介绍标准正态分布的计算.

由于标准正态分布的分布函数 $\Phi(x) = \int_{-\infty}^{x} \Phi(t) dt = \dfrac{1}{\sqrt{2\pi}} \int_{-\infty}^{x} e^{-\frac{t^2}{2}} dt$ 不是初等函数，即 $\int_{-\infty}^{x} e^{-\frac{t^2}{2}} dt$ "积"不出来，所以计算函数值一般通过查表求得.

由密度函数 $\varphi(x)$ 的对称性和分布函数的定义，可以验证 $\Phi(x)$ 满足下列等式.

设 $X \sim N(0,1)$，则有

① $\Phi(x)=1-\Phi(-x)$.

② $P\{X \leqslant x\} = \begin{cases} \Phi(x), & x>0, \\ 1/2, & x=0, \\ 1-\Phi(-x), & x<0. \end{cases}$

③ $P\{a<x\leqslant b\}=\Phi(b)-\Phi(a)$.

④ $P\{|X|\leqslant x\}=2\Phi(x)-1 \quad (x>0)$.

⑤ $P\{X>x\}=1-P\{X\leqslant x\}=1-\Phi(x)$.

计算标准正态变量取值的概率要用到以上等式. 另外，附录一为标准正态分布的分布函数 $\Phi(x)$ 的数值表. 当 $x\geqslant 0$ 时，$\Phi(x)$ 的值由该表给出；当 $x<0$ 时，$\Phi(x)$ 的值可利用等式①得到.

例 11 设 $X\sim N(0,1)$，求 $P\{X\leqslant 1.65\}$，$P\{X\leqslant -1.5\}$.

解 由相关计算等式可得

$$P\{X\leqslant 1.65\}=\Phi(1.65)\xlongequal{\text{查表}}0.9505,$$

$$P\{X\leqslant -1.5\}=\Phi(-1.5)=1-\Phi(1.5)$$

$$\xlongequal{\text{查表}}1-0.9332=0.0668.$$

例 12 设 $X\sim N(0,1)$.

(1) 若 $P\{a<X<2\}=0.8770$，求 a；

(2)若 $P\{|X|<b\}=0.397$,求 b.

解 (1)由 $P\{a<X<2\}=\Phi(2)-\Phi(a)=0.8770$,可得

$$\Phi(a)=0.9772-0.8770=0.1002,$$

$$\Phi(-a)=1-\Phi(a)=0.8998,$$

于是有 $a=-1.28$.

(2)由 $P\{|X|<b\}=2\Phi(b)-1=0.397$,可得

$$\Phi(b)=\frac{1+0.397}{2}=0.6958,$$

所以 $b=0.52$.

计算一般正态变量 X 取值的概率,要先将 X 标准化:设 $X\sim N(\mu,\sigma^2)$,由定理 4.9 知 $Y=\frac{X-\mu}{\sigma}\sim N(0,1)$,然后查 $\Phi(x)$ 的数值表求出概率.

例 13 设 $X\sim N(3,2^2)$,求 $P\{X\leqslant 4\}$.

解
$$P\{X\leqslant 4\}=P\left\{\frac{X-3}{2}\leqslant\frac{4-3}{2}\right\}=P\left\{\frac{X-3}{2}\leqslant 0.5\right\},$$

设 $Y=\frac{X-3}{2}$,则 $Y\sim N(0,1)$,于是

$$P\left\{\frac{X-3}{2}\leqslant 0.5\right\}=P\{Y\leqslant 0.5\}=\Phi(0.5)=0.6915.$$

熟悉后,可省去设 Y 的步骤.

例 14 设 $X\sim N(6,4^2)$,求 $P\{|X|\leqslant 8\}$.

解
$$\begin{aligned}P\{|X|\leqslant 8\}&=P\{-8\leqslant X\leqslant 8\}\\&=P\left\{\frac{-8-6}{4}\leqslant\frac{X-6}{4}\leqslant\frac{8-6}{4}\right\}\\&=P\left\{-3.5\leqslant\frac{X-6}{4}\leqslant 3.5\right\}\\&=\Phi(0.5)-\Phi(-3.5)=\Phi(0.5)-[1-\Phi(3.5)]\\&=0.6915-(1-0.9998)=0.6913.\end{aligned}$$

例 15 已知某产品的使用时间 $X\sim N(1200,100^2)$.某人购买了一件该产品,求使用时间超过 1000 小时的概率.

解
$$\begin{aligned}P\{X>1000\}&=P\left\{\frac{X-1200}{100}>\frac{1000-1200}{100}\right\}\\&=1-\Phi(-2)=\Phi(2)=0.9725.\end{aligned}$$

(4)3σ 准则

①标准正态:

若 $X\sim N(0,1)$,则

$$P\{|X|<1\}=2\Phi(1)-1=0.6826;$$

$$P\{|X|<2\}=2\Phi(2)-1=0.9545;$$

$$P\{|X|<3\}=2\Phi(3)-1=0.9973.$$

可以看出，X 的取值几乎集中在区间$(-3,3)$内.

②非标准正态：

若 $X\sim N(\mu,\sigma^2)$，则

$$P\{|X-\mu|<\sigma\}=0.6826;$$

$$P\{|X-\mu|<2\sigma\}=0.9545;$$

$$P\{|X-\mu|<3\sigma\}=0.9973.$$

这说明，在一次试验里，X 几乎总是落在区间$(\mu-3\sigma,\mu+3\sigma)$中，落在这个区间之外的概率不到 0.3%，这在统计学上称为 **3σ 准则**.

例 16 在农民收入抽样调查中，按某种抽样方案抽样得到的农民年均收入是一随机变量 X 服从 $\mu=300,\sigma=10$ 元的正态分布. 求抽得农民年均收入在 280 元到 310 元之间的概率，并求 x，使得农民年均收入落在$(300-x,300+x)$内的概率不小于 0.95.

解 由已知 $X\sim N(300,10^2)$，所求事件的概率为

$$\begin{aligned}P\{280\leqslant X\leqslant 310\}&=F(310)-F(280)=\Phi\left(\frac{310-300}{10}\right)-\Phi\left(\frac{280-300}{10}\right)\\&=\Phi(1)-\Phi(-2)=\Phi(1)+\Phi(2)-1=0.8185,\end{aligned}$$

$$\begin{aligned}P\{300-x<X<300+x\}&=F(300+x)-F(300-x)\\&=\Phi\left(\frac{300+x-300}{10}\right)-\Phi\left(\frac{300-x-300}{10}\right)\\&=\Phi\left(\frac{x}{10}\right)-\Phi\left(\frac{-x}{10}\right)=2\Phi\left(\frac{x}{10}\right)-1\geqslant 0.95,\end{aligned}$$

$\Phi\left(\frac{x}{10}\right)\geqslant 0.975$，查表得$\frac{x}{10}\geqslant 1.96$，所以 $x\geqslant 19.6$.

在企业管理中，用于质量检查和工艺过程控制的三倍标准差规则就是一般正态分布在实际中的典型应用，其含义是，对于 $X\sim N(\mu,\sigma^2)$ 的变量 X，因 $P\{|X-\mu|\leqslant 3\sigma\}=0.9973$，即 X 落在区间$(\mu-3\sigma,\mu+3\sigma)$的概率较大，因此实际应用中常在区间$(\mu-3\sigma,\mu+3\sigma)$中取值.

4.6 随机变量的数字特征

随机变量的分布函数（或分布率、分布密度函数）全面、完整地描述了随机变量的取值规律，但在许多实际问题中，要找出分布函数是不容易的，往往也没有必要，有不少问题只需要知道随机变量的代表值和随机变量取值的分散程度就行了. 例如测量某物体的长度，测量到的长度是一个随机变量，一般关心的是测量到的长度的平均值和测量的精确程度. 又如：检查一批棉花的质量时，所关心的纤维的平均长度及纤维长度与平均长度的偏离程

度.平均长度较大,偏离程度较小,质量就好.由此可见,这些与随机变量有关的数值虽然不能完整地描述随机变量,但却能描述它在某些方面的重要特征.我们把表示随机变量某些特征的数值称为**随机变量的数字特征**.本节主要介绍常用的两种数字特征——数学期望与方差.

4.6.1 数学期望

例 1 射手进行射击,其命中的环数 X 是一个随机变量.某射手的射击情况为

X	10	9	8	7
P	0.6	0.25	0.1	0.05

如果让他射出 M 发子弹,大约平均每发命中多少环?

解 该射手射击 M 发子弹,约有 $0.6M$ 发命中 10 环,$0.25M$ 发命中 9 环,$0.1M$ 发命中 8 环,$0.05M$ 发命中 7 环,命中的总环数大约是

$$10\times0.6M+9\times0.25M+8\times0.1M+7\times0.05M=9.4M,$$

大约平均每发命中

$$9.4M/M=9.4(\text{环}).$$

从例 1 的解题过程可以看出,平均每发命中的环数与命中环数 X 的概率分布有关,与射出多少发子弹无关.这个平均值恰好是 X 所有可能取的值与相应概率乘积的总和.称 9.4 为 X 的数学期望.

1. 离散型随机变量的数学期望

定义 4.17 设离散型随机变量 X 的分布规律为

$$P\{X=x_k\}=p_k(k=1,2,\cdots),$$

若级数 $\sum\limits_{k=1}^{\infty}x_kp_k$ 绝对收敛,则称级数 $\sum\limits_{k=1}^{\infty}x_kp_k$ 为随机变量 X 的**数学期望**,简称为**期望**或**均值**,记为 $E(X)$,即 $E(X)=\sum\limits_{k=1}^{\infty}x_kp_k$.若随机变量的取值有限,则 $E(X)=\sum\limits_{k=1}^{n}x_kp_k$.

例 2 某产品的一等品率为 75%,二等品率为 20%,三等品率为 5%.如果一、二等品及三等品每件的销售分别为 10 元、8 元、5 元,求这种产品的平均售价.

解 设 X 为产品的售价,它的概率分布为

X	10	8	5
P	0.75	0.2	0.05

于是平均售价为

$$E(X)=10\times0.75+8\times0.2+5\times0.05=9.35(\text{元}).$$

例 3 求两点分布的数学期望.

解 两点分布为

$$P\{X=1\}=p, P\{X=0\}=q=1-p,$$

于是数学期望

$$E(X)=1\cdot p+0\cdot q=p.$$

如果 X 服从二项分布，$X\sim B(n,p)$，即

$$P\{X=k\}=C_n^k p^k(1-p)^{n-k},$$

那么

$$E(X)=np.$$

如果 X 服从泊松分布，即

$$X\sim P(\lambda),$$

那么

$$E(X)=\lambda.$$

2. 连续型随机变量的数学期望

定义 4.18 设 X 为连续型随机变量，其密度函数为 $f(x)$，若 $\int_{-\infty}^{+\infty}|x|f(x)\mathrm{d}x$ 收敛，则称 $\int_{-\infty}^{+\infty}xf(x)\mathrm{d}x$ 为 X 的**数学期望**，简称**期望**或**均值**，记作 $E(X)$，即

$$E(X)=\int_{-\infty}^{+\infty}xf(x)\mathrm{d}x.$$

例 4 求均匀分布和指数分布的数学期望.

解 均匀分布的密度函数是

$$f(x)=\begin{cases}\dfrac{1}{b-a}, & a\leqslant x\leqslant b,\\ 0, & \text{其他}.\end{cases}$$

所以它的数学期望为

$$\begin{aligned}E(X)&=\int_{-\infty}^{+\infty}xf(x)\mathrm{d}x=\int_a^b x\,\frac{1}{b-a}\mathrm{d}x\\&=\frac{1}{b-a}\frac{x^2}{2}\bigg|_a^b=\frac{a+b}{2}.\end{aligned}$$

$E(X)$ 恰好是区间 (a,b) 的中点，这与 $E(X)$ 表示随机变量 X 取值的平均相符.

指数分布的密度函数是

$$f(x)=\begin{cases}\lambda e^{-\lambda x}, & x>0,\\ 0, & x\leqslant 0,\end{cases}\quad(\lambda>0)$$

于是它的数学期望为

$$\begin{aligned}E(X)&=\int_{-\infty}^{+\infty}xf(x)\mathrm{d}x=\int_0^{+\infty}x\lambda e^{-\lambda x}\mathrm{d}x=-\int_0^{+\infty}x\mathrm{d}(e^{-\lambda x})\\&=-xe^{-\lambda x}\bigg|_0^{+\infty}+\int_0^{+\infty}e^{-\lambda x}\mathrm{d}x=-\frac{1}{\lambda}e^{-\lambda x}\bigg|_0^{+\infty}=\frac{1}{\lambda}.\end{aligned}$$

例 5 已知 $X\sim N(\mu,\sigma^2)$，求 $E(X)$.

解 由已知,X 的概率密度为

$$f(x)=\frac{1}{\sqrt{2\pi}\sigma}e^{-\frac{(x-\mu)^2}{2\sigma^2}},$$

于是

$$E(X)=\int_{-\infty}^{+\infty}xf(x)dx=\int_{-\infty}^{+\infty}x\frac{1}{\sqrt{2\pi}\sigma}e^{-\frac{(x-\mu)^2}{2\sigma^2}}dx,$$

令$\frac{x-\mu}{\sigma}=t$,则 $dt=\frac{1}{\sigma}dx$,代入上式可得

$$\begin{aligned}E(X)&=\int_{-\infty}^{+\infty}\frac{1}{\sqrt{2\pi}}(t\sigma+\mu)e^{-\frac{t^2}{2}}dt\\&=\frac{1}{\sqrt{2\pi}}\left(\int_{-\infty}^{+\infty}t\sigma e^{-\frac{t^2}{2}}dt+\int_{-\infty}^{+\infty}\mu e^{-\frac{t^2}{2}}dt\right)\\&=\mu\int_{-\infty}^{+\infty}\frac{1}{\sqrt{2\pi}}e^{-\frac{t^2}{2}}dt=\mu.\end{aligned}$$

所以

$$E(X)=\mu.$$

$\int_{-\infty}^{+\infty}t\sigma e^{-\frac{t^2}{2}}dt=0$,其理由是:积分区间关于原点对称,被积函数为奇函数.正态分布中的参数 μ 即为 X 的数学期望或随机变量 X 的平均值.

3. 随机变量函数的数学期望

设 X 是一个随机变量,$Y=g(X)$是 X 的函数,则 Y 也是一个随机变量.

例 6 设随机变量 X 的概率分布为

X	0	1	2	3
P	0.3	0.4	0.1	0.2

求:(1)$Y=(X-2)^2$ 的概率分布;(2)$E(Y)$.

解 (1)当 $X=0$ 时,有 $Y=(0-2)^2=4$;

当 $X=1$ 时,有 $Y=(1-2)^2=1$;

当 $X=2$ 时,有 $Y=(2-2)^2=0$;

当 $X=3$ 时,有 $Y=(3-2)^2=1$.

事件$\{Y=4\}$与事件$\{X=0\}$等价,事件$\{Y=0\}$与事件$\{X=2\}$等价,事件$\{Y=1\}$等价于事件$\{X=1\}$与$\{X=3\}$的和.因此

$$P\{Y=4\}=P\{X=0\}=0.3,$$
$$P\{Y=0\}=P\{X=2\}=0.1,$$
$$P\{Y=1\}=P\{X=1\}+P\{X=3\}=0.4+0.2=0.6.$$

故 Y 的概率分布为

X	0	1	4
P	0.1	0.6	0.3

(2)由(1)可得

$$E(Y)=0\times0.1+1\times0.6+4\times0.3=1.8.$$

下面向大家介绍一个定理,利用这个定理,由 X 的概率分布(或密度函数)可以直接求出 $Y=g(X)$ 的期望.

定理 4.10 设 $Y=g(X)$ 是随机变量 X 的函数.

(1)若 X 是离散型随机变量,它的概率分布为 $P\{X=x_k\}=p_k(k=1,2,\cdots)$,且 $\sum\limits_k |g(x_k)|p_k$ 是个有限数,则有

$$E(Y)=E[g(X)]=\sum_k g(x_k)p_k;$$

(2)若 X 是连续型随机变量,它的密度函数为 $f(x)$,且$\int_{-\infty}^{+\infty}|g(x)|f(x)\mathrm{d}x$ 是个有限数,则有

$$E(Y)=E[g(Y)]=\int_{-\infty}^{+\infty}g(x)f(x)\mathrm{d}x.$$

对于例 6,由 X 的概率分布直接求出 Y 的期望,有

$$\begin{aligned}E(Y)&=E[(X-2)^2]\\&=(0-2)^2\times0.3+(1-2)^2\times0.4+(2-2)^2\times0.1+(3-2)^2\times0.2\\&=4\times0.3+1\times0.4+0\times0.1+1\times0.2\\&=1.8.\end{aligned}$$

例 7 已知 $X\sim U(0,\pi)$,求 $E(X^2)$,$E(\sin X)$.

解 由已知,X 的概率密度为

$$f(x)=\begin{cases}\dfrac{1}{\pi}, & x\in(0,\pi),\\ 0, & 其他,\end{cases}$$

故

$$E(X^2)=\int_{-\infty}^{+\infty}x^2f(x)\mathrm{d}x=\int_0^{\pi}\frac{1}{\pi}x^2\mathrm{d}x=\frac{\pi^2}{3},$$

$$E(\sin X)=\int_{-\infty}^{+\infty}\sin xf(x)\mathrm{d}x=\int_0^{\pi}\frac{1}{\pi}\sin x\mathrm{d}x=\frac{2}{\pi}.$$

4. 数学期望的性质

性质 4.7 设 c 为常数,则 $E(c)=c$.

证 常数 c 可以看做只取 c 这一个值的随机变量,其取值概率为 1,故 $E(c)=c\times1=c$.

性质 4.8 设 a 为常数,则 $E(aX)=aE(X)$.

证 设 X 为离散型随机变量,其概率分布为

$$P\{X=x_k\}=p_k(k=1,2,\cdots),$$

则

$$E(aX)=\sum_k ax_kp_k=a\sum_k x_kp_k=aE(X);$$

设 X 为连续型随机函数，密度函数为 $f(x)$，则

$$E(aX)=\int_{-\infty}^{+\infty}axf(x)\mathrm{d}x=a\int_{-\infty}^{+\infty}xf(x)\mathrm{d}x=aE(X).$$

以下性质的证明省略.

性质 4.9 设 a,b 为常数，则 $E(aX+b)=aE(X)+b$.

性质 4.10 设 X_1,X_2 均为随机变量，则 $E(X_1+X_2)=E(X_1)+E(X_2)$.

性质 4 可以推广到任意有限个随机变量的情形，即

$$E(X_1+X_2+\cdots+X_n)=E(X_1)+E(X_2)+\cdots+E(X_n).$$

例 8 设随机变量 X 的密度函数为

$$f(x)=\begin{cases}2(1-x), & 0\leqslant x\leqslant 1,\\ 0, & \text{其他}.\end{cases}$$

求：(1)$E(X)$；(2)$E(5X-2)$.

解 (1) $E(X)=\int_{-\infty}^{+\infty}xf(x)\mathrm{d}x=\int_0^1 x\cdot 2(1-x)\mathrm{d}x$

$$=\left(x^2-\frac{2}{3}x^3\right)\Big|_0^1=1-\frac{2}{3}=\frac{1}{3};$$

(2)根据性质 4.9，有

$$E(5X-2)=5E(X)-2=5\times\frac{1}{3}-2=-\frac{1}{3}.$$

4.6.2 方差

数学期望描述的是随机变量的取值平均性的数字特征，但它并不能将随机变量的特点全部反映出来. 如正态分布，当均值 μ 一定时，正态曲线的形状还存在很大差异，其差异在于随机变量在 μ 的周围取值的密集程度不同. 为了反映随机变量取值与它的期望之间的平均分散程度，需要引入方差的概念.

1. 方差的定义

定义 4.19 设 X 是一个随机变量，若 $E\{[X-E(X)]^2\}$ 存在，则称 $E\{[X-E(X)]^2\}$ 为 X 的方差，记为 $D(X)$，即

$$D(X)=E\{[X-E(X)]^2\}.$$

在应用上，还引入与随机变量 X 具有相同量纲的量 $\sqrt{D(X)}$，记为 $\sigma(X)=\sqrt{D(X)}$，称为 X 的**标准差或均方差**.

按定义，随机变量 X 的方差表达了 X 的取值与其数学期望的偏离程度. 若 X 取值比

较集中，则 $D(X)$ 较小；反之，若 X 取值比较分散，则 $D(X)$ 较大. 因此，$D(X)$ 是刻画 X 取值分散程度的一个量，是衡量 X 取值分散程度的一个尺度. 方差实际上就是随机变量 X 的函数 $G(X)=[X-E(X)]^2$ 的数学期望.

2. 方差的计算

(1) 对于离散型随机变量，有

$$D(X)=\sum_{k=1}^{\infty}[x_k-E(X)]^2 p_k,$$

其中 $P\{X=x_k\}=p_k(k=1,2,\cdots)$ 是 X 的分布律.

(2) 对于连续型随机变量，有

$$D(X)=\int_{-\infty}^{+\infty}[x-E(X)]^2 f(x)\mathrm{d}x,$$

其中 $f(x)$ 是 X 的分布密度函数.

(3) 在实际计算方差时，常利用下面的一个重要公式

$$D(X)=E(X^2)-[E(X)]^2.$$

事实上，由于 $E(X)$ 是一个常数，所以

$$\begin{aligned}D(X)&=E\{[X-E(X)]^2\}\\&=E\{X^2-2XE(X)+[E(X)]^2\}\\&=E(X^2)-2E(X)E(X)+[E(X)]^2\\&=E(X^2)-[E(X)]^2.\end{aligned}$$

例 9 设随机变量 X 的概率分布为

X	0	1	2
P	0.2	0.6	0.2

求 $D(X)$.

解法一 利用方差定义，因为

$$\begin{aligned}E(X)&=0\times0.2+1\times0.6+2\times0.2\\&=1,\end{aligned}$$

所以

$$\begin{aligned}D(X)&=E[X-E(X)]^2\\&=(0-1)^2\times0.2+(1-1)^2\times0.6+(2-1)^2\times0.2\\&=0.4.\end{aligned}$$

解法二 利用公式 $D(X)=E(X^2)-[E(X)]^2$，因为

$$\begin{aligned}&E(X)=1,\\&E(X^2)=0^2\times0.2+0^2\times0.6+0^2\times0.2\\&\qquad\quad=1.4,\end{aligned}$$

所以

$$D(X)=1.4-1^2=0.4.$$

例 10 某机构为了解目前工厂职工的收入状况，对两个工厂进行了调查，甲厂有20%的工人月均收入在 3000 元以上，75%的工人月均收入在 1000～3000 元之间，其余工人月均收入 1000 元以下；乙厂月均收入超过 3000 元的工人达 30%，人均月收入在 1000～3000 元之间的工人占 40%，其余工人月均收入在 1000 元以下，两个工厂哪个共同富裕的程度更高一些？

解 设描述人均收入的随机变量为

$$x=\begin{cases}5000(\text{人均月收入在 3000 元以上})\\2000(\text{人均月收入在 1000～3000 元之间})\\800(\text{人均月收入在 1000 元以下})\end{cases}$$

X 表示甲厂工人的收入，Y 表示乙厂工人的收入，其分布列如表下.

X	800	2000	5000	Y	800	2000	5000
P	0.05	0.75	0.20	P	0.30	0.40	0.30

由此可知

$E(X)=800\times0.05+2000\times0.75+5000\times0.2=2540$(元)

$E(Y)=800\times0.30+2000\times0.40+5000\times0.30=2540$(元)

$D(X)=(800-2540)^2\times0.05+(2000-2540)^2\times0.75+(5000-2540)^2\times0.20=1580400$

$D(Y)=(800-2540)^2\times0.30+(2000-2540)^2\times0.4+(5000-2540)^2\times0.30=2840400$

$\sqrt{D(X)}\approx1257$，$\sqrt{D(Y)}\approx1685$

由方差的含义知，甲工厂“共同富裕”的程度更高一些，而乙工厂则有点“贫富不均”.

3. 方差的性质

性质 4.11 设 c 为常数，则 $D(c)=0$.

证 $D(c)=E[c-E(c)]^2=E(c-c)^2=0$.

性质 4.12 设 a 为常数，则 $D(aX)=a^2D(X)$.

证 $D(aX)=E[aX-E(aX)]^2=E[aX-aE(X)]^2$
$=a^2E[X-E(X)]^2=a^2D(X)$.

性质 4.13 设 a,b 为常数，则 $D(aX+b)=a^2D(X)$.

证 因为

$$D(aX+b)=D(aX)=a^2D(X),$$

所以

$$D(aX+b)=a^2D(X).$$

例 11 设 $E(X)=4$，$E(X^2)=19$，求 $E(1-2X)$，$D(2X+3)$.

解 由已知

$$D(X)=E(X^2)-[E(X)]^2=19-16=3,$$

所以

$$E(1-2X)=1-2E(X)=-7,$$
$$D(2X+3)=2^2D(X)=12.$$

4.6.3 几种常见分布的期望和方差

下面我们不加推导地给出分别服从几种常见分布的随机变量的期望和方差.

(1)两点分布：设 $X\sim$0-1 分布，则 $E(X)=p$，$D(X)=p(1-p)$.

(2)二项分布：$X\sim B(n,p)$，则 $E(X)=np$，$D(X)=np(1-p)$.

(3)泊松分布：设 $X\sim P(\lambda)$，则 $E(X)=\lambda$，$D(X)=\lambda$.

(4)均匀分布：设 $X\sim U(a,b)$则 $E(X)=\dfrac{b+a}{2}$，$D(X)=\dfrac{(b-a)^2}{12}$.

(5)指数分布：设 $X\sim E(\lambda)$，则 $E(X)=\dfrac{1}{\lambda}$，$D(X)=\dfrac{1}{\lambda^2}$.

(6)正态分布：设 $X\sim N(\mu,\sigma^2)$，则 $E(X)=\mu$，$D(X)=\sigma^2$.

若 $X\sim N(0,1)$，则 $E(X)=0$，$D(X)=1$.

例 12 某类钢丝的抗拉强度服从均值为 100kg/cm^2、标准差为 5kg/cm^2 的正态分布.求抗拉强度在 90～110 之间的概率.

解 正态分布 $N(\mu,\sigma^2)$的两个参数 μ,σ^2 正是它的期望与方差.设 X 表示钢丝的抗拉强度，则 $X\sim N(100,5^2)$.抗拉强度在 90～110 之间的概率为

$$\begin{aligned}P\{90<X<110\}&=P\left\{\frac{90-100}{5}<\frac{x-100}{5}<\frac{110-100}{5}\right\}\\&=P\left\{-2<\frac{x-100}{5}<2\right\}=\Phi(2)-\Phi(-2)\\&=2\Phi(2)-1=2\times0.97725-1=0.9545.\end{aligned}$$

例 13 假定在国际市场上每年对我国某种出口商品的需求量是随机变量 X(单位：t)，它服从在(2000,4000)上的均匀分布.设每售出这种产品 1t，可为国家挣得外汇 3 万元，但假如销售不出而囤积于仓库，则每吨需浪费保养费 1 万元.问应组织多少货源，才能使国家的收益最大？

解 因为 $X\sim U(2000,4000)$，所以

$$f(x)=\begin{cases}\dfrac{1}{2000}, & 2000\leqslant x\leqslant 4000,\\ 0, & \text{其他}.\end{cases}$$

设 y 表示预备某年出口的此种商品数，显然 $y\in(2000,4000)$，则收益(单位:万元)

$$Y=g(y)=\begin{cases}3y, & x\geqslant y,\\ 3x-(y-x), & x<y,\end{cases}$$

所以

$$E(Y)=\int_{-\infty}^{+\infty}g(x)f(x)\mathrm{d}x$$

$$= \frac{1}{2000}\int_{2000}^{4000} g(x)\mathrm{d}x$$

$$= \frac{1}{2000}\left[\int_{2000}^{y}(4x-y)\mathrm{d}x + \int_{y}^{4000} 3y\mathrm{d}x\right]$$

$$= \frac{1}{1000}(-y^2+7000y-4000000).$$

要使 $E(Y)$ 最大，只要

$$\frac{\mathrm{d}}{\mathrm{d}y}[E(Y)] = \frac{1}{1000}(-2y+7000) = 0.$$

即

$$Y = 3500.$$

因此，组织 3500t 此种商品是最好的决策.

本章小结

一、本章主要内容

本章主要介绍了随机事件、古典概率、事件的关系与运算、互斥事件、对立事件、独立事件、随机变量、分布函数、数学期望与方差等基本概念及有关知识.

二、基本知识

1. 古典概率是计算概率的简洁而有力的工具，但其只适用于古典概型，即试验的样本空间中有限个基本事件的发生都是等可能性的.

2. 随机事件及运算

随机件是试验的可能结果，一般都是复合事件. 在计算时有时需要把复合事件分解为简单事件，因此需要透彻理解事件间的关系.

(1)加法公式

互斥事件：$P(A+B)=P(A)+P(B)$；

任意事件：$P(A+B)=P(A)+P(B)-P(AB)$.

(2)乘法公式

$P(AB)=P(B)P(A|B)$，$(P(B)\neq 0)$；

$P(AB)=P(A)P(B|A)$，$(P(A)\neq 0)$.

独立事件：$P(AB)=P(A)P(B)$.

(3)条件概率公式

$P(B|A)=\dfrac{P(AB)}{P(A)}$.

3. 常见随机变量的概率分布及分布函数

(1)离散型随机变量：离散均匀分布、两点(或 0～1)分布、二项分布、泊松分布.

(2)连续型随机变量：均匀分布、指数分布、正态分布.

4. 数学期望和方差的统计

(1)计算公式：

离散型随机变量的数学期望：$E(X)=\sum_k x_k p_k (k=1,2,\cdots)$，

连续型随机变量的数学期望：$E(X)=\int_{-\infty}^{+\infty} xf(x)\mathrm{d}x$.

方差：$D(X)=E[X-E(X)]^2$.

$D(X)=E(X^2)-[E(X)]^2$.

(2)常见随机变量的数学期望和方差：

两点分布：$E(X)=p$，$D(X)=p(1-p)$，其中 $X\sim 0\text{-}1$.

二项分布：$E(X)=np$，$D(X)=np(1-p)$，其中 $X\sim B(n,p)$.

泊松分布：$E(X)=\lambda$，$D(X)=\lambda$，其中 $X\sim P(\lambda)$.

均匀分布：$E(X)=\dfrac{b+a}{2}$，$D(X)=\dfrac{(b-a)^2}{12}$，其中 $X\sim U(a,b)$.

指数分布：$E(X)=\dfrac{1}{\lambda}$，$D(X)=\dfrac{1}{\lambda^2}$，其中 $X\sim E(\lambda)$.

正态分布：$E(X)=\mu$，$D(X)=\sigma^2$，其中 $X\sim N(\mu,\sigma^2)$.

三、基本方法

利用事件的和、积等进行事件运算，利用古典概率公式、加法概率公式、条件概率公式、乘法概率公式和全概率公式等进行事件概率计算，利用有限项求和与定积分知识求随机变量的分布函数、概论分布、数学期望和方差.

习题 4

1. 设 A,B,C 为三个事件，利用 A,B,C 表示下列事件：

(1) A 与 B 都发生，C 不发生；

(2) A 与 B 都不发生，C 发生；

(3) A,B,C 都发生；

(4) A,B,C 都不发生；

(5) A,B,C 不都发生.

2. 一部 4 卷的文集任意摆放在书架上，求各卷自左向右或自右向左的卷号恰好为 1，2，3，4 的概率.

3. 邮政大厅有 5 个邮筒，现将两封信逐一随机投入邮筒，求：

(1)第一个邮筒内恰好有一封信的概率；

(2)前两个邮筒内没有信的概率.

4. 某城市有 50%的住户订当地日报，65%的住户订当地晚报，85%的住户至少订过这两种报纸中的一种，求同时订两种报纸住户的概率.

5. 某地有 20 口水井，其中有 6 口水井受到严重污染，今有某环保单位对该地水井污染情况进行调查，他们依次对每口水井进行检查，求第四次才检查到受到严重污染的水井的概率.

6. 100 张彩票中有 7 张有奖彩票，甲先乙后各购买 1 张彩票，问甲、乙中奖的概率是否相同？

7. 甲、乙两人同时独立地射击同一目标各一次，他们命中目标的概率分别为 0.8 和 0.7，求下列事件的概率：

(1)两人都命中目标；

(2)乙命中目标，而甲没有命中目标；

(3)目标被命中.

8. 10 把钥匙中有 3 把能打开门锁. 任取 2 把钥匙，求能打开门的概率.

9. 填空题：

(1)已知甲、乙两个盒子里各装有 2 个新球和 4 个旧球，先从甲盒中任取一个放入乙盒，再从乙盒中任取一个球，设事件 A 表示从甲盒中取出新球放入乙盒，事件 B 表示从乙盒中取出新球，则条件概率 $P(B|A)=$ ________；

(2)设 A,B 为两个事件，若概率 $P(A)=\frac{1}{4}$，$P(B)=\frac{2}{3}$，$P(AB)=\frac{1}{6}$，则概率 $P(A+B)=$ ________；

(3)设 A,B 为两个事件，且已知概率 $P(B)=\frac{3}{10}$，$P(BA)=\frac{1}{6}$，$P(A+B)=\frac{4}{5}$，则概率 $P(A)=$ ________；

(4)设 A,B 为两个事件，且已知概率 $P(A)=0.4$，$P(B)=0.3$，若事件 A,B 相互独立，则概率 $P(A+B)=$ ________；

(5)设 A,B 为两个事件，若概率 $P(B)=0.84$，$P(\overline{A}B)=0.21$，则概率 $P(AB)=$ ________；

(6)已知离散型随机变量 X 的概率分布为

X	1	2	3
P	0.25	0.5	0.25

则概率 $P\{X<3\}=$ ________；

(7)设离散型随机变量 X 服从参数为 p 的两点分布，若离散型随机变量 X 取 1 的概率 p 为它取 0 的概率 q 的 3 倍，则方差 $D(X)=$ ________；

(8)设连续型随机变量 X 的概率密度为

$$f(x)=\begin{cases}24x^2, & 0<x<r,\\ 0, & \text{其他},\end{cases}$$

则常数 $r=$ ________；

(9)已知连续型随机变量 X 的概率密度为

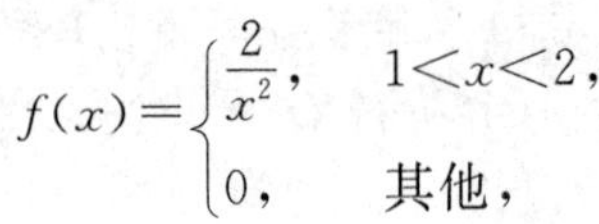

$$f(x)=\begin{cases}\dfrac{2}{x^2}, & 1<x<2,\\ 0, & 其他,\end{cases}$$

则数学期望 $E(X)=$______;

(10)设 X 为随机变量,若方差 $D(3X-6)=3$,则方差 $D(X)=$______;

10.单项选择题:

(1)设 A,B 为两个事件,则事件 $\overline{A+B}=$(　　).

A. $\overline{A}+\overline{B}$　　B. $A-B$　　C. $\overline{A}\,\overline{B}$　　D. AB

(2)盒子里装有10个木质球与6个玻璃球,木质球中有3个红球、7个黄球,玻璃球中有2个红球、4个黄球.从盒子里任取1个球,设事件 A 表示取到玻璃球,事件 B 表示取到红球,则条件概率 $P(A|\overline{B})=$(　　).

A. $\frac{4}{11}$　　B. $\frac{4}{7}$　　C. $\frac{3}{8}$　　D. $\frac{3}{5}$

(3)设 A,B 为两个事件,且已知概率 $P(A)>0,P(B)>0$,若事件 $A\supset B$,则下列等式中(　　)恒成立.

A. $P(A+B)=P(A)+P(B)$　　B. $P(A-B)=P(A)-P(B)$

C. $P(AB)=P(A)P(B)$　　D. $P(B|A)=1$

(4)若事件 A,B 满足 $P(A)+P(B)>1$,则 A 与 B 一定(　　).

A. 不相互独立　　B. 相互独立　　C. 互斥　　D. 不互斥

(5)某人打靶命中率为0.8,若独立地射击5次,则5次中有2次射中的概率为(　　).

A. $0.8^2\times0.2^3$　　B. 0.8^2

C. $\frac{2}{5}\times0.8^2$　　D. $C_5^2\times0.8^2\times0.2^3$

(6)已知离散型随机变量 X 的概率分布为

X	-1	0	1	2	4
P	$\frac{1}{10}$	$\frac{1}{5}$	$\frac{1}{10}$	$\frac{1}{5}$	$\frac{2}{5}$

则下列概率计算结果中(　　)正确.

A. $P\{X=3\}=0$　　B. $P\{X=0\}=0$

C. $P\{X>-1\}=1$　　D. $P\{X<4\}=1$

(7)设连续型随机变量 X 的概率密度为

$$f(x)=\begin{cases}\dfrac{k}{1+x^2}, & x>0,\\ 0, & 其他,\end{cases}$$

则常数 $k=$(　　).

A. $\frac{1}{\pi}$　　B. π　　C. $\frac{2}{\pi}$　　D. $\frac{\pi}{2}$

(8)设 X 为连续型随机变量，若 a,b 皆为常数，则下列等式中(　　)非恒成立.

A. $P\{X\leqslant a\}=P\{X=a\}$　　B. $P\{X\leqslant b\}=P\{X<b\}$

C. $P\{X\neq a\}=1$　　D. $P\{X=b\}=0$

(9)设 X 为随机变量，若数学期望 $E(X)$ 存在，则数学期望 $E[E(X)]=$(　　).

A. 0　　B. $E(X)$　　C. $E(X^2)$　　D. $E[E(X)]^2$

(10)设 X,Y 为随机变量，已知随机变量 X 的标准差等于 4，随机变量 Y 的标准差等于 3. 若随机变量 X,Y 相互独立，则随机变量 $X-Y$ 的标准差等于(　　).

A. 1　　B. $\sqrt{7}$　　C. 5　　D. 7

11. 设随机变量 X 的概率分布为

$$P\{X=k\}=\frac{k}{6}.\ (k=1,2,3)$$

求：$P\{X=1\}$，$P\{X>2\}$，$P\{X\leqslant 3\}$，$P\{1.5\leqslant X\leqslant 5\}$，$P\{X>\sqrt{2}\}$.

12. 某商店销售某种水果，进货后第一天售出的概率为 60%，每 500g 的毛利为 6 元；进货后第二天售出的概率为 30%，每 500g 的毛利为 2 元；进货后第三天售出的概率为 10%，每 500g 的毛利为 −1 元. 求销售此种水果每 500g 所得毛利 X 的概率分布.

13. 确定下列函数中的常数 k，使之成为密度函数.

(1) $f(x)=\begin{cases} kx^2, & 1\leqslant x<2, \\ kx, & 2\leqslant x<3, \\ 0, & \text{其他}. \end{cases}$

(2) $f(x)=k\mathrm{e}^{-|x|}, x\in\mathbf{R}$.

(3) $f(x)=\dfrac{k}{1+x^2}, x\in\mathbf{R}$.

14. 设随机变量 X 的分布函数为

$$F(x)=\begin{cases} 0, & x<0, \\ x, & 0\leqslant x<1, \\ 1, & x\geqslant 1. \end{cases}$$

(1)求 X 的概率密度函数；

(2)求 $P\{|x|<1\}$，$P\left\{\dfrac{1}{2}\leqslant x\leqslant 2\right\}$.

15. 设随机变量 X 的密度函数为

$$f(x)=\begin{cases} a\mathrm{e}^{-2x}, & x>0, \\ 0, & x\leqslant 0. \end{cases}$$

求：(1)常数 a；(2)$P\{X>3\}$.

16. 某单位每天用电量 X 万千瓦时是连续型随机变量，其概率密度为

$$f(x)=\begin{cases} 6x-6x^2, & 0<x<1, \\ 0, & \text{其他}. \end{cases}$$

若每天供电量为 0.9 万千瓦时，求供电量不够的概率.

17. 设随机变量 $X \sim N(0,1)$，求：$P\{-1<X<3\}$，$P\{|X| \leqslant 2\}$.

18. 设 $X \sim N(5,3^2)$，求：$P\{X<10\}$，$P\{2<X<10\}$.

19. 某人进行射击，命中的环数 X 是一个随机变量，其概率分布为

X	10	9	8	7	6	5
P	0.4	0.2	0.15	0.15	0.05	0.05

求：$E(X)$.

20. 设随机变量 X 的密度函数为

$$f(x)=\begin{cases} 2x, & 0<x<1, \\ 0, & \text{其他}. \end{cases}$$

试求：(1)数学期望 $E(9X)$；

(2)方差 $D(X)$.

21. 设随机变量 X 的密度函数为

$$f(x)=\begin{cases} \dfrac{3}{8}x^2, & 0<x<2, \\ 0, & \text{其他}. \end{cases}$$

求：$E(2X+1)$ 与 $D(X)$.

22. 已知 X 服从参数为 λ 的指数分布，其分布密度为

$$f(x)=\begin{cases} \lambda \mathrm{e}^{-\lambda x}, & x>0, \\ 0, & x \leqslant 0. \end{cases}$$

求证：(1) $E(X)=\dfrac{1}{\lambda}$；

(2) $D(X)=\dfrac{1}{\lambda^2}$.

疑难解析与典型例题分析

例 1 甲、乙两人考大学，甲考上的概率是 0.7，乙考上的概率是 0.8. 问：

(1)甲、乙两人都考上的概率是多少？

(2)甲、乙两人至少一人考上大学的概率是多少？

解 设 $A=\{\text{甲考上大学}\}$，$B=\{\text{乙考上大学}\}$，则

$$P(A)=0.7, P(B)=0.8.$$

(1)甲、乙两人考上大学的事件是相互独立的，故甲、乙两人同时考上大学的概率是

$$P(AB)=P(A)P(B)=0.7\times 0.8=0.56.$$

(2)甲、乙两人至少一人考上大学的概率是

$$P(A+B)=P(A)+P(B)-P(AB)=0.7+0.8-0.56=0.94.$$

例 2 某种电池的寿命 $\xi \sim N(300,35^2)$，求这种电池的寿命在 250 小时以上的概率.

解 由 $\xi \sim N(300,352)$，得

$$\frac{\xi-300}{35} \sim N(0,1),$$

所以

$$\begin{aligned} P\{\xi \geqslant 250\} &= 1-P\{\xi<250\} \\ &= 1-P\left\{\frac{\xi-300}{35}<\frac{250-300}{35}\right\} \\ &= 1-\Phi(-1.43) \\ &= \Phi(1.43)=0.9236. \end{aligned}$$

例 3 设 X 的概率分布为

X	-1	0	2	3
P	$\frac{1}{8}$	$\frac{1}{4}$	$\frac{3}{8}$	$\frac{1}{4}$

求：$E(X)$；$E(X^2)$；$E(-2X+1)$.

解 $E(X)=(-1)\times\frac{1}{8}+0\times\frac{1}{4}+2\times\frac{3}{8}+3\times\frac{1}{4}=\frac{11}{8}$；

$$E(X^2)=(-1)^2\times\frac{1}{8}+0^2\times\frac{1}{4}+2^2\times\frac{3}{8}+3^2\times\frac{1}{4}=\frac{31}{8};$$

$$E(-2X+1)=3\times\frac{1}{8}+1\times\frac{1}{4}+(-3)\times\frac{3}{8}+(-5)\times\frac{1}{4}=\frac{7}{4}.$$

例 4 已知 $Y\sim N(2,0.3^2)$，求 $E(Y)$ 和 $D(Y)$.

解 令 $X=\frac{Y-2}{0.3}$，则

$$X\sim N(0,1),\ Y=0.3X+2.$$

易知

$$E(X)=0,\ D(X)=1,$$

再由数学期望和方差的性质可知

$$\begin{aligned} E(Y) &= E(0.3X+2)=0.3E(X)+2=2; \\ D(Y) &= D(0.3X+2)=0.3^2D(X)=0.3^2. \end{aligned}$$

第五章　数理统计基础

学习目标

1. 理解样本及有关概念,掌握常用统计量的分布.
2. 掌握区间估计的概念,会求总体均值与方差的区间估计.
3. 理解假设检验的原理,能够用其解决简单的假设检验问题.

在前一章中,我们研究随机变量时,总假定它的概率分布是已知的,然而在实际问题中,其概率分布往往不知道.例如,由于种种随机因素的干扰,灯泡厂所产灯泡的使用寿命 X 随灯泡的不同而取不同的值.但 X 取值有一定的统计规律性,因此灯泡的使用寿命 X 是一随机变量.至于 X 服从什么分布,并不知道.有时,可以在一定的假设条件下推证出,或根据长期的实践经验猜测出一个随机变量的分布类型.例如 $X\sim N(\mu,\sigma^2)$,而其中的参数 μ 及 σ^2 都是未知的.原则上只要把灯泡的寿命都测出来,上述问题就能解决.但实际工作中这种做法是不可行的,因为灯泡的寿命试验具有破坏性,一旦我们获得所有灯泡的寿命数据,这批灯泡也就全部报废了.因此在上述情况下往往从所产的整批灯泡中,随机抽取若干个,测出其使用寿命,然后根据这部分观测资料,去对整批灯泡的使用寿命或其某些数字特征(例如数学期望 $E(X)$ 与方差 $D(X)$)进行统计分析与推断.怎样进行合理的推断呢?这正是数理统计所要解决的问题.

数理统计与概率论都是研究大量随机现象规律性的学科,只不过它们所研究的侧重点有所不同.概率论着重对客观随机现象的规律性给出数学模型.譬如给出已知随机变量的分布,并对其性质与相互关系进行研究.而数理统计是以概率论为基础,着重从实际中观察、试验所搜集来的统计资料,分析研究其规律性,选择数学模型,对所考察的问题作出估计与判断或控制与预测.但客观上只允许我们对随机现象进行次数不多的观察和试验,因此,我们所搜集的统计资料只能反映事物的局部特征而不是事物整体的特征.数理统计的任务就在于从统计资料所反映局部特性来推断事物整体的特性.这种从局部特性推断整体特性的方法,具有普遍的意义.所以它的应用广泛,几乎在人类活动的一切领域中都能不同程度地找到它的应用.诸如产品质量的控制和鉴定、天气与地震的预报、病虫害的防治、良种的选择等.

5.1 简单随机样本

5.1.1 基本概念

1. 总体、个体的概念

数理统计中,把要研究对象的全体称为**总体**,组成总体的每个基本单元称为**个体**.

例如,要考察灯泡厂某天所生产的灯泡的质量,则该天生产的所有灯泡就是总体,每个灯泡就是个体.关于总体、个体的概念,应当注意两点:

(1)我们要研究的对象是对其中某个数量指标而言的.如灯泡的质量,主要是指其使用寿命(小时数),所以,所谓总体,实际上是指所有灯泡的寿命(小时数)的全体,而个体则是每个灯泡的寿命(小时数).

(2)总体是随机变量.例如,一个灯泡厂同一天生产的灯泡,由于各种偶然因素的影响,每个灯泡的寿命不相同,如果用 X 表示灯泡的寿命,则 X 是随机变量.所以总体是随机变量可能取值的全体.也就是说,数理统计中的所说的总体,实际上是一个随机变量.

2. 样本的概念

从一个总体 X 中取样.例如,从平均寿命为 1000 小时的一批灯泡中取样,测得该灯泡的寿命是 980 小时.这是一个确定数值.然而,注意到抽样的随机性,这批灯泡中的每一个均可当做第一个样品抽出,即这批灯泡的每一个寿命值均可当做第一个样品寿命值,并且样品灯泡寿命取值的分布规律就是这批灯泡寿命值的分布.从这个角度看,第一个样品灯泡的寿命是一个随机变量,它与总体 X 具有相同的概率分布.如果我们有放回地取样,则第二个样品灯泡的寿命也是一个与总体同分布的随机变量.一般地讲,如果我们从总体 X 中有放回地取 n 个个体,比如抽取 $X_1,X_2,\cdots,X_n$,这 n 个个体就称为**样本**,其中样本中所含个体的数目 n 称为**样本容量**.同样,总体中所含个体数称**总体容量**.就总体和样本而言,总体是整体,样本是局部.要通过局部来推断整体,局部必须要有代表性,能够较好地代表总体,这样才能较准确地推断总体.因此,抽取样本时,就不能带有任何人为的因素,要从总体中随机地抽取.所谓随机抽取,即每个个体被抽取的机会是均等的,而且抽取一个个体之后,总体的分布不改变,这样抽取样本的方法叫做**简单随机抽样**,所得到的样本称为**简单随机样本**,一般称为**样本**.以后我们所讲的样本,都是指简单随机样本.因为样本是随机抽取的,所以样本 $X_1,X_2,\cdots,X_n$ 实际上是 n 个随机变量,而且样本具有以下两个特点:

(1) $X_1, X_2, \cdots, X_n$ 是相互独立的；

(2) $X_1, X_2, \cdots, X_n$ 中每一个随机变量都与总体 X 有相同的分布.

我们说 $X_1, X_2, \cdots, X_n$ 是总体 X 的一个样本，那么样本是随机的，即 $X_i (i=1,2,\cdots,n)$ 是随机变量. 但是，如果就某一次抽样来说，其观测值就是具体的数值了，记作 $x_1, x_2, \cdots, x_n$，这是样本 $X_1, X_2, \cdots, X_n$ 的观测值，称为**样本值**.

抽样的方法有有放回式与无放回式之分. 很显然，有放回式随机抽取的样本就是简单随机样本. 但如果总体容量较大，相对的样本容量较小，即使是无放回式随机抽样，也可以认为是简单随机抽样. 样本容量 n 较大的称**大样本**，n 较小的称**小样本**，一般 $n \geqslant 30$ 时称为大样本.

例 1 某工厂生产一批螺栓 2000 只，要了解这批螺栓的直接是否达到标准，从中抽取 10 只进行检查，得到数据如下(单位：mm)：

6.08　5.92　5.99　6.12　6.05　5.94　5.97　6.01　6.05　6.04

则总体，个体，样本和植本值各指什么？

解 该工厂所生产的这 2000 只螺栓的直径是研究的问题所涉及的对象的全体，即为总体，而这批螺栓中每一个螺栓的直径为个体，我们从中随机抽取的 10 只螺栓的直径为样本，而得到的数据 6.08，5.92，5.99，6.12，6.05，5.94，5.97，6.01，6.05，6.04 为样本值.

3. 统计量

样本是进行统计推断的依据，但在应用中往往不是直接利用样本本身，而是针对样本进行“加工”和“提炼”，把样本中值得关心的有关信息集中起来构成关于样本的适当函数，利用这些样本函数进行统计推断，这种样本函数称为统计量，其严格定义如下：

定义 5.1 设 $X_1, X_2, \cdots, X_n$ 是来自总体 X 的一个样本，$g(X_1, X_2, \cdots, X_n)$ 是关于 $X_1, X_2, \cdots, X_n$ 的函数，若 g 是连续函数，且 g 中不含任何未知参数，称 $g(X_1, X_2, \cdots, X_n)$ 是一个**统计量**. 若 $x_1, x_2, \cdots, x_n$ 为样本 $X_1, X_2, \cdots, X_n$ 的观测值，则 $g(x_1, x_2, \cdots, x_n)$ 是 $g(X_1, X_2, \cdots, X_n)$ 的**观测值**.

例如，若 X_1, X_2 是从正态总体 $N(\mu, \sigma^2)$ 中抽取样本，其中 μ, σ^2 是未知参数，由统计量定义知，$\frac{1}{4}(X_1+X_2)-\mu$ 和 $\frac{X_1}{\sigma}$ 都不是统计量，因为它们含有未知参数，而 $3X_1$，X_1-8，$X_1^2+X_2^2$ 都是统计量.

下面介绍几种常用的统计量.

设 $X_1, X_2, \cdots, X_n$ 是来自总体 X 的一个样本，$x_1, x_2, \cdots, x_n$ 为样本 $X_1, X_2, \cdots, X_n$ 的观测值，则可以定义以下统计量：

(1) 样本均值：$\overline{X} = \frac{1}{n}\sum_{i=1}^{n} X_i$.

(2) 样本方差：$S^2 = \frac{1}{n-1}\sum_{i=1}^{n}(X_i - \overline{X})^2 = \frac{1}{n-1}\left[\sum_{i=1}^{n} X_i^2 - n(\overline{X})^2\right]$.

(3) 样本标准差：$S = \sqrt{S^2} = \sqrt{\frac{1}{n-1}\sum_{i=1}^{n}(X_i - \overline{X})^2}$.

(4) 样本 k 阶原点矩：$A_k = \dfrac{1}{n}\sum_{i=1}^{n} X_i^{\,k}, \quad k = 1,2,\cdots,n.$

(5) 样本 k 阶中心矩：$B_k = \dfrac{1}{n}\sum_{i=1}^{n} (X_i - \overline{X})^k, \quad k = 1,2,\cdots,n.$

它们的观测值分别为：$\bar{x} = \dfrac{1}{n}\sum_{i=1}^{n} x_i$；

$$s^2 = \frac{1}{n-1}\sum_{i=1}^{n}(x_i - \bar{x})^2;$$

$$s = \sqrt{\frac{1}{n-1}\sum_{i=1}^{n}(x_i - \bar{x})^2};$$

$$a_k = \frac{1}{n}\sum_{i=1}^{k} x_i^{\,k}, k = 1,2,\cdots;$$

$$b_k = \frac{1}{n}\sum_{i=1}^{n}(x_i - \bar{x})^k, k = 1,2,\cdots.$$

例 2 从某厂生产的零件毛坯中随机地抽取 5 只，测得其质量(单位：kg)如：

41.73 41.81 41.94 42.01 42.11

求样本的均值，样本方差和样本标准差.

解 $\overline{X} = \dfrac{1}{5}(41.73 + 41.81 + 41.94 + 42.01 + 42.11) = 41.92,$

$$\begin{aligned} S^2 &= \frac{1}{4}[(41.73 - 41.93)^2 + (41.81 - 41.92)^2 + (41.94 - 41.92)^2 \\ &\quad + (42.01 - 41.92)^2 + (42.11 - 41.92)^2] \\ &= \frac{1}{4}(0.0361 + 0.0121 + 0.0004 + 0.0081 + 0.0361) = 0.0232, \end{aligned}$$

$$S = \sqrt{S^2} = \sqrt{0.0232} = 0.1523.$$

5.1.2 常用统计量的分布

统计量既然依赖于样本，而样本又是随机变量，故统计量也是随机变量，我们通常把统计量的分布称为**抽样分布**.

抽样分布就是样本函数的分布，研究统计量的性质、评价统计推断的优良性，完全取决于其抽样分布的特性.

当总体 X 的分布类型已知时，如果对任一自然数 n，都能得到统计量分布的表达式，这种分布称为**精确抽样分布**. 它对样本容量 n 较小的统计推断问题(小样本问题)特别有用. 目前的精确抽样分布大多是在正态总体条件下得到的，如后面将要看到的“统计三大分布”. 在大多数情况下，抽样分布不易求出，或都能够求出样本容量 n 无限大时，统计量 $T(X_1, X_2, \cdots, X_n)$ 的极限分布. 可用此极限分布作为抽样分布的一种近似，这种分布称为

渐近分布.它在样本容量 n 较大时的统计推断问题(大样本问题)中经常使用.这里我们主要介绍来自正态总体的统计量的分布.

1. χ^2 **分布**

定义 5.2 设随机变量 $X_1,X_2,\cdots,X_n\sim N(0,1)$,且相互独立,称随机变量

$$\chi^2=X_1{}^2+X_2{}^2+\cdots+X_n{}^2$$

服从自由度为 n 的 χ^2 **分布**,记作 $\chi^2\sim\chi^2(n)$,其概率密度函数为

$$f(x)=\begin{cases}\dfrac{1}{2^{\frac{n}{2}}\Gamma\left(\dfrac{n}{2}\right)}x^{\frac{n}{2}-1}\mathrm{e}^{-\frac{x}{2}}, & x>0,\\ 0, & x\leqslant 0.\end{cases}$$

注 自由度可简单理解为可自由变动的变量个数.

χ^2 分布的概率密度函数 $f(x)$ 的图像如 5-1 所示. $f(x)$ 随 n 取值不同而不同.

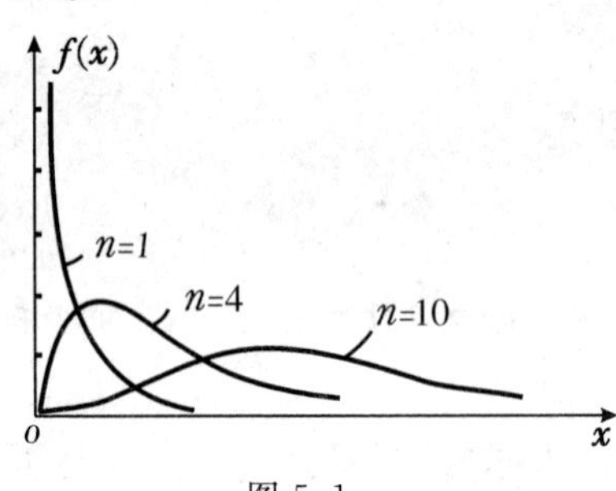

图 5-1

χ^2 分布具有下列性质:

(1)若 $\chi^2\sim\chi^2(n)$,则 $E(\chi^2)=n,D(\chi^2)=2n$;

(2) χ^2 分布的可加性: $\chi_1^2\sim\chi^2(n_1)$, $\chi_2^2\sim\chi^2(n_2)$,且相互独立,则

$$\chi_1^2+\chi_2^2\sim\chi^2(n_1+n_2).$$

对于给定数 $\alpha(0<\alpha<1)$,满足 $\int_{\chi_\alpha^2(n)}^{+\infty}f(x)\mathrm{d}x=\alpha$ 的数 $\chi_\alpha{}^2(n)$ 称为 $\chi^2(n)$ **分布的上侧 α 分位点**(**或上侧 α 分位数**)(如图 5-2).

例如, $\alpha=0.1,n=25$,查附录得 $\chi_{0.1}^2(25)=34.382$,即 $P\{x>34.382\}=0.1$.

对于给定 $\alpha=0.01,n=10$ 和 $\alpha=0.05,n=12$,可从所附 χ^2 分布表中分别查得

$$\chi_{0.01}^2(10)=23.209,\chi_{0.05}^2(12)=21.026.$$

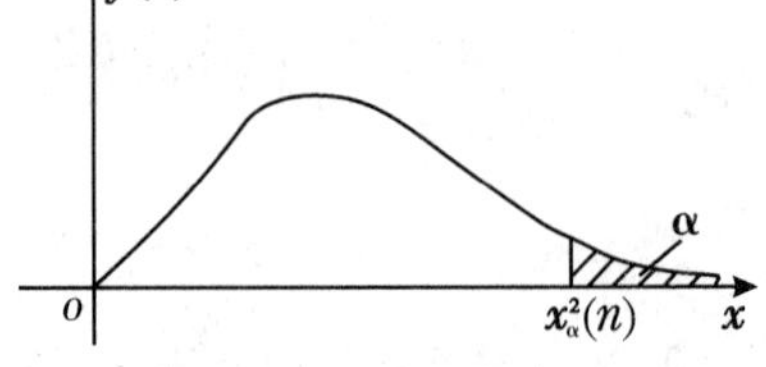

图 5-2

2. t **分布**

定义 5.3 设随机变量 $X\sim N(0,1)$,随机变量 $Y\sim\chi^2(n)$,且 X 与 Y 相互独立,称随机变量 $T=\dfrac{X}{\sqrt{\dfrac{Y}{n}}}$ 所服从的分布为自由度为 n 的 t 分布,记为 $T\sim t(n)$,其概率密度函数为

$$f(x)=\frac{\Gamma\left(\dfrac{n+1}{2}\right)}{\sqrt{n\pi}\,\Gamma\left(\dfrac{n}{2}\right)}\left(1+\frac{x^2}{n}\right)^{-\frac{n+1}{2}},(-\infty<x<+\infty).$$

t 分布的概率密度函数的图像如图 5-3 所示.

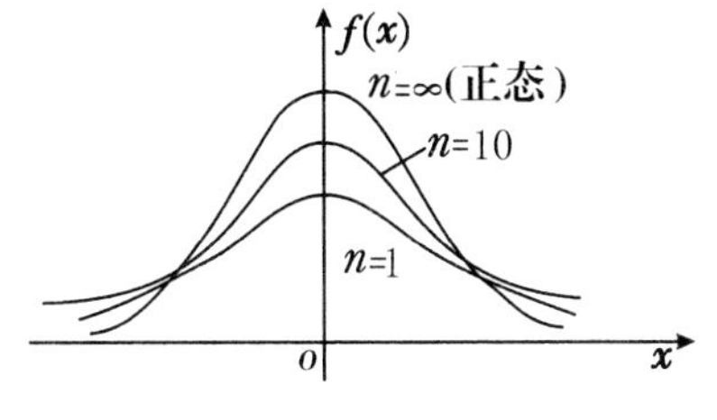

图 5-3

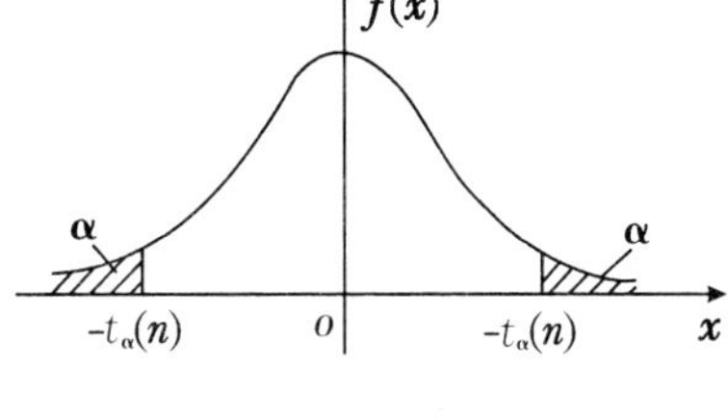

图 5-4

显然，$f(x)$随 n 取值不同而不同，且 $f(x)$为偶函数，当 $n\to\infty$时，有

$$\lim_{n\to\infty}f(x)=\frac{1}{\sqrt{2\pi}}\mathrm{e}^{-\frac{x^2}{2}},$$

即，当 $n\to\infty$时，t 分布密度趋于标准正态分布密度.

对于给定的数 $\alpha(0<\alpha<1)$，满足 $P\{T>t_\alpha(n)\}=\int_{t_\alpha(n)}^{+\infty}f(x)\mathrm{d}x=\alpha$ 的数 $t_\alpha(n)$称为 $t(n)$**分布的上侧 α 分位点**(或**上侧 α 分位数**)(如图 5-4).

因为

$$f(-x)=f(x),$$

故有

$$\int_{-t_\alpha(n)}^{+\infty}f(x)\mathrm{d}x=1-\alpha,$$

所以有

$$t_{1-\alpha}(n)=-t_\alpha(n).$$

例如，$\alpha=0.05$，$n=10$，查表可得 $t_{0.05}(10)=1.8125$.利用 $t_{1-\alpha}(n)=-t_\alpha(n)$可求出 t 分布表中未列出的上侧 α 分位点，例如，$t_{0.95}(10)=-t_{0.05}(10)=-1.8125$.

3. F 分布

定义 5.4　设随机变量 $U\sim\chi^2(n_1)$，$V\sim\chi^2(n_2)$，且相互独立.称随机变量 $F=\dfrac{U/n_1}{V/n_2}$服从的分布为第一自由度为 n_1，第二自由度为 n_2 的 F **分布**，记为 $F\sim F(n_1,n_2)$.其概率密度函数为

$$f(x)=\begin{cases}\dfrac{\Gamma\left(\dfrac{n_1+n_2}{2}\right)}{\Gamma\left(\dfrac{n_1}{2}\right)\Gamma\left(\dfrac{n_2}{2}\right)}\left(\dfrac{n_1}{n_2}\right)\left(\dfrac{n_1}{n_2}x\right)^{\frac{n_1}{2}-1}\left(1+\dfrac{n_1}{n_2}x\right)^{-\frac{n_1+n_2}{2}}, & x>0,\\ 0, & x\leqslant 0.\end{cases}$$

F 分布的密度函数的图像随 n_1,n_2 取值不同而不同(如图 5-5).

对于给定的数 $\alpha(0<\alpha<1)$，把满足条件

$$P\{F>F_\alpha(n_1,n_2)\}=\int_{F_\alpha(n_1,n_2)}^{+\infty}f(x)\mathrm{d}x=\alpha$$

的数 $F_\alpha(n_1,n_2)$称为 $F(n_1,n_2)$**分布的上侧 α 分位数**(如图 5-6).

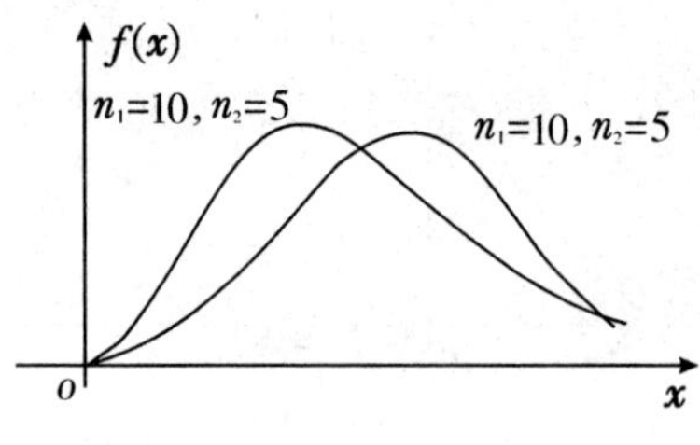

图 5-5

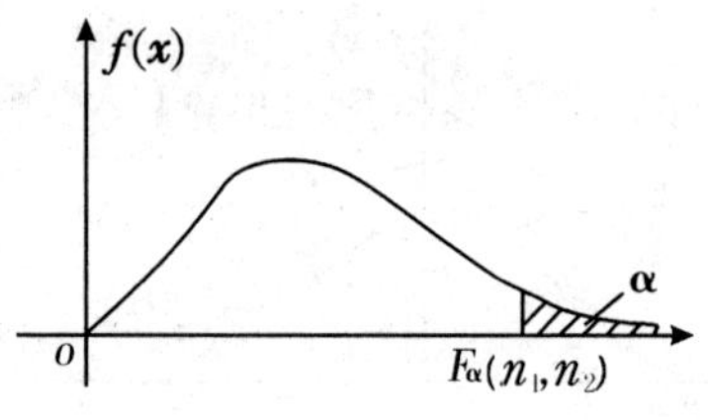

图 5-6

F 分布有下列性质：

(1)若 $F \sim F(n_1,n_2)$，则 $\frac{1}{F} \sim F(n_2,n_1)$；

(2)$F_{1-\alpha}(n_1,n_2)=\frac{1}{F_\alpha(n_2,n_1)}$.

例如，$\alpha=0.05,n_1=9,n_2=12$，查表可得 $F_{0.05}(9,12)=2.80$；

$\alpha=0.01,n_1=5,n_2=4$，查表可得 $F_{0.01}(5,4)=15.52$.

值得注意的是，当所给 α 太大时，就无法从 F 分布表查到 $F_\alpha(n_1,n_2)$的值，可利用 F 分布的如下性质：

$$F_{1-\alpha}(n_1,n_2)=\frac{1}{F_\alpha(n_1,n_2)},$$

仍然可以求得.例如求 $F_{0.90}(7,5)$值时，在 F 分布表中查不到，但可查得 $F_{0.10}(5,7)=2.88$，于是利用上述性质得

$$F_{0.90}(7,5)=\frac{1}{F_{0.10}(5,7)}=\frac{1}{2.88}=0.347.$$

5.1.3 正态总体下的抽样分布

1.样本均值的抽样分布

假定 $X_1,X_2,\cdots,X_n$ 是从正态总体 $N(\mu,\sigma^2)$中抽出的样本，$\overline{X}$为样本均值，由于 X_1，$X_2,\cdots,X_n$ 独立且与总体同分布，故它们有相同的期望 μ 和方差 σ^2.所以

$$E(\overline{X})=\mu,D(\overline{X})=\sigma^2/n,$$

即$\overline{X}$期望与总体的期望相同，而方差则缩小为总体方差的 $1/n$.

事实上，不论总体服从何种分布，假定 $X_1,X_2,\cdots,X_n$ 是从均值为 μ、方差为 σ^2 的总体中抽出的样本，上面的结论均成立.

定理 5.1 设 $X_1,X_2,\cdots,X_n$ 是取自正总体 $N(\mu,\sigma^2)$的样本，则有

(1)$\overline{X} \sim N\left(\mu,\frac{\sigma^2}{n}\right)$；

(2)$\frac{\overline{X}-\mu}{\sqrt{\frac{\sigma^2}{n}}} \sim N(0,1)$.

例 3 某厂检验保温瓶质量，在瓶中灌满开水，24 小时后测定其温度 T. 若已知 $T\sim N(62,5^2)$，试问：从中随机抽取 20 个进行测定，其样本均值低于 60℃的概率有多大？

解 由于 $T\sim N(62,5^2)$，所以 $\overline{T}\sim N\left(62,\frac{5^2}{20}\right)$，从而

$$P\{\overline{T}<60\}=P\left\{\frac{\overline{T}-62}{5/\sqrt{20}}<\frac{60-62}{5/\sqrt{20}}\right\}=\Phi(-1.789)$$

$$=1-\Phi(1.789)=1-0.9633=0.0367.$$

可见任取一容量为 20 的样本，其平均保温温度低于 60℃的概率为 0.0367，由此推断整批产品(即总体)平均温度低于 60℃的有 3.67%.

2. 样本方差 S^2 的抽样分布

定理 5.2 设 $X_1,X_2,\cdots,X_n$ 为来自正态总体 $N(\mu,\sigma^2)$ 的样本，$\overline{X}$和 S^2 分别为样本均值和样本方差，则

(1) $\frac{(n-1)S^2}{\sigma^2}\sim\chi^2(n-1)$；

(2) $\overline{X}$与 S^2 相互独立.

推论 5.1 设 $X\sim N(\mu,\sigma^2)$，$X_1,X_2,\cdots,X_n$ 是取自 X 的样本，$\overline{X}$和 S^2 分别为样本均值和样本方差，则 $\frac{\overline{X}-\mu}{S/\sqrt{n}}\sim t(n-1)$.

证 由定理 5.1 知

$$\frac{\overline{X}-\mu}{\sigma/\sqrt{n}}\sim N(n-1),$$

再由定理 5.2 知

$$\frac{(n-1)S^2}{\sigma^2}\sim\chi^2(n-1),$$

且二者相互独立，由 t 分布定义知

$$\frac{\dfrac{\overline{X}-\mu}{\sigma/\sqrt{n}}}{\sqrt{\dfrac{(n-1)S^2}{\sigma^2(n-1)}}}\sim t(n-1),$$

化简即得.

推论 5.2 设总体 $X\sim N(\mu_1,\sigma^2)$，$Y\sim N(\mu_2,\sigma^2)$，且 X 与 Y 相互独立，$X_1,X_2,\cdots,X_{n_1}$ 是取自 X 的样本，$Y_1,Y_2,\cdots,Y_{n_2}$ 是取自 Y 的样本，$\overline{X}$与$\overline{Y}$分别是其样本均值，S_1^2,S_2^2 分别是其样本方差. 则

$$\frac{(\overline{X}-\overline{Y})-(\mu_1-\mu_2)}{\sqrt{\dfrac{(n_1-1)S_1^2+(n_2-1)S_2^2}{n_1+n_2-2}}\sqrt{\dfrac{1}{n_1}+\dfrac{1}{n_1}}}\sim t(n_1+n_2-2).$$

特别的，当 $n_1=n_2=n$ 时，上式化为

$$\frac{(\overline{X}-\overline{Y})-(\mu_1-\mu_2)}{\sqrt{\dfrac{S_1^2+S_2^2}{n}}}\sim t(2n-2).$$

证 由定理 5.1 知

$$\overline{X}\sim N(\mu_1,\sigma^2/n_1),\overline{Y}\sim N(\mu_2,\sigma^2/n_2).$$

因而

$$\overline{X}-\overline{Y}\sim N\left[\mu_1-\mu_2,\sigma^2\left(\frac{1}{n_1}+\frac{1}{n_2}\right)\right].$$

标准化后

$$\frac{(\overline{X}-\overline{Y})-(\mu_1-\mu_2)}{\sigma\sqrt{\dfrac{1}{n_1}+\dfrac{1}{n_2}}}\sim N(0,1),$$

又

$$\frac{(n_1-1)S_1^2}{\sigma_1^2}\sim\chi^2(n_1-1),\quad \frac{(n_1-1)S_2^2}{\sigma_2^2}\sim\chi^2(n_2-1),$$

再由 $\chi^2(n)$的可加性知

$$\frac{(n_1-1)S_1^2}{\sigma_1^2}+\frac{(n_2-1)S_2^2}{\sigma_2^2}\sim\chi^2(n_1+n_2-2).$$

根据 t 分布的定义知

$$\frac{\dfrac{(\overline{X}-\overline{Y})-(\mu_1-\mu_2)}{\sigma\sqrt{\dfrac{1}{n_1}+\dfrac{1}{n_2}}}}{\sqrt{\dfrac{(n_1-1)S_1^2+(n_2-1)S_2^2}{\sigma^2(n_1+n_2-2)}}}\sim t(n_1+n_2-2),$$

化简即得.

推论 5.3 设总体 $X\sim N(\mu_1,\sigma_1{}^2)$,$Y\sim N(\mu_2,\sigma_2{}^2)$,且 X 与 Y 相互独立,$X_1,X_2,\cdots,X_{n_1}$ 是取自 X 的样本,$Y_1,Y_2,\cdots,Y_{n_2}$ 是取自 Y 的样本,S_1^2,S_2^2 分别是其样本方差,则

$$\frac{S_1^2/\sigma_1^2}{S_2^2/\sigma_2^2}\sim F(n_1-1,n_2-1).$$

证 因为

$$\frac{(n_1-1)S_1^2}{\sigma_1^2}\sim\chi^2(n_1-1),\quad \frac{(n_2-1)S_2^2}{\sigma_2^2}\sim\chi^2(n_2-1).$$

且两者相互独立,由 F 分布的定义知

$$\frac{(n_1-1)S_1^2/\sigma_1^2(n_1-1)}{(n_2-1)S_2^2/\sigma_2^2(n_2-1)}\sim F(n_1-1,n_2-1),$$

化简即得.

5.2 参数估计

5.2.1 点估计

实际问题中的许多随机变量常能大致判断其概率分布类型，只是不知道其中的参数．例如，正常情况下的学生成绩分布一般服从正态分布 $N(\mu,\sigma^2)$．在这个分布中，未知的至多是 μ 和 σ^2 这两个参数，因此要估计 $N(\mu,\sigma^2)$，只需估计参数 μ 和 σ^2．总之，在某些场合，需要确定的往往是总体分布的某些数字特征，而不是分布．如果把这些特征也作为总体分布的参数，那么这类问题也是要对总体分布的某些参数作出估计．用样本资料估计总体的未知参数就是**参数估计**．我们简要介绍参数估计的方法．

1. 矩估计法

用样本各阶矩去估计总体各阶矩来获得未知参数的估计量的方法称为**矩估计法**，所得的估计量称为**矩估计量**．

例如，总体 k 阶原点矩 $\mu_k=E(X^k)$ 的估计量是样本 k 阶原点矩 $A_k=\frac{1}{n}\sum\limits_{i=1}^{n}X_i^k$，所以总体均值的估计量是均值 $\overline{X}$；总体 k 阶中心矩 $v_k=E[X-E(X)]^k$ 的估计量是样本 k 阶中心矩 $B_k=\frac{1}{n}\sum\limits_{i=1}^{n}(X_i-\overline{X})^k$，所以总体方差的矩估计量是样本二阶中心矩．

我们就可以利用样本均值 $\overline{X}$ 的观测值 $\overline{x}$ 作为总体均值 μ 的估计值，用样本方差 S^2 的观测值 s^2 作为总体方差 σ^2 的估计值．

例 1 某灯泡厂某天生产了一大批灯泡，从中抽取了 10 个进行寿命试验，得数据如下（单位：小时）：

1050　1100　1080　1120　1200　1250　1040　1130　1300　1200

该天生产的灯泡平均寿命大约是多少？

解 计算出 $\overline{x}=1147$，以此作为总体期望值 μ 的估计，即可以认为该天生产的灯泡平均寿命大约是 1147 小时．

矩估计法简单易行，但比较粗糙．这是因为它没有充分利用总体分布所提供的关于未知参数的信息，另外，矩估计一般来说还不是唯一的（泊松分布中的参数 λ 的矩估计，可以是 $\overline{X}$，也可以是 S^2），而且当总体矩不存在时，它也不存在，因此有必要研究其他的估计方法．

例 2 设某种电子元件的寿命 $X\sim N(\mu,\sigma^2)$，其中 μ,σ^2 未知，现随机抽取 5 个产品，测得寿命（单位：h）分别为：

$$1500 \quad 1450 \quad 1453 \quad 1502 \quad 1650$$

试求 μ 及 σ^2 的矩估计值.

解 对正态总体 $N(\mu,\sigma^2)$，有 $EX=\mu, DX=\sigma^2$，由矩估计法，得估计量

$$\hat{\mu}=\hat{E}X=\overline{X}, \hat{\sigma}^2=\hat{D}X=S^2.$$

因为 $\overline{X}=\frac{1}{5}(1500+1450+1453+1502+1650)=1511$，所以

$$\begin{aligned} S^2 &= \frac{1}{5-1}[(1500-1511)^2+(1450-1511)^2+(1453-1511)^2+(1502-1511)^2 \\ &\quad +(1650-1511)^2] \\ &= 6652. \end{aligned}$$

于是，μ 的矩估计值 $\hat{\mu}=1511$，σ^2 的矩估计值为 $\hat{\sigma}^2=6652$.

2. 极大似然估计法

现在要根据从总体 X 中抽到的样本 $(X_1, X_2, \cdots, X_n)$ 对总体分布中的未知数 θ 进行估计. 极大似然估计法是要选取这样的数 $\hat{\theta}$ 作为 θ 的估计值，使得当 $\theta=\hat{\theta}$ 时，观察结果出现的可能性最大.

设 X 为连续型随机变量，它的分布函数是 $F(x;\theta)$，分布密度是 $\Phi(x;\theta)$，其中 θ 是未知参数，可以是一个值，也可以是一个向量. 由于样本的独立性，则样本 $(X_1, X_2, \cdots, X_n)$ 的联合分布密度是

$$L(x_1, x_2, \cdots, x_n;\theta) = \prod_{i=1}^{n}(x_i;\theta).$$

每一个取定的样本值 $x_1, x_2, \cdots, x_n$ 为常数，L 是参数 θ 的函数，称 L 为样本的**似然函数**(如果 θ 是一个向量，则 L 是多元函数).

定义 5.5 设 X 为离散型随机变量，有概率函数 $P\{X=x_i\}=P(x_i;\theta)$，则似然函数为

$$L(x_1, \cdots, x_n;\theta) = \prod_{i=1}^{n}(x_i;\theta).$$

如果 $L(x_1, \cdots, x_n;\theta)$ 在 $\hat{\theta}$ 处达到极大值，称 $\hat{\theta}$ 是 θ 的**极大似然估计**.

由此，可得求极大似然估计的一般步骤如下：

(1)由总体分布导出样本的联合概率函数(或联合密度)；

(2)求似然函数 $L(\theta)$ 的极大值点(常转化为 $\ln L(\theta)$ 的极大值点)；

(3)在极大值点的表达式中，用样本值代入就得参数的极大似然估计值.

例 3 已知 $X \sim \Phi(x_i;\theta)=\begin{cases}\frac{1}{\theta}e^{-\frac{x}{\theta}}, & x>0, \\ 0, & \text{其他}.\end{cases}$

其中 $\theta>0$；$x_1, x_2, \cdots, x_n$ 为 X 的一组样本观察值. 求 θ 的极大似然估计.

解 似然函数

$$L(x_1,\cdots,x_n;\theta)=\prod_{i=1}^{n}\frac{1}{\theta}e^{-\frac{x_i}{\theta}}=\frac{1}{\theta^n}e^{-\frac{1}{\theta}\sum_{i=1}^{n}x_i},$$

$$\ln L=-n\ln\theta-\frac{1}{\theta}\sum_{i=1}^{n}x_i,$$

$$\frac{d\ln L}{d\theta}=-\frac{n}{\theta}+\frac{1}{\theta^2}\sum_{i=1}^{n}x_i.$$

解似然方程

$$-\frac{n}{\theta}+\frac{1}{\theta^2}\sum_{i=1}^{n}x_i=0,$$

得

$$\hat{\theta}=\frac{1}{n}\sum_{i=1}^{n}x_i=\overline{x}.$$

$\overline{x}$就是θ极大似然估计.

例 4 已知 X 服从正态分布 $N(\mu,\sigma^2)$,$x_1,x_2,\cdots,x_n$ 为 X 的一组样本观察值,用最大似然估计法估计 μ,σ^2 的值.

$$\begin{aligned}L&=\prod_{i=1}^{n}\frac{1}{\sqrt{2\pi}\sqrt{\sigma^2}}e^{\frac{(x_i-\mu)^2}{2\sigma^2}}\\&=\left(\frac{1}{\sqrt{2\pi}}\right)^n\left(\frac{1}{\sigma^2}\right)^{\frac{n}{2}}e^{-\frac{1}{2\sigma^2}\sum_{i=1}^{n}(x_i-\mu)^2},\end{aligned}$$

$$\ln L=n\ln\left(\frac{1}{\sqrt{2\pi}}\right)-\frac{n}{2}\ln\sigma^2-\frac{1}{2\sigma^2}\sum_{i=1}^{n}(x_i-\mu)^2,$$

$$\frac{\partial\ln L}{\partial\mu}=\frac{1}{\sigma^2}\sum_{i=1}^{n}(x_i-\mu),$$

$$\frac{\partial\ln L}{\partial\sigma^2}=-\frac{n}{2\sigma^2}+\frac{1}{2\sigma^2}\sum_{i=1}^{n}(x_i-\mu)^2,$$

解似然方程组

$$\begin{cases}\dfrac{1}{\sigma^2}\displaystyle\sum_{i=1}^{n}(x_i-\mu)=0,\\-\dfrac{n}{2\sigma^2}+\dfrac{1}{2\sigma^2}\displaystyle\sum_{i=1}^{n}(x_i-\mu)^2=0,\end{cases}$$

得

$$\hat{\mu}=\frac{1}{n}\sum_{i=1}^{n}x_i=\overline{x},$$

$$\hat{\sigma}^2=\frac{1}{n}\sum_{i=1}^{n}(x_i-\hat{\mu})^2=\frac{1}{n}\sum_{i=1}^{n}(x_i-\overline{x})^2.$$

5.2.2 估计量优良性的准则

在介绍估计量优良性的准则前，我们必须强调指出：评价一个估计量的好坏，不能仅仅依据一次试验的结果，而必须由多次试验结果来衡量，这是因为估计量是样本的函数，是随机变量. 因此，由不同的观测结果，就会求得不同的参数估计值. 故一个好的估计，应在多次试验中体现出优良性. 常用的有以下几条标准.

1. 无偏性

估计量是随机变量，对于不同的样本值会得到不同的估计值. 我们希望估计值在未知参数真值附近摆动，而它的期望值等于未知参数的真值. 这就引出无偏性这个标准.

定义 5.6 设 $\hat{\theta}(X_1, X_2, \cdots, X_n)$ 是未知参数 θ 的估计量，若 $E(\hat{\theta})=\theta$ 称 $\hat{\theta}$ 为 θ 的**无偏估计**.

设 $X_1, X_2, \cdots, X_n$ 是取自总体 X 的一个样本，$E(X)=\mu$，$D(X)=\sigma^2$，则可以验证：

样本均值 $\overline{X}=\frac{1}{n}\sum\limits_{i=1}^{n}X_i$ 是总体均值的 μ 无偏估计；

样本方差 $S^2=\frac{1}{n-1}\sum\limits_{i=1}^{n}(X_i-\overline{X})^2$ 是总体方差 σ^2 的无偏估计.

但样本二阶中心矩 $B_2=\frac{1}{n}\sum\limits_{i=1}^{n}(X_i-\overline{X})^2$ 却不是 σ^2 的无偏估计，而 S 也不是 σ 的无偏估计.

无偏性是对估计量的一个常见且重要的要求. 无偏性的实际意义是指没有系统性的偏差. 例如，样本均值作为总体均值 μ 的估计时虽无法说明一次估计所产生的偏差，但这种偏差 $\overline{X}-\mu$ 随机地在 0 的周围波动，对同一统计问题大量重复使用不会产生系统偏差.

例 5 已知总体 X 服从 $N(\mu,\sigma^2)$，设 x_1, x_2, x_3 是总体 x 的样本，定义如下两个无偏估计量：

$$\hat{\mu}_1=\frac{1}{5}x_1+\frac{3}{5}x_2+\frac{1}{5}x_3,\ \hat{\mu}_2=\frac{1}{3}x_1+\frac{1}{3}x_2+\frac{1}{3}x_3,$$ 问 $\hat{\mu}_1$ 与 $\hat{\mu}_2$ 哪一个更有效？

解 由于 $\hat{\mu}_1$ 与 $\hat{\mu}_2$ 是参数 μ 的无偏估计量，分别计算 $\hat{\mu}_1$ 与 $\hat{\mu}_2$ 的方差，得

$$D(\hat{\mu}_1)=\frac{1}{25}D(x_1)+\frac{9}{25}D(x_2)+\frac{1}{25}D(x_3)=\frac{11}{25}\sigma^2$$

$$D(\hat{\mu}_2)=\frac{1}{9}D(x_1)+\frac{1}{9}D(x_2)+\frac{1}{9}D(x_3)=\frac{1}{3}\sigma^2$$

因为 $\frac{1}{3}<\frac{11}{25}$，所以 $\hat{\mu}_1$ 比 $\hat{\mu}_2$ 有效. 由此不难看出，样本均值 $\overline{x}$ 符合估计量的两个标准，是较好的估计量.

2. 有效性

一个参数往往有不止一个无偏估计，从这些无偏估计中要挑出最优的，优良性的准则

不同，找出的估计也不完全相同，这里介绍有效性.

如果在样本容量 n 相同的情况下，$\hat{\theta}_1$ 的观测值较 $\hat{\theta}_2$ 的观察值更密集在真值 θ 的附近，我们就认为 $\hat{\theta}_1$ 较 $\hat{\theta}_2$ 理想. 由于方差是随机变量取值与其数学期望的偏离程度的度量，所以无偏估计以方差小者为好. 这就引进了有效性这一概念.

定义 5.7 设 $\hat{\theta}_1=\hat{\theta}_1(X_1,X_2,\cdots,X_n)$ 和 $\hat{\theta}_2=\hat{\theta}_2(X_1,X_2,\cdots,X_n)$ 都是参数 θ 的无偏估计量，若有 $D(\hat{\theta}_1)<D(\hat{\theta}_2)$，称 $\hat{\theta}_1$ **较** $\hat{\theta}_2$ **有效.**

在数理统计中常用到最小方差无偏估计. 它的定义是：

定义 5.8 设 $X_1,X_2,\cdots,X_n$ 是取自总体 X 的一个样本，$\hat{\theta}(X_1,X_2,\cdots,X_n)$ 是未知参数 θ 的一个估计量，若 $\hat{\theta}$ 满足：

(1) $E(\hat{\theta})=\theta$，即 $\hat{\theta}$ 为 θ 的无偏估计；

(2) $D(\hat{\theta})\leqslant D(\hat{\theta}^*)$，$\hat{\theta}^*$ 是 θ 的任一无偏估计，

称 $\hat{\theta}$ 为 θ 的**最小方差无偏估计**（也称**最佳无偏估计**）.

3. 一致性

定义 5.9 设 $\hat{\theta}(X_1,X_2,\cdots,X_n)$ 为参数 θ 的估计量，若对于任意的 $\varepsilon>0$，有

$$\lim_{n\to\infty}P\{|\hat{\theta}-\theta|<\varepsilon\}=1,$$

称 $\hat{\theta}_2$ 是参数 θ 的一个**一致估计.**

例如，用样本均值 $\overline{X}$ 去估计总体均值 μ，具有一致性.

一致性是对一个估计量最基本的要求. 如果一个估计量没有一致性，那么，不论样本取多大，我们也不可能把未知数估计到预定的精度.

5.3 区间估计

上一节，我们讨论了参数点估计，它是用样本的一个值去估计未知的总体参数 θ. 但是，点估计值仅仅是未知参数 θ 的一个近似值，它没有反映出这个近似值的误差范围，使用起来把握不大. 区间估计正好弥补了点估计的这个缺陷.

5.3.1 区间估计的概念

设总体的概率分布 $F(x;\theta)$ 中包括未知参数 θ，$X_1,X_2,\cdots,X_n$ 是从该总体中抽取的样本. 所谓的**区间估计**. 就是以两个统计量 $\hat{\theta}_1(X_1,X_2,\cdots,X_n)\leqslant\hat{\theta}_2(X_1,X_2,\cdots,X_n)$ 为端点的区间 $(\hat{\theta}_1,\hat{\theta}_2)$ 来估计未知参数 θ 在区间 $(\hat{\theta}_1,\hat{\theta}_2)$ 内的可能性. 这里有两个要求：

(1) 要求 θ 以很大的可能被包含在区间 $(\hat{\theta}_1,\hat{\theta}_2)$ 内，就是说，概率 $P\{\theta_1\leqslant\theta\leqslant\theta_2\}$ 要尽可能大；

(2) 估计的精确度要尽可能高，比方说，要求区间的长度 $(\hat{\theta}_2-\hat{\theta}_1)$ 尽可能小，或某种能

体现该要求的其他准则.

例如,一个人的体重在某一区间内,如在(60,70)(单位:kg)内,我们要求该估计尽量可靠,即有很大的把握认为此人的体重在这个范围内.同时,也要求这个区间不能太长,区间长了可靠度提高了,但精度也差了.这是一对矛盾,一般是在保证可靠的条件下,尽量提高精度.下面给出置信区间的定义.

定义 5.10 设 θ 是一个要估计的参数,给定一个很小的正数 $\alpha>0$,若由样本 $X_1,X_2,\cdots,X_n$ 确定的两个统计量 $\hat{\theta}_1(X_1,X_2,\cdots,X_n)$,$\hat{\theta}_2(X_1,X_2,\cdots,X_n)$($\hat{\theta}_1<\hat{\theta}_2$)满足 $P\{\hat{\theta}_1\leqslant\theta\leqslant\hat{\theta}_2\}=1-\alpha$,称区间$(\hat{\theta}_1,\hat{\theta}_2)$是 θ 的置信水平为 $1-\alpha$ 的**置信区间**.$\hat{\theta}_1,\hat{\theta}_2$ 分别称为**置信下限**和**置信上限**.

一般的,求置信区间的步骤如下:

(1)明确问题是求什么参数的置信区间,置信水平 $1-\alpha$ 是多少;

(2)寻找参数的一个良好的点估计 T;

(3)寻找一个待估参数 θ 和估计量 T 的函数 $S(T,\theta)$ 称为样本函数,其分布为已知并且不依赖于任何未知参数;

(4)对于给定的置信水平 $1-\alpha$,根据 $S(T,\theta)$的分布,确定常数 a,b 使得

$$P\{a\leqslant S(T,\theta)\leqslant b\}=1-\alpha;$$

(5)对 $a\leqslant S(T,\theta)\leqslant b$ 作等价变形,得到如下形式:

$$P\{\hat{\theta}_1(X_1,X_2,\cdots,X_n)\leqslant\theta\leqslant\hat{\theta}_2(X_1,X_2,\cdots,X_n)\}=1-\alpha,$$

则$(\hat{\theta}_1,\hat{\theta}_2)$就是参数 θ 的置信水平为 $1-\alpha$ 的置信区间.

5.3.2 总体均值 μ 和方差 σ^2 的区间估计

1. 均值 μ 的置信区间

(1)正态总体 $N(\mu,\sigma^2)$的情况.

设 $X_1,X_2,\cdots,X_n$ 是取自正态总体 $N(\mu,\sigma^2)$的样本,$\overline{X},S^2$ 分别为样本均值和样本方差,置信度为 $1-\alpha$.

①σ^2 为已知.

设总体 $N(\mu,\sigma^2)$,已知 $\sigma=0.01$,从总体中随机抽取样本 $X_1,X_2,\cdots,X_n$.要求以置信度 $1-\alpha(0<\alpha<1)$对总体期望 μ 作区间估计.由于

$$\frac{\overline{X}-\mu}{\sigma/\sqrt{n}}\sim N(0,1), \tag{5.3.1}$$

按标准正态分布的上侧 α 分位数的定义,给定概率 $1-\alpha(0<\alpha<1)$,存在分位数 $\mu_{\alpha/2}$ 使

$$P\left\{\left|\frac{\overline{x}-\mu}{\sigma/\sqrt{n}}\right|<\mu_{\alpha/2}\right\}=1-\alpha.$$

如图 5-7 所示,分位数 $\mu_{\alpha/2}$ 可从附录中查得.

改写上式为

$$P\left\{\overline{X}-\frac{\mu}{\sqrt{n}}\mu_{\alpha/2}<\mu<\overline{X}+\frac{\mu}{\sqrt{n}}\mu_{\alpha/2}\right\}=1-\alpha,$$

从而得到 μ 的一个置信度为 $1-\alpha$ 的置信区间：

$$\left(\overline{X}-\frac{\sigma}{\sqrt{n}}\mu_{\alpha/2},\overline{X}+\frac{\sigma}{\sqrt{n}}\mu_{\alpha/2}\right).$$

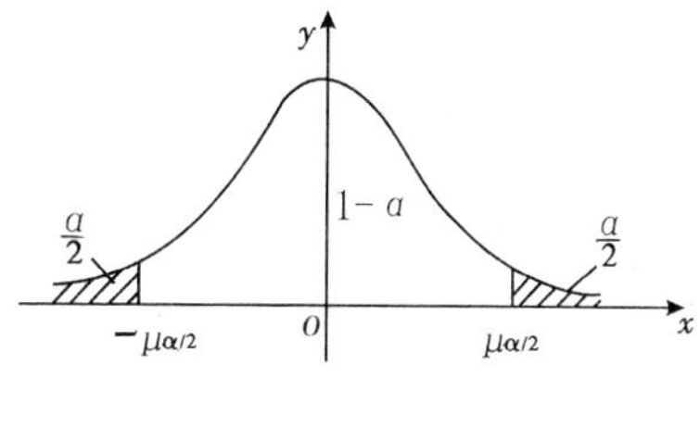

图 5-7

$\overline{X}-\frac{\mu}{\sqrt{n}}\mu_{\alpha/2}$ 和 $\overline{X}+\frac{\mu}{\sqrt{n}}\mu_{\alpha/2}$ 分别称为 μ 的置信度为 $1-\alpha$ 的置信下限和置信上限.

②σ^2 为未知.

设 $X_1,X_2,\cdots,X_n$ 是取自正态总体 $N(\mu,\sigma^2)$ 的样本，σ^2 未知，求参数 μ 的置信水平为 $1-\alpha$ 的置信区间.

μ 的点估计仍取为样本值 $\overline{X}$.

由于 σ^2 未知，不能使用(5.3.1)式，考虑到样本方差 S^2 是 σ^2 的无偏估计，取样本函数

$$\frac{\overline{X}-\mu}{S/\sqrt{n}}\sim t(n-1),$$

对于给定的置信水平 $1-\alpha$，查 t 分布分位数表得 $t_{\alpha/2}$，使

$$P\left\{\left|\frac{\overline{X}-\mu}{S/\sqrt{n}}\right|\leqslant t_{\alpha/2}\right\}=1-\alpha,$$

即

$$P\left\{\overline{X}-\frac{S}{\sqrt{n}}t_{\alpha/2}\leqslant\mu\leqslant\overline{X}+\frac{S}{\sqrt{n}}t_{\alpha/2}\right\}=1-\alpha,$$

这样，就得到了 μ 的一个置信水平为 $1-\alpha$ 的置信区间 $\left(\overline{X}-\frac{S}{\sqrt{n}}t_{\alpha/2},\overline{X}+\frac{S}{\sqrt{n}}t_{\alpha/2}\right)$. 这样的置信区间常写成 $\left(\overline{X}\pm\frac{S}{\sqrt{n}}t_{\alpha/2}\right)$.

(2)总体分布未知，但样本容量 n 很大.

此时由中心极限定理，知 $\frac{\overline{X}-\mu}{\sigma/\sqrt{n}}$ 近似服从 $N(0,1)$. 因此总体方差 σ^2 已知时，得到 μ 的一个置信水平为 $1-\alpha$ 的近似置信区间 $\left(\overline{X}-\frac{\sigma}{\sqrt{n}}u_{\alpha/2},\overline{X}+\frac{\sigma}{\sqrt{n}}u_{\alpha/2}\right)$. 但 σ 一般也未知，用 S 代替，这样就得到 μ 的一个置信水平为 $1-\alpha$ 的近似置信区间 $\left(\overline{X}-\frac{S}{\sqrt{n}}u_{\alpha/2},\overline{X}+\frac{S}{\sqrt{n}}u_{\alpha/2}\right)$. 区间估计的实际置信水平与 $1-\alpha$ 会略有差别. 所谓“近似置信区间”中的“近似”的含义就在于此. 差别的大小与样本容量 n 有关，n 愈大，差别愈小，一般至少要求 $n\geqslant 30$.

2. 方差 σ^2 的置信区间

设 $X_1,X_2,\cdots,X_n$ 是取自正态总体 $N(\mu,\sigma^2)$ 的样本，这里只介绍 μ 未知时，求参数 σ^2 的置信水平为 $1-\alpha$ 的置信区间.

σ^2 的点估计取为样本方差 S^2，则

$$\frac{(n-1)S^2}{\sigma^2} \sim \chi^2(n-1).$$

对于给定的置信水平 $1-\alpha$，查 χ^2 分布表可得 $\chi^2_{1-\alpha/2}(n-1)$，$\chi^2_{\alpha/2}(n-1)$，使

$$P\left\{\chi^2_{1-\alpha/2}(n-1) \leqslant \frac{(n-1)S^2}{\sigma^2} \leqslant \chi^2_{\alpha/2}(n-1)\right\} = 1-\alpha,$$

即

$$P\left\{\frac{(n-1)S^2}{\chi^2_{\alpha/2}(n-1)} \leqslant \sigma^2 \leqslant \frac{(n-1)S^2}{\chi^2_{1-\alpha/2}(n-1)}\right\} = 1-\alpha.$$

于是得方差 σ^2 的一个置信水平为 $1-\alpha$ 的置信区间 $\left(\frac{(n-1)S^2}{\chi^2_{\alpha/2}(n-1)}, \frac{(n-1)S^2}{\chi^2_{1-\alpha/2}(n-1)}\right)$.

例 1 从一批钉子中抽取 16 枚，测得其长度为(单位：cm)：

2.14　2.10　2.13　2.15　2.13　2.12　2.13　2.10，

2.15　2.12　2.14　2.10　2.13　2.11　2.14　2.11.

设钉长服从正态分布，$\sigma=0.01$mm. 试求总体期望值 μ 的置信度为 90%的置信区间.

解 $\sigma=0.01$，$n=16$，$\bar{x}=0.125$，$\alpha=0.1$，查附录得 $\mu_{\alpha/2}=1.645$，所以

$$P\left\{2.125-\frac{0.01}{\sqrt{16}}\times 1.645<\mu<2.125+\frac{0.01}{\sqrt{16}}\times 1.645\right\}=0.9.$$

即

$$P\{2.1209<\mu<2.1291\}=0.9,$$

μ 的置信度为 90%的置信区间为(2.1209，2.1291).

例 2 假设新生男婴的体重服从正态分布，随机抽取 12 名新生男婴，测得其体重的均值为 $\bar{x}=3057$g，标准差为 $s=375.3$g. 求新生男婴平均体重的置信度为 95%的置信区间.

解 这里 $\alpha=0.05$，$n=12$，$\bar{x}=3057$，$s=375.3$，查表得

$$t_{\alpha/2}(n-1)=t_{0.025}(1)=2.201,$$

从而得到 μ 的置信下限和置信上限为

$$\underline{\theta}=\overline{X}-\frac{S}{\sqrt{n}}t_{\alpha/2}=2819,$$

$$\bar{\theta}=\overline{X}+\frac{S}{\sqrt{n}}t_{\alpha/2}=3295,$$

故新生男婴平均体重的置信度为 95%的置信区间为(2819，3295).

例 3 设炮弹速度服从正态分布，取 9 发炮弹做试验，得样本方差 $S^2=11(\mathrm{m/s})^2$，求炮弹速度方差 σ^2 的置信度为 0.9 的置信区间.

解 由题设，$n=9$，$\alpha/2=0.05$，查 χ^2 分布表得：

$$\chi^2_{0.05}(8) = 15.507, \chi^2_{0.95}(8) = 2.733,$$

从而得到 σ^2 的置信下限和置信上限为

$$\underline{\theta}=\frac{(n-1)S^2}{\chi^2_{\alpha/2}(n-1)}=\frac{8\times11}{15.507}=5.675,$$

$$\bar{\theta}=\frac{(n-1)S^2}{\chi^2_{1-\alpha/2}(n-1)}=\frac{8\times11}{2.733}=32.199,$$

故炮弹速度方差 σ^2 的置信度为 0.9 的置信区间为(5.675,32.199),标准差 σ 的置信区间为(2.38,5.67).

5.4 假设检验

在数理统计中,常常根据需要,对所要研究的总体作出某种假设,然后根据一次抽样的结果,运用小概论原理,对所作的假设进行判断,决定接受或者拒绝这个假设,这就是**假设检验**.

与参数估计的理由一样,由于自然界中大量的随机现象都服从正态分布,我们主要研究有关正态总体的假设检验.

5.4.1 基本原理

1.假设检验的原理

假设检验的主要依据是"小概率事件在一次试验中几乎是不可能发生的"原理.例如,1000 件产品中的次品率我们并不清楚,但"假设在 1000 件产品中含有 1 件次品",该假设正确与否,我们需采用试验的方法检验.现从中随机抽取 1 件,则"取得次品"的概率很小(概率是 1/1000).因此,在 1000 件产品中只含有 1 件次品的假设下,从中抽取 1 件,恰好取得次品就是个小概率事件.如果在一次试验中这个事件居然发生了,我们将怀疑这 1000 件产品中是否真的只有 1 件次品,从而拒绝原假设"1000 件产品中只有 1 件次品".根据这个原理,我们就得到一个概率反证法,即,如果在某假设成立的条件下,只进行一次试验,某小概率事件 A 发生了,则有理由认为原来的假设是不成立的,因而拒绝原假设;相反,如果小概率事件 A 没有发生,则不拒绝原假设.下面我们举例说明假设检验的方法.

例 1 某糖厂自动打包机在正常工作状态时,每包蔗糖重量服从 $N(100,2^2)$.某日抽查 10 包,得 $\overline{x}=101\text{kg}$,问该打包机是否仍处于正常工作状态?

解 设该打包机工作正常,即样本来自总体 $X\sim N(100,2^2)$,我们把这个假设记作 $H_0:\mu=100$.在这个假设下,统计量 $U=\dfrac{\overline{X}-\mu}{\frac{\sigma}{\sqrt{n}}}\sim N(0,1)$.如取 $\alpha=0.05$,查正态分布表,可

知

$$P\{|U|\geqslant 1.96\}=0.05,$$

即$|U|\geqslant 1.96$是小概率事件. 把$\bar{x}=101,\mu=100,\sigma=2,n=10$代入统计量$U=\dfrac{\bar{x}-\mu}{\dfrac{\sigma}{\sqrt{n}}}$,得

$$U=\frac{101-100}{\dfrac{2}{\sqrt{10}}}=1.581.$$

因为$|U|=1.581<1.96$,小概率事件没有发生,故认为打包机工作正常.

其中$H_0:\mu=100$称**假设或待检假设**,事先给定的α称**显著性水平**,也称**信度**.

假设检验的判断,并非完全正确,而只是根据小概率原理作出的一种判断,因而存在判错的可能. 错判有两类,一种是原假设本来是真的而作出了拒绝的判断,称为**第一类错误**;另一种是原假设本来不真而作出了接受的判断,称为**第二类错误**. 因为第一类错误是指原假设本来为真只是由于出现了小概率事件而错误地被拒绝,所以小概率α有多大,犯这种错误的概率就有多大,换句话说,犯第一类错误的概率是α. 第二类错误的概率也与小概率α有关,记作β. 我们希望犯这两种错误的概率α,β都小,这实际上是办不到的,因为α小时往往使β增大,要求β也小时就要扩大样本容量. α一般取0.01,0.05,0.1等.

2. 假设检验的一般步骤

根据上述讨论,假设检验的一般步骤如下:

(1)建立原假设H_0(被择假设H_1);

(2)根据检验对象,构造适当的统计量$g(X_1,X_2,\cdots,X_n)$;

(3)在H_0成立的条件下,确定统计量$g(X_1,X_2,\cdots,X_n)$的分布;

(4)由显著性水平α确定临界值,从而得到拒绝域或接受域;

(5)根据样本值计算统计量的观测值,由此做出接受原假设或拒绝原假设的结论.

3. 假设检验与区间估计的关系

假设检验与区间估计是两种最重要的统计推断形式,这两者初看好像完全不同,其实两者之间有一定的联系. 下面用一例作简要说明.

例 2 设总体$X\sim N(\mu,\sigma^2)$,σ^2已知,若求μ的区间估计,应选择统计量

$$U=\frac{\overline{X}-\mu}{\sigma/\sqrt{n}}\sim N(0,1),$$

按置信水平$1-\alpha$确定一个大概率事件

$$P=\left\{\left|\frac{\overline{X}-\mu}{\sigma/\sqrt{n}}\right|\leqslant u_{\alpha/2}\right\}=1-\alpha.$$

由此得到μ的置信水平为$1-\alpha$的区间估计为

$$\left[\overline{X}-u_{\alpha/2}\frac{\sigma}{\sqrt{n}},\overline{X}+u_{\alpha/2}\frac{\sigma}{\sqrt{n}}\right].$$

这个区间估计就是原假设$H_0:\mu=\mu_0$的一个接受区域,显著性水平为α.

对于假设检验$H_0:\mu=\mu_0$;$H_1:\mu\neq\mu_0$,选取的统计量是

$$U=\frac{\overline{X}-\mu_0}{\sigma/\sqrt{n}}\sim N(0,1).$$

对给定的显著性水平 α，得小概率事件

$$P=\left\{\left|\frac{\overline{X}-\mu_0}{\sigma/\sqrt{n}}\right|>\mu_{\alpha/2}\right\}=\alpha.$$

由实测值 $|U|>\mu_{\alpha/2}$ 是否成立，决定是否拒绝原假设. 拒绝域为 $|U|>\mu_{\alpha/2}$；接受域为 $|U|\leqslant\mu_{\alpha/2}$.

若把 μ_0 改为 μ，那么结果正是 μ 的区间估计，置信水平为 $1-\alpha$.

5.4.2 正态总体均值的假设检验

1. σ^2 已知，关于 μ 的 U 检验

设总体 $X\sim N(\mu,\sigma^2)$，σ^2 已知，$X_1,X_2,\cdots,X_n$ 为来自该总体的样本，在原假设 $H_0:\mu=\mu_0$ 下，给定显著性水平 $\alpha(0<\alpha<1)$，统计量

$$U=\frac{\overline{X}-\mu}{\sigma/\sqrt{n}}=\frac{\overline{X}-\mu_0}{\sigma/\sqrt{n}}\sim N(0,1),$$

于是有分位数 $u_{\alpha/2}$ 使 $P\{|U|\geqslant u_{\alpha/2}\}=\alpha$. 当统计量 U 的观测值 $u=\frac{\overline{x}-\mu_0}{\sigma/\sqrt{n}}$ 满足不等式 $|u|=\left|\frac{\overline{x}-\mu_0}{\sigma/\sqrt{n}}\right|\geqslant u_{\alpha/2}$，就拒绝 $H_0:\mu=\mu_0$.

这种利用服从标准正态分布的统计量来进行的检验叫 U **检验**.

2. σ^2 未知，关于 μ 的 t 检验

设总体 $X\sim N(\mu,\sigma^2)$，σ^2 未知，$X_1,X_2,\cdots,X_n$ 为来自该总体的样本，在原假设 $H_0:\mu=\mu_0$ 下，给定显著性水平 $\alpha(0<\alpha<1)$，统计量

$$T=\frac{\overline{X}-\mu}{S/\sqrt{n}}=\frac{\overline{X}-\mu_0}{S/\sqrt{n}}\sim t(n-1),$$

于是有分位数 $t_{\alpha/2}(n-1)$ 使 $P\{|T|\geqslant t_{\alpha/2}(n-1)\}=\alpha$. 当统计量 T 的观测量 $t=\frac{\overline{x}-\mu_0}{s/\sqrt{n}}$ 满足不等式 $|t|=\left|\frac{\overline{x}-\mu_0}{s/\sqrt{n}}\right|\geqslant t_{\alpha/2}(n-1)$，就拒绝 $H_0:\mu=\mu_0$.

这种利用服从 t 分布的统计量的检验方法叫 t **检验法**.

例 3 某种电子元件的寿命 X(单位：小时)服从正态分布 $X\sim N(\mu,\sigma^2)$，σ^2，μ 均未知. 现测得 16 只元件的寿命如下：

159　280　101　212　224　379　179　264

362　168　250　149　260　485　170　222

问：是否有理由认为元件的平均寿命等于 225 小时？

解 提出假设 $H_0:\mu=\mu_0=225$，取 $\alpha=0.05$，查 t 分布表得

$$t_{\alpha/2}(n-1)=t_{0.0025}(15)=2.1315,$$

使

$$P=\left\{\left|\frac{\overline{X}-\mu_0}{S/\sqrt{n}}\right|\geqslant t_{\alpha/2}(n-1)\right\}=\alpha,$$

由于

$$\bar{x}=241.5,s=98.7259,n=16,$$

所以统计量 $T=\dfrac{\overline{X}-\mu_0}{S/\sqrt{n}}$ 的观测值满足不等式

$$|t|=\left|\frac{\bar{x}-\mu_0}{s/\sqrt{n}}\right|=0.6685<2.1315=t_{0.025}(15).$$

故接受 $H_0:\mu=\mu_0=225$，认为元件的平均寿命与225小时无显著差异.

5.4.3 正态总体方差的假设检验

1. 单个正态总体方差 σ^2 的检验——χ^2 检验

设总体 $X\sim N(\mu,\sigma^2)$，σ^2,μ 均未知，$X_1,X_2,\cdots,X_n$ 为来自该总体的一个样本. 在显著性水平 α 下检验假设 $H_0:\sigma^2=\sigma_0^2$（${\sigma_0}^2$ 为已知常数），当 H_0 为真时

$$\frac{(n-1)S^2}{\sigma_0^2}\sim\chi^2(n-1),$$

对给定 α，查附录确定分位数 $\chi^2_{\alpha/2}(n-1)$ 和 $\chi^2_{1-\alpha/2}(n-1)$，则有

$$P\left\{\frac{(n-1)S^2}{{\sigma_0}^2}\leqslant\chi^2_{\alpha/2}(n-1)\right\}=\frac{\alpha}{2},$$

$$P\left\{\frac{(n-1)S^2}{\sigma_0^2}\geqslant\chi^2_{1-\alpha/2}(n-1)\right\}=\frac{\alpha}{2}.$$

若不等式 $\dfrac{(n-1)S^2}{\sigma_0^2}\leqslant x^2_{1-\alpha/2}(n-1)$ 或 $\dfrac{(n-1)S^2}{\sigma_0^2}\leqslant x^2_{\alpha/2}(n-1)$ 成立，就拒绝 H_0；否则，就接受 H_0.

这种利用服从 χ^2 分布的统计量的检验方法叫 χ^2 **检验法**.

例 4 某厂生产某种型号的电池，其寿命（单位：h）长期以来服从方差为 $\sigma^2=5000$（h^2）的正态分布. 现有一批这样的电池，从生产情况来看，寿命的波动性有所改变，先随机抽取26只电池测寿命的样本方差 $s^2=9200(\mathrm{h}^2)$. 问根据这一数据能否推断这批电池的寿命的波动性较以往有显著变化($\alpha=0.02$)？

解 按题意要在显著水平 $\alpha=0.02$ 下检验假设 $H_0:\sigma_0^2=5000$.

由于 $n=26$，$\alpha=0.02$，查表得：

$$\chi^2_{\alpha/2}(n-1)=\chi^2_{0.01}(25)=44.314,$$

$$\chi^2_{1-\alpha/2}(n-1)=\chi^2_{0.99}(25)=11.524.$$

将 $\sigma_0^2=5000$ 和抽样所得 $s^2=9200$ 代入 $\frac{(n-1)s^2}{\sigma_0^2}$ 中得

$$\frac{(n-1)s^2}{\sigma_0^2}=46>44.314=\chi^2_{0.01}(25),$$

所以拒绝 H_0，即认为电池的寿命的波动性较以往有显著变化.

2. 两个正态总体方差相等的检验——F 检验

设 $X_1,X_2,\cdots,X_{n_1}$ 是总体 $N(\mu_1,\sigma_1{}^2)$ 的样本，$Y_1,Y_2,\cdots,Y_{n_2}$ 是总体 $N(\mu_2,\sigma_2{}^2)$ 的样本，且两样本相互独立. 它们的样本方差分别为 S_1^2,S_2^2.

假设 $H_0:\sigma_1^2=\sigma_2^2$，由于

$$\frac{(n_1-1)S_1^2}{\sigma_2^1}\sim\chi^2(n_1-1),\frac{(n_2-1)S_2^2}{\sigma_2^2}\sim\chi^2(n_2-1),$$

所以

$$\frac{S_1^2/\sigma_1^2}{S_2^2/\sigma_2^2}\sim F(n_1-1,n_2-2).$$

当 H_0 为真时，即 $\sigma_1^2=\sigma_2^2$ 时，

$$\frac{S_1^2}{S_2^2}\sim F(n_1-1,n_2-2),$$

对给定显著水平 α，查附录确定分位数 $F_{1-\alpha/2}(n_1-1,n_2-1)$ 和 $F_{\alpha/2}(n_1-1,n_2-1)$，则

$$P\left\{F_{1-\alpha/2}(n_1-1,n_2-1)<\frac{S_1^2}{S_2^2}<F_{\alpha/2}(n_1-1,n_2-1)\right\}=1-\alpha.$$

根据所得样本计算样本方差的观测值 s_1^2,s_2^2，若满足不等式

$$F_{1-\alpha/2}(n_1-1,n_2-1)<\frac{s_1^2}{s_2^2}<F_{\alpha/2}(n_1-1,n_2-1),$$

则接受 H_0；否则就拒绝 H_0.

例 5 为比较甲、乙两台自动机床的精度，分别取容量为 10 和 8 的两个样本，测量某个指标的尺寸，得到下列结果：

甲：1.08　1.10　1.12　1.14　1.15　1.25　1.36　1.38　1.40　1.42

乙：1.11　1.12　1.18　1.22　1.33　1.35　1.36　1.38

在 $\alpha=0.1$ 下，问这两台机床是否有同样的精度？

解 设两台自动机床的方差分别为 s_1^2 和 s_2^2，本题要求在 $\alpha=0.1$ 下检验假设

$$H_0:\sigma_1^2=\sigma_2^2;\ H_1:\sigma_1^2\neq\sigma_2^2.$$

取检验统计量 $F=\frac{S_1^2}{S_2^2}\sim F(9,7)$，其中 S_1^2,S_2^2 分别为两样本的样本方差.

拒绝域为

$$F=F_{1-\alpha/2}(9,7)\text{或}F\geqslant F_{\alpha/2}(9,7),$$

可计算得 F 的实测值为

$$F=\frac{s_1^2}{s_2^2}=1.51,$$

$$F=F_{1-\alpha/2}(9,7)=F\geqslant F_{0.95}(9,7)=\frac{1}{F_{0.05}(9,7)}=\frac{1}{3.29}\approx 0.304.$$

因 $F=1.51$，由于 $0.304<1.51<3.29$，故不能否定原假设，可以认为两台机床具有同样的精度.

本章小节

一、本章主要内容

本章简要介绍了样本概念、区间估计概念以及假设检验的基本原理.

二、基本知识

(1)样本的概念.

(2)常用统计量的分布：χ^2 分布、t 分布、F 分布的定义以及它们的性质、概率密度函数图像，还有相应的分位数概念及正态总体下的抽样分布.

(3)参数估计的两种常用方法：矩估计法和极大似然估计法及相应的简单运算.

(4)区间估计的概念及总体均值 μ 和方差的区间估计以及简单应用.

(5)假设检验的原理、步骤以及正态总体均值 μ 和方差的假设检验(U 检验、t 检验、χ^2 检验、F 检验).

习题 5

1. 设 $X_1,X_2,\cdots,X_n$ 为总体 X 的容量为 n 的样本，问样本均值 $\overline{X}=\frac{1}{n}\sum_{i=1}^{n}X_i$ 与总体 X 的数学期望 $E(X)$ 有何区别?

2. 证明：$\sum_{i=1}^{n}(x_i-\mu)^2=\sum_{i=1}^{n}(x_i-\overline{x})^2+n(\overline{x}-\mu)^2$.

3. 设对总体 X 得到一个容量为 10 的样本值(4.5,2.0,1.0,1.5,3.5,4.5,6.5,5.0,3.5,4.0)，试分别计算统计量的值：$\overline{x}=\frac{1}{n}\sum_{i=1}^{n}x_i$ 及 $s^2=\frac{1}{n-1}\sum_{i=1}^{n}(x_i-\overline{x})^2$.

4. 设总体 $X\sim N(20,4^2)$，从中随机抽取容量为 16 的样本，求样本均值 $\overline{X}$ 在 19 到 22 之间取值的概率.

5. 设总体 X 具有几何分布，它的分布列为 $P\{X=k\}=(1-p)^{k-1}p(k=1,2,\cdots)$.

(1)求未知参数 p 的点估计；

(2)求未知参数 p 的极大似然估计.

6. 一地质学家为研究某湖地区岩石成分，随机地在该地区取 100 个样品进行观察. 假设这 100 次观察相互独立，每个样品有 10 块石子，记录每个样品中属石灰石的石子数，并且由过去经验知，它们都服从二项分布 $B(10,p)$，p 是该地区一块石子为石灰石的概率.

求 p 的极大似然估计值.该地质学家所得的数据如下表：

样品中属石灰石的石子数	0	1	2	3	4	5	6	7	8	9	10
观察到石灰石的样品个数	0	1	6	7	23	26	21	12	3	1	0

7.设总体 X 服从正态分布 $N(\mu,1)$. X_1,X_2 是从此总体中抽取的一个样本.试验证下面三个估计量：

(1) $\hat{\mu}_1=\frac{2}{3}X_1+\frac{1}{3}X_2$,

(2) $\hat{\mu}_2=\frac{3}{4}X_1+\frac{1}{4}X_2$,

(3) $\hat{\mu}_3=\frac{1}{2}X_1+\frac{1}{2}X_2$

都是 μ 的无偏估计量,并求出每个估计量的方差,试确定哪一个方差最小.

8.从一批电子管中抽取 100 只,若抽取的电子管的平均寿命为 1000 小时,标准差为 40 小时,试求整批电子管的平均寿命的置信区间(给定置信度为 0.95).

9.为了估计湖中有多少条鱼,特从湖中捕出 100 条鱼,标上记号后又放回湖中,然后再捕 150 条鱼,发现其中有 10 条鱼带有已给的记号.问:湖中有多少条鱼,才能使 150 条鱼中出现 10 条带有记号的鱼的概率最大?

10.一批同类零件的长度在正常情况下服从正态分布 $X\sim N(4055,0.108^2)$.现抽测了 5 个零件,单位以厘米计的测量结果如下：

4.28　4.40　4.42　4.35　4.37

问:如果标准差没有改变,总体均值有无改变(显著性水平 $\alpha=0.05$)?

11.某种钢筋的强度依赖于其中的碳、锰、硅的含量所占比重,今炼了 6 炉含碳 0.15%、含锰 1.20%、含硅 0.40%的钢,这 6 炉钢生产出来的钢筋以 $\mathrm{kg/mm^2}$ 为单位的强度分别为：

48.5　49.0　53.5　49.5　56.0　52.5

一般说来,钢筋强度服从正态分布.按这样的配方生产的钢筋能否认为其强度的平均值为 52.0(α 取 0.05)?

12.用某种仪器间接测量物体温度(℃),重复 5 次,所得数据如下：

1250　1265　1260　1245　1275

而用别的精确办法测量温度为 1277℃(可看做温度真值).试问此仪器有无系统偏差(显著性水平 α 取 0.05)?

13.设某量服从正态分布,现得到 7 个样本值：

169　143　176　165　155　170　159

试检验假设 $H_0:\sigma^2=\sigma_0^2=64(\alpha=0.05)$.

14.对甲、乙两批同类的电阻进行测试,各抽 6 件,测得以欧为单位的阻值结果如下：

甲:0.140　0.138　0.143　0.141　0.144　0.137

乙：0.135　0.140　0.142　0.136　0.138　0.140

根据经验电阻值是服从正态分布的，试检验它们的方差是否相等（$\alpha=0.02$）.

15. 在针织品的漂白工艺过程中，要考察温度对针织品主要质量指标抗拉强度的影响. 为了比较70℃与80℃的影响有无差别，在这两个温度下，分别重复做了8次试验，得到数据如下：

70℃时以千克为单位的抗拉强度：

20.5　18.8　19.8　20.9　21.5　19.5　21.0　21.2

80℃时以千克为单位的抗拉强度：

17.7　20.3　20.0　18.8　19.0　20.1　20.2　19.1

试问：70℃下的抗拉强度与80℃下抗拉强度的方差有无差别（显著性水平 α 取0.05，抗拉强度服从正态分布）？

疑难解析和典型例题分析

例1　用某仪器测量温度，重复5次，得1250℃，1260℃，1265℃，1245℃，1275℃. 若测得的数据服从正态分布，试求温度真值所在的范围（$\alpha=0.05$）.

解　在总体方差未知的情况下，总体均值 μ（温度真值）的置信区间是

$$\left(\bar{x}-t_{\alpha/2}(n-1)\frac{s}{\sqrt{n}},\bar{x}+t_{\alpha/2}(n-1)\frac{s}{\sqrt{n}}\right),$$

查 t—分布表可知

$$t_{\alpha/2}(n-1)=t_{\alpha/2}(4)=2.776.$$

计算知

$$\bar{x}=\frac{1}{n}\sum_{i=1}^{n}x_i=1259,$$

$$s^2=\frac{1}{n-1}\sum_{i=1}^{n}(x_i-\bar{x})^2=142.5,$$

所以

$$t_{\alpha/2}(n-1)\frac{s}{\sqrt{n}}=2.776\times\sqrt{\frac{142.5}{5}}=14.8,$$

$$\bar{x}-t_{\alpha/2}(n-1)\frac{s}{\sqrt{n}}=1259-14.8=1244.2,$$

$$\bar{x}+t_{\alpha/2}(n-1)\frac{s}{\sqrt{n}}=1259-14.8=1273.8.$$

故温度真值的置信水平为0.95的置信区间是（1244.2，1273.8）.

例2　汽车轮胎厂制造的轮胎使用寿命服从均值为 $\mu=50000$km，标准差 $\sigma=4000$km 的正态分布. 现在改变配方，重新生产一种轮胎，若随机抽出16个轮胎进行检验，得其平均数为52000km，那么新产品的寿命比旧产品的寿命是否明显增长？

解 由于我们只关心轮胎的使用寿命是否超过 50000km，所以假设检验是单侧的．作假设 $H_0:\mu=50000$；$H_1:\mu>50000$．

由于方差没有改变，故已知 $\sigma=4000$，选统计量 $U=\dfrac{\overline{x}-\mu_0}{\sigma_0/\sqrt{n}}$，计算检验量值

$$U=\frac{52000-50000}{4000\ \sqrt{16}}=2,$$

选显著性水平 $\alpha=0.05$，因为是单侧检验，因此 $p(U>z_\alpha)=\alpha$，即 $\Phi(x_a)=1-a$．

查正态分布数值表得临界值 $z_\alpha=z_{0.05}$，现在 $U=2>1.65$，说明在一次抽样试验中发生了小概率事件，应拒绝 $H_0:\mu=50000$，即新产品的使用寿命明显大于旧产品．

例 3 某车间生产的铜丝，生产一向比较稳定，今从产品中任抽 10 根检查折断力，得数据如下（单位：kg）：

578　572　570　568　572　570　572　596　584　570

问是否可相信该车间生产的铜丝的折断力的方差为 64？

解 设 X 为铜丝的折断力，根据经验知 X 服从正态分布，即 $X\sim N(\mu,\sigma^2)$，我们的任务是根据上述 10 个样本值，来检验假设

$$H_0:\sigma^2=64;H_1:\sigma^2\neq 64.$$

由样本值算得

$$\overline{x}=575.2,$$

$$\sum_{i=1}^{n}(x_i-\overline{x})^2=\sum_{i=1}^{n}x^2-n\overline{x}^2$$

$$=3\ 309\ 232-3\ 308\ 550.4=618.6,$$

$$\chi_0^2=\sum_{i=1}^{n}(x_i-\overline{x})^2/\sigma_0^2=681.4/64=10.65.$$

取 $\alpha=0.05$，查自由度为 9 的 χ^2 分布表得临界值：

$$\lambda_1=\chi_{0.975}^2(9)=2.70,\lambda_2=\chi_{0.025}^2(9)=19.0,$$

由于

$$\lambda_1=2.70<x_0^2=10.65<\lambda_2=19.0,$$

故接受 H_0，即认为该车间生产的铜丝的折断力的方差为 64．

第六章 MATLAB基础与入门

学习目标

1. 掌握利用 Matlab 软件进行了相关的数学运算的方法.
2. 以软件辅助来完成数学实验.
3. 了解数学建模思想方法,能够对一些简单问题建立数学模型求解分析.

教学要求

能力模块	能力要求	相关知识点
运算能力	要求学生知道数学中运算所对应的相关 Matlab 基本函数及其用法,并能够运用相关函数完成数学的基本运算.	(1)数学的相关知识, (2)Matlab 软件的语法, (3)相关函数的用法.
实验能力	要求学生能够以软件作为辅助工具,按要求完成相关实验.	线性代数中的相关数学理论与思想方法.
建模能力	要求学生了解数学建模的思想方法,具备一定的数学建模能力.	一些基本的数学建模的方法.

Matlab 是 Mathworks 公司推出的用于数值计算的交互式软件系统,具有强大的数值分析、矩阵运算、信号处理、图形显示和建模仿真功能. Matlab 是“Matrix Laboratory”的缩写,意思是“矩阵实验室”,其强大的数据处理能力和丰富的工具箱使它的编程极为简单,因此,它成为科学家和工程技术人员解决实际问题的首选计算工具软件。

本章的第一节主要介绍 Matlab 软件的简单使用方法,从第二节到第六节在讲解 Matlab 用于解决高等数学和线性代数中相关计算的函数基础上,通过一些简单的数学实验例题,让学生体会如何用 Matlab 辅助解决数学问题.最后,通过一些与线性代数相关的数学建模实例,让学生掌握数学建模的简单方法,学会利用 Matlab 软件辅助解决实际问题,以培养学生良好的数学意识和数学素质.

6.1 Matlab 环境及使用方法

6.1.1 Matlab 窗口管理

Matlab 启动后显示三个窗口,如图 6-1 所示.左上窗口为工作区间窗口,显示用户定义的变量及其属性类型及变量长度.工作区间窗口也可显示为当前目录窗口,显示 Matlab 所使用的当前目录及该目录下的全部文件名.左下窗口为历史窗口,显示每个工作周期(指 Matlab 启动至退出的工作时间间隔)在命令窗口输入的全部命令,这些命令还可重新获取应用.右侧窗口为 Matlab 命令窗口,可在里面输入相关运算命令,完成相应计算.三个窗口中的记录除非通过菜单下的清除操作,否则将一直保存。

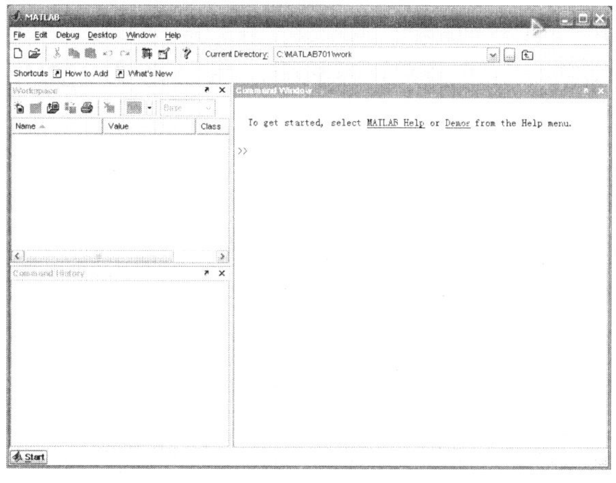

图 6-1

Matlab 运行期间(即程序退出之前),除非调用 Clear 函数,否则 Matlab 会在内存中保存全部变量值,包括命令输入的变量以及执行程序文件所引入的变量.清除工作空间变量值也可以通过下拉菜单中的 Clear Workspace 命令实现.Clear 函数可以清除内存中的所有变量.

Matlab 命令窗口输入的信息会保持在窗口中,并可通过通过滚动条重新访问.一旦信息量超出其滚动内容容量,则最早输入的信息将会丢失.可以通过在命令窗口中输入 clc 命令来清除命令窗口中的内容,也可以通过下拉菜单中的 Clear Command Window 子菜单清除,但这个操作仅清除命令窗口中的内容,但不能删除变量,要删除变量,只能通过 clear.

为在命令窗口中能够更加清晰地显示字母及数字,Matlab 提供了 format 函数的几

种功能.其中

format short e

是系统默认的设置,显示 5 位数字,

format long e

显示格式转换为 16 位数字加 3 位指数位的显示格式,

format compact

命令将剔除显示中多余的空行或空格.这些属性值也可通过单击菜单的子菜单,弹出的设置窗口后选择 Command Window 项进行设置(如图 6-2).

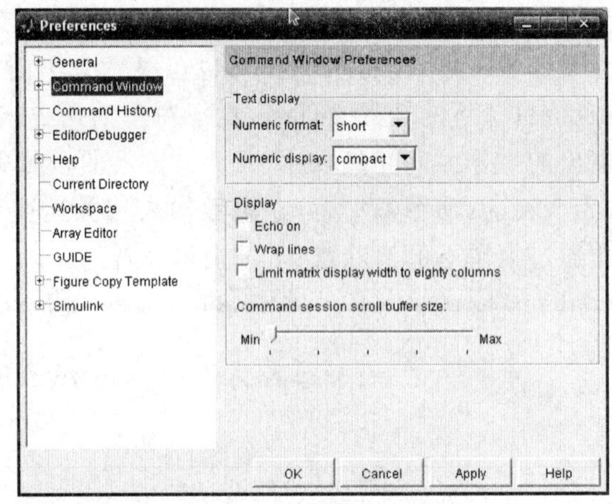

图 6-2

使用 Matlab 过程中有两个有用的组合键"^c"(Crtl+c)用于终止程序或函数的执行,也可用于退出暂停的程序或函数;"^p"(Ctrl+p)用于将最近键入的信息显示在 Matlab 命令窗口中,按 Enter 键可再次执行该命令,连续按两次"^p",可调用上两次的输入信息,以此类推.

6.1.2 Matlab 的基本语法

Matlab 允许用户创建的变量名不可超过 63 个字符,多余部分将被忽略掉.变量名要求以大写或小写字母开头,后面跟大小写字母,数字或下划线.字符间不允许有空格.变量名区分大小写,例变量名 A1 与 a1 表示不同变量.此外,不能使用希腊字母,或者上下标字符作为变量名,但可以拼写希腊字母,或在下标字符前加入下划线表示变量.例如,λ_1 可写为 lamda_1.

Matlab 命令窗口运行时,要求首先在">>"提示符后定义一个或多个变量,并进行赋值,然后表达式才能够使用变量.赋值运算符为"$a=2$",输入变量名和等号后,按 Enter 表示结束.如要实现,则要在命令窗口中进行以下信息交互.

```
>>a=2        ←——用户输入
a=           ←——系统响应

      2
```

注 表达式后加分号(;)可省略系统响应信息的显示.

Matlab 允许在一行中输入多个表达式,表达式间以逗号或分号进行分隔,行尾以 Enter 键结束.用逗号分隔时系统会回显输入的值,如果用分号分隔表达式,不会输出响应信息.例如按如下格式输入信息.

```
>> a=2;b=2.5,c=3;
```

系统显示为:

```
b =

    2.5000
```

此时变量 a 和 b 的值不显示,但内存中存在.

标量的加、减、乘、除和幂运算分别用+,- ,*,/,^表示,默认的运算次序为:幂运算为最高,其次为乘除,最后为加减.同时在表达式中可用圆括号来确定运算次序.

例 1 计算当 $a=2,b=3,c=6$ 时 $t=\left(\frac{3}{1+2ab}\right)^c$ 的值.

解 输入:

```
>> a=2;b=3;c=6;t=(3/(1+2*a*b))^c
```

结果:

```
t =
1.5103e-004
```

Matlab 软件中包含了大量的函数,表 6-1、表 6-2、表 6-3、表 6-4 给出了一些常用的函数及其功能说明.

表 6-1 常用初等函数的 Matlab 表示

数学函数	Matlab 表示
e^x	exp(x)
$\sqrt{x}$	sqrt(x)
$\ln x$	log(x)
$\ln x$	log10(x)
$\|x\|$	abs(x)
$\mathrm{sgn}(x)$	sign(x)

表 6-2 三角函数和双曲函数的 Matlab 表示

三角函数			双曲函数	
数学函数	原函数	反函数	原函数	反函数
正弦	sin(x)	asin(x)	sinh(x)	asinh(x)
余弦	cos(x)	acos(x)	cosh(x)	acosh(x)
正切	tan(x)	atan(x)	tanh(x)	atanh(x)

续表

余切	cot(x)	acot(x)	coth(x)	acoth(x)
正割	sec(x)	asec(x)	sech(x)	asech(x)
余割	csc(x)	acsc(x)	csch(x)	acsch(x)

表 6－3　Matlab 复数运算函数

Matlab 函数	功能
Complex(a,b)	表示复数 $a+bi$
abs(z)	取复数 z 的模
conj(z)	取复数 z 的共扼复数
real(z)	取复数 z 的实部
imag(z)	取复数 z 的虚部

表 6－4　小数转换为整数的 Matlab 函数

Matlab 函数	功能
fix(x)	舍去小数部分
round(x)	四舍五入
ceil(x)	取上整
floor(x)	取下整

Matlab 软件中还有一些内置的常量，如表 6－5 所示.

表 6－5　部分常量的 Matlab 表示

数学常量	Matlab 表示
π	pi
∞	inf
虚数单位 i	i(或 j)

一些特殊字符在 Matlab 中有特殊的功能，如表 6－6 所示.

表 6－6　特殊字符及其功能说明

符号	名称	功能
.	句号	(a)小数点. (b)向量或矩阵的一种操作类型.例如，$c=a^{*}.b$.
,	逗号	(a)参数分隔符. (b)几个表达式在同一行时放在每个表达式之后.
;	分号	(a)放在表达式末尾不显示计算结果. (b)在创建矩阵的语句中指示一行的结束，例如，$m=[x\ y\ z;a\ b\ c]$.
:	冒号	(a)创建向量表达式分隔符，例如，$x=a:b:c$. (b)对矩阵 A 而言，$A(:,k)$表示第 k 列所有元素；$A(k.:)$表示第行所有元素.
( )	圆括号	(a)矩阵 z 中某一元素的下标指示，如 $z(j,k)$表示矩阵 j 行 k 列的元素. (b)算术表达式分隔符，例如，$a\^{}(b+c)$. (c)函数参数分隔符，例如，sin(x).
[ ]	方括号	创建一组数值、向量、矩阵或字符串(字母型).
{ }	大括号	创建单元矩阵或结构.

续表

%	百分号	注释分隔符.用于指示注释的开始，MATLAB 编译器会忽略其右边的内容.但用于一对引号内部定义字符串时除外，例如，a='pl=14% of the totle'.
'	引号	(a)'Expression'表明 Expression 为字符串(字母型). (b)表示向量或矩阵的转置.
	空格	作为数据创建语句的分隔符，如 $c=[a\ b]$； 或者作为字符串语句的一个字符.

有了上述基本知识后，我们就可以利用 Matlab 进行一些简单的运算了.

例 2 计算 $\sin\frac{\pi}{3}+\arcsin 1-e^{2}\ln 7$

解 输入：

```
>> sin(pi/3)+asin(1)-exp(2) * log(7)
```

结果：

```
ans =
  -11.9416
```

注 命令窗口作为计算器应用且未将计算结果分配给表达式时，Matlab 默认将计算结果分配给变量名 ans.

6.1.3 Matlab 的编辑器

为了避免在命令窗口中输入多个表达式或重复输入一组表达式，且输入的表达式在执行完后能够进行修改，Matlab 定义了程序文件：包含一组命令的文件，文件中每一命令行的执行都同在命令窗口里的执行一样.程序文件可由 Matlab 编辑器创建，编辑器的启动可由 File 下拉菜单中 New 子菜单下的 M－file 来完成，窗口如图 6-3 所示.

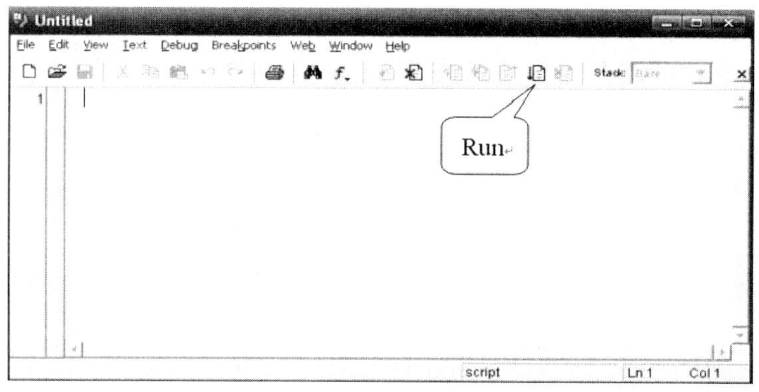

图 6-3

使用 Matlab 编辑器创建的程序文件，点击图 6-3 所示的 Run 图标，可执行文件.但在执行前首先要保存，保存可用 File 下拉菜单中的 Save as 子菜单，文件扩展名“.m”将自动添加到文件名末尾.文件名的命名规则与变量名的命名规则相同.

例 3 编写一个 m 文件,用来计算下面的表达式

$$L=2S\cos\theta+\pi(R+r)+2\theta(R-r),$$

其中 $\theta=\arcsin\left(\frac{R r}{S}\right)$,$R=30$,$r=12$,$S=50$,求 L.

解 m 文件如下:

```
R=30;
r=12;
S=50;
theta=asin((R-r)/S);
L=2 * S * cos(theta)+pi * (R+r)+2 * theta * (R-r)
```

运算结果:

```
>> L =
    238.4998.
```

Matlab 编辑器的另外一个重要的功能是用来定义函数. 函数具有模块化、结构化和重用性的特点,是 Matlab 程序的重要组成部分,下面我们给出 Matlab 定义函数的方法.

Matlab 定义函数格式如下.

```
Function [OutputVariables]=FunctionName(InputVariables)
%Comments
Expression(s)
```

其中,OutputVariables 是输出变量,变量之间用逗号隔开;InputVariables 是输入变量,变量之间用逗号隔开;Function 是保留字;FunctionName 是函数名称,命名规则与变量命名规则一致;函数文件可以存储在任何已定义或即将定义的路径下,但文件名必须是 FunctionName.m; %Comments 是函数程序的注释部分,为了增强程序的可读性;Expression(s)是实现函数功能的主体程序,由一行或多行 Matlab 语句组合完成,函数的定义是在 Matlab 的编辑器中完成的.

注 当函数只是为了实现某一特定功能,而不涉及参数传递时,OutputVariables 或 InputVariables 是可以省略的.

例 4 定义函数 $f(x,y)=x^2+\sin xy$,并求当 $x=5$,$y=\frac{\pi}{2}$时的函数值.

解 定义函数程序如下(在编辑器中输入):

```
function value1=hanshu1(x,y)
        value1=x^2+sin(x * y);
```

保存为 hanshu1.m

在命令窗口中输入如下信息:

```
>> hanshu1(5,pi/2)
```

结果：

```
ans =
    26.
```

6.2 高等数学与 Matlab

Matlab 的符号运算工具箱包含了微积分运算、解微分方程等几个方面的工具，本节我们主要介绍利用 Matlab 软件辅助解决高等数学中的相关计算问题.

6.2.1 求函数极限

求函数极限是高等数学中的重要计算，它在数学模型的分析和预测中起着重要的作用，Matlab 提供了求极限的符号函数 limit 来完成这项工作，其调用格式和功能如表 6－7 所示.

表 6－7 limit 函数使用说明

格式	功能
l=limit(S,x,a)	求符号函数 S，当 $x\to a$ 时的极限.
l=limit(S,x,a,'right')	求符号函数 S，当 $x\to a^+$ 时的右极限.
l=limit(S,x,a,'left')	求符号函数 S，当 $x\to a^-$ 时的左极限.

注 对于符号函数 S，也可以是普通的 Matlab 内置或自定义函数.

下面通过实例来说明这一函数用法.

例 1 求 $\lim\limits_{x\to+\infty} e^x$ 和 $\lim\limits_{x\to\infty} e^x$

解 输入：

```
>> syms x
>> r_value=limit(exp(x),x,+inf), l_value=limit(exp(x),x,-inf)
```

结果：

```
r_value =
inf
l_value =
0
```

注 “syms x”语句用来创建符号变量.

例 2 求 $\lim\limits_{x\to 0^-} e^{\frac{1}{x}}$

解 输入：

```
>> syms x
>> l_value=limit(exp(1/x),x,0,'left'),value=limit(exp(1/x),x,0)
```

结果：

```
l_value =
0
value =
NaN
```

注 NaN 在 Matlab 里面表示数值(结果)不存在.

6.2.2 求导运算

求函数的导数和微分是高等数学中的基本计算，也是解决实际问题过程中常用的一种方法，Matlab 提供了专门求导数的符号函数 diff，能够帮助解决求导数和微分的问题. diff 的调用格式和功能如表 6－8 所示.

表 6－8 diff 函数使用说明

格式	功能
d=diff(S,x)	求符号函数关于变量的一阶导数(偏导数).
d=diff(S,x,n)	求符号函数关于变量的阶导数(偏导数).

注 对于符号函数 S，也可以是普通的 Matlab 内置或自定义函数.

下面我们通过两个实例来说明这函数的用法.

例 3 求导数$\frac{\mathrm{d}}{\mathrm{d}x}\sin x$，求偏导数$\frac{\partial\sin(xy)}{\partial x}$，$\frac{\partial^3\sin(xy)}{\partial x^3}$.

解 输入：

```
>> df1=diff(sin(x),x),df2=diff(sin(x*y),x),...
df3=diff(sin(x*y),x,3)
```

结果：

```
df1 =
cos(x)
df2 =
cos(x*y)*y
df3 =
-cos(x*y)*y^3
```

或输入：

```
>> syms x y
>> df1=diff(sin(x),x),df2=diff(sin(x*y),x),...
df3=diff(sin(x*y),x,3)
```

也可得到相同的结果，后面类似问题两种输入方法均可，不再赘述.

例 4　求函数 $f(x,y)=x^2+\sin xy$ 对变量 x 的一阶、二阶偏导.

解　在第一节例 4 定义函数的基础上，我们在命令窗口中输入如下信息

```
>> syms x y
>> df1=diff(hanshu1(x,y),x),df2=diff(hanshu1(x,y),x,2)
```

结果：

```
df1 =
2*x+cos(x*y)*y
df2 =
2-sin(x*y)*y^2
```

多元函数的雅克比矩阵是一个非常重要的概念，多元函数的积分、矩阵微积分及坐标转换等都要用到它，在 Matlab 中用 jacobian 函数求雅克比矩阵，其调用格式如下.

```
j=jacobian(F,V)
```

其中 F 是函数向量，V 是自变量向量.

例 5　计算函数向量 $f=[x^2\ \sin(xyz)\ e^t]^T$ 关于自变量 x,y,z,t 的雅克比矩阵.

解　在命令窗口中输入下列命令：

```
>> syms x y z t;
>> f=[x^2 sin(x*y*z) exp(t)];
>> v=[x y z t];
>> j=jacobian(f,v)
```

输出结果为：

```
j =
[            2*x,               0,               0,      0]
[ cos(x*y*z)*y*z, cos(x*y*z)*x*z, cos(x*y*z)*x*y,      0]
[              0,               0,               0, exp(t)]
```

注　关于向量、矩阵的表示及相关运算，我们将在下一节作详细介绍，这里主要介绍一下 jacobian 函数的用法.

6.2.3　积分运算

Matlab 提供了两类计算积分的函数，一类是符号积分函数，一类是数值积分函数. 下面我们先介绍符号积分函数 int，其调用格式和功能如表 6－9 所示.

表 6－9　int 函数使用说明

格式	功能
int(F)	求符号表达式 F 求关于自变量的不定积分.
int(F,'s')	求符号表达式 F 求关于自变量 s 的不定积分.

续表

int(F,a,b)	求符号表达式 F 当自变量从 a 到 b 的定积分.
int(F,'s',a,b)	求符号表达式 F 当自变量 s 从 a 到 b 的定积分.

下面我们通过实例来说明函数的用法.

例 6 计算 $f1=\int y\sin x\mathrm{d}x$ 和 $f2=\int_0^1\mathrm{d}x\int_0^{\sqrt{1-x^2}}xy\mathrm{d}y$.

解 输入:

```
>> syms x y
>> f1=int(y*sin(x),x),f2= int(int(x*y,y,0,sqrt(1-x^2)),x,0,1)
```

结果:

```
f1 =
-y*cos(x)
f2 =
    1/8
```

下面我们来介绍数值积分函数 quad,dblquad,triplequad 的用法.

表 6-10 数值积分函数使用说明

格式	功能
quad(F,a,b)	从 a 到 b 计算符号函数 F 的数值积分.
dblquad(F, x1, x2, y1,y2)	计算符号函数 F 在区域$[x_1,x_2,y_1,y_2]$上的二重数值积分.
triplequad(F,x1,x2, y1,y2,z1,z2)	计算符号函数 F 在区域$[x_1,x_2,y_1,y_2,z_1,z_2]$上的三重数值积分.

注:关于上述三个函数更详细的用法请参考软件提供的帮助.

例 7 计算 $f1=\int_{-1}^1\mathrm{d}x\int_0^2\sqrt{y}\sin x\mathrm{d}y$ 和 $f2=\int_0^\pi\mathrm{d}x\int_0^1\mathrm{d}y\int_{-1}^1(y\sin x+z\cos x)\mathrm{d}z$

解 输入:

```
>>f1=dblquad('sqrt(y)*sin(x)',-1,1,0,2),...
    f2=triplequad('y*sin(x)+z*cos(x)',0,pi,0,1,-1,1)
```

结果:

```
f1 =
-4.4306e-018
f2 =
    2.0000
```

6.2.4 微分方程的求解

Matlab 提供了两类求解微分方程的函数,一类是求微分方程的符号解,一类是求微分方程的数值.本部分主要介绍利用 dsolve 求微分方程的符号解,其调用格式如表6－11所示.

表 6－11 dsolve 函数使用说明

格式	功能
dsolve('equation')	求方程 equation 通解,自变量默认为 t.
dsolve('equation', 'condition')	求方程 equation 满足初始条件 condition 的特解,自变量默认为 t.
dsolve('equation','x')	求方程 equation 通解,自变量为 x.
dsolve('equation', 'condition','x')	求方程 equation 满足初始条件 condition 的特解,自变量为 x.

注 (1)equation 代表常微分方程式 $f(x,y,y'',\cdots y^{n})=0$,且 y'用 Dy 表示,y''用 D2y 表示,以此类推. Condition 为初始条件.

(2)函数 dsolve 可用来求常微分方程、方程组的解.

例 8 求方程 $y'=\dfrac{y+x^3}{x}$的通解.

解 输入:

```
>> dsolve('Dy=(y+x^3)/x')
```

结果:

```
ans =
-x^3+exp(1/x*t)*C1
```

这显然是个错误的结果,程序将 t 看作是自变量,而 x 是常量了.

正确输入如下:

```
>>dsolve('Dy=(y+x^3)/x','x')
```

结果:

```
ans =
1/2*x^3+x*C1
```

例 9 求方程 $y''-2y'-3y=3xe^{2x}$满足 $y|_{x=0}=0,y'|_{x=0}=1$ 的特解.

解 输入:

```
>>solve('D2y-2*Dy-3*y=3*x*exp(2*x)','y(0)=0,Dy(0)=1','x')
```

结果:

```
ans =
-1/3*exp(2*x)*(3*x+2)-1/3*exp(-x)+exp(3*x)
```

求常微分方程数值解方面,Matlab 提供了比较丰富的函数,其中常用的为 ode45 和 ode32,两个函数都运用了基本的龙格－库塔(Runge－Kutta)数值积分法的变形,其基本调用格式如下.

```
[t,Y]=ode45(diffeq,[t0 tn],y0,options,arg1,arg2,...)
```

其中,第一个参数 diffeq 是一个 m 文件的名字,该文件用来计算微分方程的右端表达式;t0,tn 定义了求解总区间,如果 t0 未知,则假设其为 0;y0 为初始条件;options 为函数 ode45 参数;而参数 arg1,arg2,... 是传给用户自己定义的 diffeq 程序的.

ode32 用法与 ode45 相同. 求常微分方程的数值解问题现阶段我们遇到不是很多,所以在这里不作详细讲解,如果用到可查阅 Matlab 帮助文件.

6.3 线性代数与 Matlab

前面例子中的变量都是标量,而 Matlab 的强大之处在于它是以数组作为变量来进行运算的,这将使我们处理大量的数据变得十分方便,本节我们将重点介绍如何定义和使用 Matlab 中的矩阵变量来进行简单的计算.

6.3.1 向量的创建及对元素的操作

行向量在 Matlab 中表示为:$a=[a1,a2,\cdots,an]$或$[a1\ a2\ \cdots\ an]$,列向量在 Matlab 中表示为 $b=[b1;b2;\cdots bn]$,其中的 ai 或 bi 可以是数值、字符串、预先定义的变量或表达式.

向量的创建可以是直接按格式输入元素,也可以用 Matlab 函数完成,这里面有两个常用的创建向量的命令分别是冒号(:)和 linspace,其调用格式如下.

(1)$x=x0:d:x1$

其中 $x0$ 表示向量的起始值,d 表示步长,$x1$ 表示向可能结束值,若向量的元素为 n 个,则它们满足 $x0+nd\leqslant x1$.

(2)$x=$linspace$(x0,x1,n)$

它表示在区间$[x0,x1]$上等距离的取 n 个数,作为向量的值,系统默认 n 为 100.

例如,输入如下信息:

```
>>x1=0.2:2:12,x2=linspace(0.2,12,6)
```

结果:

```
x1 =
    0.2000   2.2000   4.2000   6.2000   8.2000   10.2000
x2 =
    0.2000   2.5600   4.9200   7.2800   9.6400   12.0000
```

对于向量及其元素的操作见表 6-12 所示.

表 6-12 向量及其元素操作

格式	功能
n=length(x)	返回向量元素个数.

续表

x’	求向量 x 的转置.
x(i)	取向量 x 的第 i 个元素.
x(i)=a	取向量 x 的第 i 个元素赋值为 a.
x(end)	取向量 x 的最后一个元素.
y=x([i,j,k])	取 x 的第 i,j,k 元素构成新的向量.
[xnew,index]=sort(x)	xnew 是升序排列后的向量 x,index 是 xnew 中元素在 x 中的位置构成的向量.
index=find(condition)	将向量 x 中满足 condition 条件的元素下标做成向量 index.
[xmax,kmax]=max(x)	xmax 表示向量 x 的最大值,kmax 表示最大值位置.
[xmin,kmin]=min(x)	功能与 max 类似.
f(x)	对向量中每个元素求函数值.
sum(x)	求向量 x 的所有元素之和.
cumsum(x)	返回以向量 x 的元素的部分和数列为元素的向量.
norm(x)	求向量的范数.
mean(x)	求向量的平均值.
std(x)	求向量的标准差.

在对向量及其元素的操作过程中,上述命令总是组合使用.

例 1 在区间$[0,2\pi]$上等间距取 8 个值,做成行向量,求

(1)求各点处正弦值,取出其中最大值,并指明位置;

(2)取出所有大于 0 的正弦值,将其加上 1 后,做成一个新的列向量.

解 为一更好的完成上述工作,我们将其做成一个 m 文件,程序如下.

```
x=linspace(0,2*pi,8)    %取向量 x
y=sin(x)                %对 x 中的每一个元素计算 sin 值,新向量赋值给向量 y
[ymax,kmax]=max(y)      %求 y 中的最大值
index=find(y>0)         %将 y 中大于 0 的元素下标做成一个向量
y1=y(index)+1           %利用下标向量 index 将 y 中小于 0 的元素取出加 1
y1=y1'                  %将行向量转置为列向量,重新赋值给 y1
```

保存程序后运行,结果为:

```
x =
    0   0.8976   1.7952   2.6928   3.5904   4.4880   5.3856   6.2832
y =
    0   0.7818   0.9749   0.4339   -0.4339-0.9749-0.7818-0.0000
ymax =
    0.9749
kmax =
    3
index =
```

```
    2     3     4
y1 =
    1.7818    1.9749    1.4339
y1 =
    1.7818
    1.9749
    1.4339
```

6.3.2 矩阵的创建及对元素的操作

一个 3 行 4 列的矩阵 A 在 Matlab 表示为

A=[a11,a12,a13,a14;a21,a22,a23,a24; a31,a32,a33,a34;a41,a42,a43,a44]

或

```
A=[a11,a12,a13,a14;…
   a21,a22,a23,a24;…
   a31,a32,a33,a34;…
   a41,a42,a43,a44]
```

其中 a_{ij} 可以是数值、字符串、预先定义的变量或表达式，上述格式中的逗号可以用空格代替. 简而言之，矩阵在 Matlab 中表示为用[ ]括起来的一组元素，同一行元素之间用逗号(,)或空隔分隔，行与行之间用分号(;)分隔.

矩阵的创建可以是直接按格式输入元素，也可以用 Matlab 函数完成，表 6－13 给出了创建特殊矩阵的函数.

表 6－13　创建特殊矩阵函数

格式	功能
ones(m,n)	创建 $m\times n$ 阶所有元素都是 1 的矩阵.
zeros(m,n)	创建 $m\times n$ 阶所有元素都是 0 的矩阵.
diag(a)	创建 n 阶对角阵，对角线上元素为向量 a 的元素.
eye(n)	创建 n 阶单位矩阵.
magic(n)	创建 n 阶魔方阵.
repmat(x,m,n)	创建 $m\times n$ 阶所有元素都是 x 的矩阵.
[U,V]=meshgrid(s,t)	由两个行向量 s 和 t，构建两个维数相同的矩阵 U 和 V.

注　repmat 参数中的可以是标量、向量或矩阵.

为了能更好的说明 meshgrid 的功能，我们给出下面一个简单的例子.

如果 $x=[x1,x2,x3,x4]$，$y=[y1,y2,y3]$，则命令$[X,Y]$=meshgrid(x,y)将返回的两个 3×4 的矩阵：

$$X=\begin{bmatrix} x1 & x2 & x3 & x4 \\ x1 & x2 & x3 & x4 \\ x1 & x2 & x3 & x4 \end{bmatrix},Y=\begin{bmatrix} y1 & y1 & y1 & y1 \\ y2 & y2 & y2 & y2 \\ y3 & y3 & y3 & y3 \end{bmatrix}$$

这个函数在做三维图形时会有十分有用.

向量可以看作是列(行)矩阵,而矩阵的每一列(行)也可以看作是一个向量,所以我们也可以通过向量的组合来创建矩阵,比如下面的命令就可以创建一个新的矩阵.

输入:

```
>> A=[2:3:15;linspace(10,21,5);ones(1,5)]
```

结果:

```
A =
     2.0000    5.0000    8.0000   11.0000   14.0000
    10.0000   12.7500   15.5000   18.2500   21.0000
     1.0000    1.0000    1.0000    1.0000    1.0000
```

对于矩阵及其元素的操作见表 6－14 所示.

表 6－14　矩阵及其元素操作

格式	功能
A(i,j)	取出矩阵 A 的第 i 行与第 j 列交叉点元素 a_{ij}.
A(i,j)=a	赋值操作 $a_{ij}=a$.
A(i,:)	取出矩阵 A 的第 i 行所有元素,构成一个行向量.
A(:,j)	取出矩阵 A 的第 j 列所有元素,构成一个列向量.
A([i1, i2],[j1, j2, j3])	取出矩阵 A 的 $i1$ 行和 $i2$ 行,与 $j1$ 列和 $j2$ 列和 $j3$ 列交叉点的元素,构成 A 的一个子矩阵.
sort(A)	按升序排列矩阵列元素.
max(A)	求矩阵 A 中每一列的最大值.
min(A)	求矩阵 A 中每一列的最小值.
sum(A)	将矩阵 A 的各列元素相加,返回一个长度等于 A 列数的行向量.
[m,n]=size(A)	返回矩阵 A 的行数 m 和列数 n.
f(A)	对 A 的每个元素求函数值.

注　A(i,(=[]或 A(:,j)=[],则表示删除第 i 行或第 j 列.

例 2　给定矩阵 $A=\begin{bmatrix} 1 & 2 & 3 & 4 \\ 5 & 6 & 7 & 8 \\ 9 & 10 & 11 & 12 \end{bmatrix}$,完成如下工作,

(1)将矩阵 A 的第 4 列全部赋值为 0 元素.

(2)求矩阵 A 的最大值.

(3)取 A 的第 1,3 行和 2,3 列交叉点元素,取自然对数后,构成新的矩阵 B.

解　我们将其做成一个 m 文件,程序如下.

```
A=[1,2,3,4;5,6,7,6;9,10,11,12];   %创建矩阵 A
```

```
A(:,4)=0                          %A的第4列全部赋值为0
maxvalue=max(max(A))              %求矩阵A的最大值
B1=A([1,3],[2,3])                 %B1为A的第1,3行,第2,4列元素构成的矩阵
B=log(B1)                         %B中的每个元素取自然对数
```

保存后,运行结果如下.

```
A =
     1     2     3     0
     5     6     7     0
     9    10    11     0
maxvalue =
    11
B1 =
     2     3
    10    11
B =
    0.69311.0986
    2.30262.3979
```

6.3.3 矩阵的运算

矩阵的运算主要分成两类,矩阵的点运算和线性代数中的矩阵运算.同时需要指明的是,因为向量可以看成是特殊的矩阵,所以本部分所讲的关于矩阵的各种运算,同样适用于向量.下面我们分别将两类运算做一介绍.

在 Matlab 中,矩阵的点(.)运算是指对同阶矩阵中逐个元素进行的算术运算,分别为点乘(.*)、点除(./)和点幂(.^).下面我们以两个矩阵来分别说明其功能.

令 $X=\begin{bmatrix} x_{11} & x_{12} & x_{13} \\ x_{21} & x_{22} & x_{23} \end{bmatrix}$,同时 $Y=\begin{bmatrix} y_{11} & y_{12} & y_{13} \\ y_{21} & y_{22} & y_{23} \end{bmatrix}$

则

$$Z1=X.*Y=\begin{bmatrix} x_{11}*y_{11} & x_{12}*y_{12} & x_{13}*y_{13} \\ x_{21}*y_{21} & x_{22}*y_{22} & x_{23}*y_{23} \end{bmatrix}$$

$$Z2=X./Y=\begin{bmatrix} x_{11}/y_{11} & x_{12}/y_{12} & x_{13}/y_{13} \\ x_{21}/y_{21} & x_{22}/y_{22} & x_{23}/y_{23} \end{bmatrix}$$

$$Z3=X.\hat{}Y=\begin{bmatrix} x_{11}\hat{}y_{11} & x_{12}\hat{}y_{12} & x_{13}\hat{}y_{13} \\ x_{21}\hat{}y_{21} & x_{22}\hat{}y_{22} & x_{23}\hat{}y_{23} \end{bmatrix}$$

这里需要说明的是对于点乘,如果 $X=x_0$ 且 x_0 为标量,则点可以省略,即 $Z1=x_0*$

Y,类似地,如果 $Y=y_0$ 且 y_0 为标量,则 $Z1=X*y_0$;对于点除,如果 $Y=y_0$ 且 y_0 为标量,则点可以省略,即 $Z2=X/y_0$,但是如果 $X=x_0$ 且 x_0 为标量,则点不可以省略,$Z2=x_0./Y$;对于点幂运算,不论是 $X=x_0$ 还是 $Y=y_0$ 取标量,点都不可以省略,即 $Z3=x_0.\hat{}Y$ 和 $Z3=X.\hat{}y_0$.

例 3 求在区间 $0\leqslant x\leqslant 2$ 区间内,x 等距离取 6 个值时,表达式

$$y=\mathrm{e}^{-ax}\frac{\cos(bx+c)}{x+c}$$

的值. 其中,$a=0.3,b=1.2,c=\frac{\pi}{3}$.

解 M 文件的程序代码如下.

```
a=0.3;b=1.2;c=pi/3;
x=linspace(0,2,6);
y=exp(-a*x).*cos(b*x+c)./(x+c)
```

结果:

```
y =
    0.4775    0.0267    -0.1800    -0.2463    -0.2302    -0.1718
```

例 4 利用向量元素操作函数中的 sum 和 cumsum,求表达式

$$z=\sum_{n=1}^{5}n^n$$

的值,及其部分和数列对应向量.

解 输入:

```
>>    n=1:5;…
      an=n.^n,…%计算级数一般项
      s=sum(an),…%求表达式值
      sn=cumsum(an)%求部分和
```

结果:

```
an =
        1     4     27     256     3125
s =
      3413
sn =
        1     5     32     288     3413
```

在线性代数中矩阵的运算包括:加、减、乘、转置、求逆等,其基础理论在前面都做详细的介绍,这里不再赘述. Matlab 对于矩阵的这些运算都能够实现,表 6-15 给出相关函数及其使用说明.

表 6—15　矩阵数学运算的函数

格式	功能
C=AB	C 表示矩阵 A 与 B 的和(差).
C=A * B	C 表示矩阵 A 左乘矩阵 B.
det(A)	求方阵 A 的行列式$\|A\|$.
inv(A)或 A^(−1)	求矩阵 A 的逆矩阵.
[P,lamda]=eig(A)	lamda 返回的是矩阵 A 的特征值,P 是特征值对应的单位特征向量构成的正交矩阵.
rank(A)	确定矩阵线性无关的行或列的值(矩阵的秩).
A'	返回矩阵 A 的转置.
A^k	返回矩阵 A 的 k 次幂.
trace(A)	返回矩阵 A 的迹.
poly(A)	返回的是矩阵 A 的特征多项式(系数向量).
rref(A)	将 A 化成阶梯形行最简形式(与 A 等价).
orth(A)	将非奇异矩阵 A 正交化规范化.
flipud(A)	将矩阵按 A 列旋转 180°.
fliplr(A)	将矩阵 A 按行旋转 180°.

注　如果矩阵 **A** 和 B 是行向量和列向量,则表 $C=A*B$ 示内积,也可以用 C=dot(A,B)表示.

例 5　化二次型用正交变换化 $f(x_1,x_2,x_3)=x_1^2+2x_2^3+5x_3^2+2x_1x_2+6x_1x_3+2x_2x_3$ 为标准形,并写出变换矩阵.

解　因为二次型矩阵 $A=\begin{bmatrix}1&1&3\\1&2&1\\3&1&5\end{bmatrix}$,所以先用 Matlab 求特征值和正交矩阵,过程如下.

```
>> A=[1 1 3;1 2 1;3 1 5];...
   [Q,lamda]=eig(A)
```

结果:

```
Q =
    0.8835    -0.0253    0.4677
   -0.1667    -0.9501    0.2636
   -0.4377     0.3108    0.8437
lamda =
   -0.6749         0         0
         0    1.6994         0
         0         0    6.9754
```

所以二次型的标准形为 $f=-0.6749y_1^2+1.6994y_2^2+6.9754y_3^2$,变换矩阵为 Q.

求的 Q 逆矩阵为:

```
>> inv(Q)
```

结果为：

```
ans =
      0.8835     -0.1667     -0.4377
     -0.0253     -0.9501      0.3108
      0.4677      0.2636      0.8437
```

进一步我们可以验证正交变换的一个性质：$Q^{-1}=Q^{T}$. 同时，我们可得到

$$y=\begin{bmatrix}y_1\\y_2\\y_3\end{bmatrix}=Q^{-1}x=Q^{T}x=\begin{bmatrix}0.8835&-0.1667&-0.4377\\-0.0253&-0.9501&0.3108\\0.4677&0.2636&0.8437\end{bmatrix}\begin{bmatrix}x_1\\x_2\\x_3\end{bmatrix}.$$

通过下面的命令，我们还可以验证正交矩阵 Q，将矩阵 A 对角化为矩阵 lamda：

```
>> Q'*A*Q
```

其结果是矩阵 lamda.

注 因为 Matlab 进行的是数值计算，所以给出的解为数值解，而我们在教材上计算得出的解基本上都是解析解，故两者之间有一些区别.

6.3.4 方程组求解

Matlab 对于非齐次线性方程组 $AX=b$ 的求解有如下两种方法.

方法 1：X=A\b 或 X=inv(A)*b

方法 2：C=[A,b]　　　%写出增广矩阵

　　　　D=rref(C)　　%D 的最后一列元素就是所求的解

例 6 求方程组 $\begin{cases}-x_2-x_3+x_4=0\\x_1+x_2+x_3+x_4=6\\2x_1+4x_2+x_3-2x_4=-1\\3x_1+x_2-2x_3+2x_4=3\end{cases}$ 的解.

方法 1 程序如下：

输入：

```
>> A=[0 -1 -1 1;1 1 1 1;2 4 1 -2;3 1 -2 2];...
   b=[0;6;-1;3];...
   X=A\b
```

结果：

```
X =
      2.0000
     -1.0000
      3.0000
```

```
    2.0000
```

方法 2 程序如下：

```
>> C=[A,b];D=rref(C)
```

结果：

```
D =
     1    0    0    0     2
     0    1    0    0    -1
     0    0    1    0     3
     0    0    0    1     2
```

则 D 的最后一列就是方程组的解，与方法 1 结果相同.

对于齐次线性方程组 $AX=0$，Matlab 中的函数 null 可以用来求方程组的基础解系. 其调用格式如下.

```
beta=null(A,'r')     %beta 的列向量是方程组 AX=0 的有理基.
```

注　没有参数 r，返回的是小数形式表示的基，有参数 r 则小数用最接近的分数表示

例 7　求方程组$\begin{cases} x_1+x_2-x_3-x_4=0 \\ 2x_1-5x_2+3x_3+2x_4=0 \\ 7x_1-7x_2+3x_3+x_4=0 \end{cases}$的基础解系.

解　输入：

```
>> A=[1 1 -1 -1;2 -5 3 2;7 -7 3 1];...
   format rat,...          %指定有理格式输出
   beta=null(A,'r')
```

结果：

```
beta =
     2/7      3/7
     5/7      4/7
      1        0
      0        1
```

所以解空间的有理基为向量 beta 的列向量，进而可以写出通解：

```
>> syms c1 c2
>> x=c1 * beta(:,1)+c2 * beta(:,2)
```

结果：

```
x =
    [ 2/7 * c1+3/7 * c2]
    [ 5/7 * c1+4/7 * c2]
    [ c1]
    [ c2]
```

6.4　多项式的运算

多项式在 Matlab 中表示为用降幂排列的多项式的系数构成的向量，比如多项式 $P=x^4+3x^2+x-6$在 Matlab 表示为

```
>> P=[1,0,3,1,-6];
```

如果将多项式的向量表示形式转变为符号表示形式，则采用函数 ploy2sym，如将多项式 P 在 Matlab 在中表示为符号形式，则

输入：

```
>> poly2sym(P,'x')      %后面的参数 x，表示以 x 为自变量
```

结果：

```
ans =
      x^4+3*x^2+x-6
```

多项式的运算在 Matlab 中都表示为以系数向量为参数的运算，下面我们在讨论多项式时都以向量指代，即系数向量 P 就表示多项式 P. 多项式的常用运算见表 6－16.

表 6－16　多项式运算

格式	功能
PS	求多项式 P 与 S 和，向量 P 与 S 维数必需相同，缺项补 0.
conv(P,S)	求多项式 P 和 S 的乘积，也是向量 P 和 S 的卷积.
[q,r]=deconv(P,S)	求多项式 P 除以 S 的商 q 和余项 r，也是向量的解卷积运算.
roots(P)	求方程 $p(x)=0$ 的解.
polyder(P)	求多项式 P 的一阶导数.
polyder(P,S)	求多项式 P 与 S 的乘积的一阶导数.
[q,d]=polyder(P,S)	求多项式 P 与 S 的商 P/S 的一阶导数，其中 q 表示分子，d 表示分母.
y=polyval(P,a)	求当 $x=a$ 时，多项式的 P 的值.

将多项式运算与前面的矩阵与向量运算结合，就可以得到利用 Matlab 求矩阵特征值和特征向量的方法，其步骤如下：

(1)用 P=poly(A)求方阵 A 的特征多项式系数向量 P；

(2)用 lamda=roots(P)求特征多项式 P 的全部特征根 lamda；

(3)用函数 beta=null(A－lamda＊E)求出的基础解向量 beta 中的每一个列向量就是 lamda 对应的一个特征向量.

例 1　求 $A=\begin{bmatrix}-3 & 1 & -1\\ -7 & 5 & -1\\ -6 & 6 & -2\end{bmatrix}$的特征值和特征向量.

解 m文件程序如下：

```
clc; clear;
A=[-3,1, -1;-7,5,-1;-6,6,-2];        %输入矩阵 A
P=poly(A)                             %求矩阵 A 的特征多项式(步骤 1)
lamda=roots(P)                        %求矩阵 A 的特征根(步骤 2)
b1=A-lamda(1) * eye(3);
beta1=null(b1,'r')                    %求第一个特征值对应的特征向量
b2=A-lamda(2) * eye(3);               %b2=rref(b2,1e-7)
                                      %为保证矩阵 b2 的奇异性而设的语句
beta2=null(b2,'r')                    %求第二个特征值对应的特征向量
b3=A-lamda(2) * eye(3);               %b3=rref(b3,1e-7)
                                      %为保证矩阵 b3 的奇异性而设的语句
beta3=null(b3,'r')                    %求第三个特征值对应的特征向量
```

结果：

```
P =
     1.0000     -0.0000     -12.0000     -16.0000
lamda =
     4.0000
    -2.0000
    -2.0000
beta1 =
     0.0000
     1.0000
     1.0000
beta2 =
    Empty matrix: 3-by-0
beta3 =
    Empty matrix: 3-by-0
```

对于第二个特征值，之所以找不到特征向量是由于计算误差而引起的，输入：det(b2)，得到的结果是：ans =1.7799e-014.计算误差使得本应为零的行列式成了一个很小的数，使得 b2X=0 没有非零解.解决的方法是将 b2 化为阶梯形式，因为在 rref 函数中可以人为地设定容差，例如把容差设为 1×10^{-7}，令 b2=rref(b2,1e-7)，这样变换出的行阶梯形矩阵与原矩阵 b2 是等价的，但它将会把一些小的数看成零，从而保证矩阵的奇异性. 所以，在上述程序中的 b2=A-lamda(2) * eye(3)与 beta2=null(b2,'r')两条语句之间插入语句 b2=rref(b2,1e-7)，再执行程序，可得与特征值 -2 对应的特征向量为 beta2=$[1,1,0]^T$.对于 b3 的处理原理相同.

6.5　绘制函数图像

Matlab 中基本的二维绘图命令为

plot(xdata,ydata,symbol),

其中 xdata 和 ydata 对应于 $y=f(x)$的自变量和函数取值的向量,(xdata(i),ydata(i))表示点的坐标,此命令用于将各个点用实线连接,描绘出 y=f(x)的图像. symbol 是用单引号('')引出的字符或符号,用于表示点(线)的颜色或形状特征,系统默认是实线连接各点,symbol 的部分可选项见表 6-17.

表 6-17　symbol 的部分可选项

线的类型		线的颜色		点的类型	
符号	说明	符号	说明	符号	说明
-	实线	y	黄色	.	点
--	虚线	r	红色	o	空心圆
:	点线	g	绿色	*	星号
-.	横点	b	蓝色	s	正方形
		k	黑色	p	五角形

此外,plot(xdata1,ydata1,symbol1,xdata2,ydata2,symbol2,…)还可以在一个坐标系中画条曲线.

例 1　在一个坐标系中画出 $y=\sin x, y=\cos x, x\in[0,2\pi]$的图像,$\sin x$ 的用红实线表示,$\cos x$ 用绿横点线表示,并将点(2π,1 用蓝星号标出.

解　m 文件程序如下:

```
x=linspace(0,2*pi);
y1=sin(x);
y2=cos(x);
plot(x,y1,'r',x,y2,'g-.',x(end),cos(x(end)),'b*')
```

保存后,执行结果如图 6-4 所示.

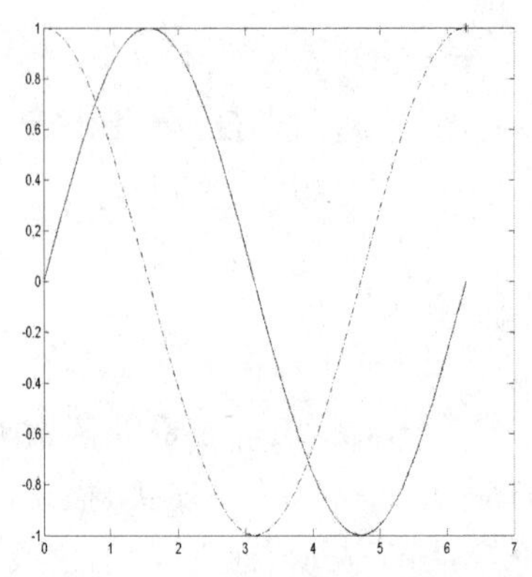

图 6-4

为人提高图形的表达能力，Matlab 还提供了给图形作注解的函数，见表 6－18.

表 6－18　给图形作注解的函数

注解函数	功能
axis	规定 x 轴和 y 轴的范围.
grid	显示网格线.
gtext	在对应鼠标输入处添加文本.
legend	标明不同曲线的符号与线型的含义.
text	在点 (x,y) 处添加文本.
title	在图形顶部添加标题.
xlabel	用字符串标注轴.
ylabel	用字符串标注轴.

以上函数的具体用法，详见 Matlab 帮助文件.

Matlab 中绘制三维曲线的函数为：

plot3(xdata,ydata, zdata ,symbol)

该命令是将二维图形函数 plot 的特性扩展到了三维空间，函数格式除了包括第三维信息外，基本用法与二维作图函数 plot 相同.

Matlab 中绘制三维曲面 $z=f(x,y)$ 的图像有多种方法，其中两个最基本的是 mesh 和 surf，它们带有相同的输入参数. mesh 绘制的是网状图，surf 绘制的是有阴影着色的网状图，其基本调用格式为：

mesh(xdata,ydata,zdata)或 surf(xdata,ydata,zdata).

此外，在进行数据分析时，常需要在一个画面上建立几个坐标第，每个坐标系显示不同的内容. Matlab 中提供了窗口拆分函数 subplot(m,n,p)，表示将一个画面分成 $m\times n$ 个图形区域，p 代表当前区域号，每个区域可以及对应一个独立的图.

例 2　在一个画面上作四个图，第一个显示曲线 $y=x\hat{}2$，$x\in[-2,2]$；第二个显示曲线$\begin{cases}x=e^{-0.1t}\cos t\\ y=e^{-0.1t}\sin t\\ z=t\end{cases}$ $t\in[0,6\pi]$；第三个显示 $z=2-x^2-y^2$，$x\in[-5,5]$，$y\in[-5,5]$的网格图，第四个显示上述曲面的有阴影着色的网格图.

解 m 文件程序如下：

```
subplot(2,2,1)
x=-2:0.05:2;
y=x.^2;
plot(x,y)             %第一个图
subplot(2,2,2)
t=linspace(0,6*pi);
x=exp(-0.1*t).*cos(t);
y=exp(-0.1*t).*sin(t);
z=t;
plot3(x,y,z)          %第二个图
subplot(2,2,3)
x=linspace(-5,5,25);
y=linspace(-5,5,25);
[X,Y]=meshgrid(x,y);        %meshgrid 的用法前面有介绍
Z=2-X.^2-Y.^2;
mesh(X,Y,Z)           %第三个图
subplot(2,2,4)
surf(X,Y,Z)           %第四个图
```

结果如图 6-5 所示

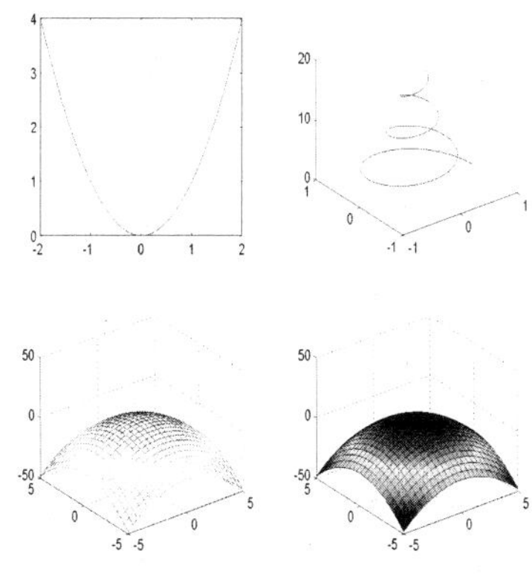

图 6-5

关于 Matlab 提供的其它作图函数及修饰图形参数的用法，如果需要，可查阅 Matlab 帮助文件，在这里不做过多讲解.

6.6 Matlab 编程

Matlab 程序实际上是为实现一定的功能将有关的 Matlab 命令组合在一起，存储在一个文件中（m 文件）. 需要时，运行该文件，Matlab 就会自动依次的执行文件中的命令，自动得到结果. 下面将编程所涉及的常用语句，包括分支语句、循环语句和转移控制语句做简单介绍.

1. 分支——if 语句

if 语句为条件判断语句，通过满足不同的条件表达式将程序转向不同的部分.

if 语句调用格式如下：

```
if  条件#1
    表达式  #1
    elseif  条件#2
            表达式#2
    else
            表达式 3
end
```

其中“条件#n”通常应有一个（或多个）逻辑表达式，当表达式值为真时，执行“表达式#n”，否则跳过“表达式#n”. 在建立逻辑表达式时，常用的关系运算符如表 6－19. 这里需要说明的是上述格式中的 elseif 和 else 语句是可选项，且程序中可同时出现多个 elseif 语句.

表 6－19　常用关系运算符

符号	意义
==	等于
<	小于
>	大于
<=	小于等于
>=	大于等于
~=	不等于
&	逻辑与
|	逻辑或
~	逻辑非

例 1 编写 Matlab 函数 fun(x),来表示分段函数 $f(x)=\begin{cases}-x, & x<0\\ 1, & x=0\\ x, & x>0\end{cases}$,并计算 $f(-2)$,$f(0)$的值.

解 程序如下:

```
function value=fun(x)      %%定义分段函数
if x<0
  value=-x;
elseif x==0
  value=1;
else
value=x;
end
```

保存为 fun.m 后,在命令窗口中输入:

```
>> y1=fun(-2),y2=fun(0)
```

结果:

```
y1 =
      -2
y2 =
       1
```

Matlab 还提供了另外一个分支语句 switch,用法比较简单,其能够实现的功能 if 语句基本上都可实现,后面通过几个例子介绍一下他的用法,这里不作详细讲解,如果需要深入了解请查阅 Matlab 提供的帮助文件.

2.循环——for 语句

for 循环可按指定次数重复执行一系列语句,其调用格式如下.

```
for 循环变量=表达式 1:表达式 2:表达式 3
    循环体语句
end
```

其中"表达式 1"的值为循环变量的初值,"表达式 2"的值为步长,"表达式 3"的值为循环变量的终值,步长为 1 时,"表达式 2",可以省略.

例 2 给定几位同学成绩 chengji=[45,50,75,65,85,76,95,61,84,21,39,88],设计一个分类器,输出为 0 表示不及格(<60),1 表示及格(>=60),-1 表示分数错误.

解 m 文件程序如下:

```
chengji=[45,50,75,65,85,76,95,61,84,21,39,88 ];
n=length(chengji);                              %求成绩向量长度
fenlei=zeros(1,n);                              %预先分配空间
```

```
for i=1:n
        if chengji(i)>=60&chengji(i)<=100      %判断
        fenlei(i)=1;                           %分类
    elseif chengji(i)<60&chengji(i)>=0
        fenlei(i)=0;
    else
        fenlei(i)=-1;
    end
end
fenlei
```

执行结果：

```
fenlei =
        0  0  1  1  1  1  1  1  1  0  0  1
```

3. 循环——while 语句

while 循环无限次执行一条或多条语句，当条件不满足时停止循环. 其调用格式如下.

```
while 条件
     循环体语句
end
```

其中，定义"条件"的表达式中可包含由"循环体语句"计算得出的一个或多个变量.

例 3 计算级数的部分和 S_N 的项数 N，S_N 表示如下.

$$S_N = \sum_{n=1}^{N} \frac{1}{n^2}$$

求不超过 $S=\pi/2$ 的 S_N 的最大值时，项数 N 为多少？

解 m 文件程序如下：

```
format long              %显示格式转为 16 位
S=pi/2;
Sn=0;k=0;                %给部分和 Sn 和循环变量 k 赋初值
while Sn<S
    k=k+1;
    Sn=Sn+1/k^2;
end
k-1                      %返回的是最大项数
Sn-1/k^2                 %返回的是最大的 Sn 值
```

保存后运行结果：

```
Nmax =
```

    12

Sn =

    1.56497663842090

4. 程序控制语句

常用的程序控制命令是 break 和 return.

break 常用在循环结构中，当遇到 break 命令时，程序跳出循环，转到循环下面的第一条语句.

return 命令能终止当前正执行的函数(m 文件). 遇到 return 命令时，当前定义的所有输出变量的值传回给调用函数，如果在命令行调用函数，则将输出变量的值传回给工作区. 表 6－20 描述了 break 和 return 的不同点.

表 6－20　return 与 break 区别

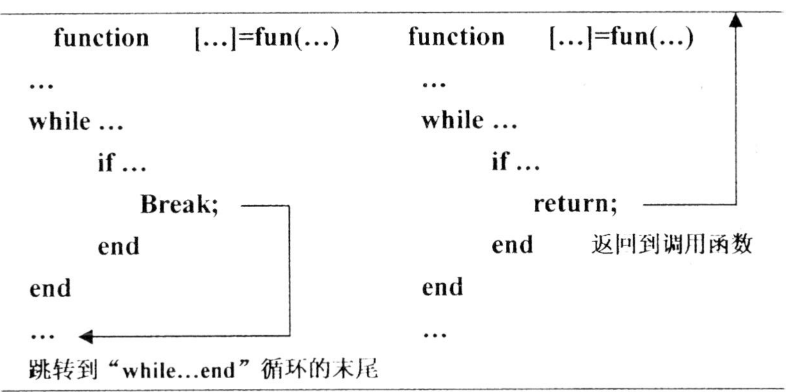

5. 输入输出命令

Matlab 中的 input 命令提示用户从键盘输入参数，并能将输入内容的提示在命令窗口中显示，输入的内容赋值给指定变量. 例如，在命令窗口中输入：

>> x=input('please enter x:')

结果：

please enter x:

如果输入向量[1 2 3]，并按回车，则输出 x 的结果如下：

x =

    1   2   3

Matlab 一般用 disp 命令和 fprintf 命令来显示结果. disp 命令显示字符串时，字符串要用单引号('')括起来，并且用 disp 显示变量或字符串内容时，无"x="或者"ans="，例如继续在命令窗口中输入：

>> disp(x)

结果：

1   2   3

fprintf 命令能够以加后缀的方式显示不同的格式，fprint 的格式说明符如表 6－21

所示.

表 6－21　fprintf 常用的类型说明符和特殊符

类型符	类型	字符	含义
%c	字符型	\n	换行
%s	字符串型	\t	水平制表(跳到下一个 tab 位置)
%d	十进制整型	\b	退格，将当前位置移到前一列
%f	浮点型	\r	回车
%e	十进制指数型	\f	换页，将当前位置移到下页开头
%x	十六进制整数型	%%	%
%bx	十六进制浮点型		

例 4　在本节例 2 工作的基础上，要求能够从键盘直接输入学生成绩向量，计算机直接输出学生及格与否.

解　m 文件程序如下：

```
clc,clear            %清除命令窗口和内存变量
disp('这是一个学生成绩分类器,自动输出学生的分类情况')
chengji=input('请输入学生成绩向量 chengji=');
n=length(chengji);  %求成绩向量长度
fenlei=zeros(1,n);  %预先分配空间
for i=1:n
    if chengji(i)>=60&chengji(i)<=100           %判断
        fenlei(i)=1;      %分类
    elseif chengji(i)<60&chengji(i)>=0
        fenlei(i)=0;
    else
        fenlei(i)=-1;
    end
end
disp('成绩结果为:')
for i=1:n
    switch fenlei(i)  %用 switch 分支结构判断
        case 1
            fprintf('第%d 名学生成绩及格\n',i)  %屏幕输出学生成绩判定结果
        case 0
            fprintf('第%d 名学生成绩不及格\n',i)
        case -1
            fprintf('第%d 名学生成绩录入错误\n',i)
    end
```

end

保存并运行程序.命令窗口中信息如下：

这是一个学生成绩分类器,自动输出学生的分类情况

请输入学生成绩向量 chengji=

输入[45,50,75,65,85,76,95,61,84,21,39,188],然后按回车键后,显示结果如下

成绩结果为：

第 1 名学生成绩不及格

第 2 名学生成绩不及格

第 3 名学生成绩及格

第 4 名学生成绩及格

第 5 名学生成绩及格

第 6 名学生成绩及格

第 7 名学生成绩及格

第 8 名学生成绩及格

第 9 名学生成绩及格

第 10 名学生成绩不及格

第 11 名学生成绩不及格

第 12 名学生成绩录入错误

附　　录

附录一　标准正态分布函数值表

		1	2	3	4	5	6	7	8	9
0.0	0.5000	0.5040	0.5080	0.5120	0.5160	0.5199	0.5239	0.5279	0.5319	0.5359
0.1	0.5398	0.5438	0.5478	0. 5517	0. 5557	0. 5596	0. 5636	0. 5678	0.5714	0.5753
0.2	0.5793	0.5832	0.5871	0.5910	0.5948	0.5987	0.6026	0.6064	0.6103	0.6141
0.3	0.6179	0.6217	0.6255	0.6293	0.6331	0.6368	0.6406	0.6443	0.6480	0.6517
0.4	0.6554	0.6591	0.6628	0.6664	0.6700	0.6736	0.6772	0.6808	0.6844	0.6879
0.5	0.6915	0.6950	0.6985	0.7019	0.7054	0.7088	0.7123	0.7157	0.7190	0.7124
0.6	0.7257	0.7297	0.7324	0.7357	0.7389	0.7422	0.7454	0.7486	0.7517	0.7549
0.7	0.7580	0.7611	0.7624	0.7673	0.7703	0.7734	0.7764	0.7794	0.7823	0.7852
0.8	0.7881	0.7910	0.7939	0.7967	0.7995	0.8023	0.8051	0.8078	0.8106	0.8133
0.9	0.8159	0.8186	0.8212	0.8238	0.8264	0.8289	0.8315	0.8340	0.8365	0.8389
1.0	0.8413	0.8438	0.8461	0.8485	0.8508	0.8531	0.8554	0.8577	0.8599	0.8621
1.1	0.4643	0.8665	0.8686	0.8708	0.8729	0.8749	0.8770	0.8790	0.8810	0.8830
1.2	0.8849	0.8869	0.8888	0.8907	0.8925	0.8944	0.8962	0.8980	0.8997	0.9015
1.3	0.9032	0.9049	0.9066	0.9082	0.9099	0.9115	0.9131	0.9147	0.9162	0.9177
1.4	0.9192	0.9201	0.9222	0.9236	0.9251	0.9265	0.9278	0.9292	0.9306	0.9319
1.5	0.9332	0.9345	0.9357	0.9370	0.9382	0.9394	0.9406	0.9418	0.9430	0.9441
1.6	0.9452	0.9463	0.9474	0.9484	0.9495	0.9505	0.9515	0.9525	0.9535	0.9545
1.7	0.9554	0.9564	0. 9573	0.9582	0.9591	0.9599	0.9608	0.9616	0.9625	0.9633
1.8	0.9641	0.9648	0.9656	0.9664	0.9671	0.9678	0.9686	0.9693	0.9700	0.9706
1.9	0.9713	0.9719	0.9726	0.9732	0.9738	0.9744	0.9750	0.9756	0.9762	0.9767
2.0	0.9772	0.9778	0.9783	0.9788	0.9793	0.9798	0.9803	0.9808	0.9812	0.9817
2.1	0.9821	0.9826	0.9830	0.9834	0.9838	0.9842	0.9846	0.9850	0.9854	0.9857
2.2	0.9861	0.9864	0.9868	0.9871	0.9874	0.9878	0.9881	0.9884	0.9887	0.9890
2.3	0.9893	0.9896	0.9898	0.9901	0.9904	0.9906	0.9909	0.9911	0.9913	0.9916
2.4	0.9918	0.9920	0.9922	0.9925	0.9927	0.9929	0.9931	0.9932	0.9934	0.9936
2.5	0.9938	0.9940	0.9941	0.9943	09945	09946	09948	09949	09951	09952
2.6	0.9953	0.9955	0.9956	0.9957	0.9959	0.9960	0.9961	0.9962	0.9963	0.9964
2.7	0.9965	0.9966	0.9967	0.9968	0.9969	0.9970	0.9971	0.9972	0.9973	0.9974
2.8	0.9974	0.9975	0.9976	0.9977	0.9977	0.9978	0.9979	0.9979	0.9980	0.9981
2.9	0.9981	0.9982	0.9982	0.9983	0.9984	0.9984	0.9985	0.9985	0.9986	0.9986
3.0	0.9987	0.9990	0.9993	0.9995	0.9997	0.9998	0.9998	0.9999	0.9999	0.1000

附录二　分布分位数表

$P\{t(n)>t_a(n)\}=a$

n	α=0.25	0.10	0.05	0.025	0.01	0.005
1	1.0000	3.0777	6.3138	12.7062	31.8207	63.6574
2	0.8165	1.8856	2.9200	4.3027	6.9646	9.9248
3	0.7649	1.6377	2.3534	3.1824	4.5407	5.8409
4	0.7407	1.5332	2.1318	2.7764	3.7469	4.6041
5	0.7267	1.4759	2.0150	2.5706	3.3649	4.0322
6	0.7176	1.4398	1.9432	2.4469	3.1427	3.7074
7	0.7111	1.4149	1.8946	2.3646	2.9980	3.4995
8	0.7064	1.3968	1.8595	2.3060	2.8965	3.3554
9	0.7027	1.3830	1.8331	2.2622	2.8214	3.2498
10	0.6998	1.3722	1.8125	2.2281	2.7638	3.1693
11	0.6974	1.3634	1.7959	2.2010	2.7181	3.1058
12	0.6955	1.3562	1.7823	2.1788	2.6810	3.0545
13	0.6938	1.3602	1.7709	2.1604	2.6503	3.0123
14	0.6924	1.3450	1.7613	2.1448	2.6245	2.9768
15	0.6912	1.3406	1.7531	2.1315	2.6025	2.9467
16	0.6901	1.3368	1.7459	2.1199	2.5835	2.9208
17	0.6892	1.3334	1.7396	2.1098	2.5669	2.8982
18	0.6884	1.3304	1.9341	2.1009	2.5524	2.8784
19	0.6876	1.3277	1.7291	2.0930	2.5395	2.8609
20	0.6870	1.3253	1.7247	2.0860	2.5280	2.8453
21	0.6864	1.3232	1.7207	2.0796	2.5177	2.8314
22	0.6858	1.3212	1.7171	2.0739	2.5083	2.8188
23	0.6853	1.3195	1.7139	2.0687	2.4999	2.8073
24	0.6848	1.3178	1.7109	2.0639	2.4922	2.7969
25	0.6844	1.3163	1.7081	2.0595	2.4851	2.7874
26	0.6840	1.3150	1.7056	2.0555	2.4786	2.7787
27	0.6837	1.3137	1.7033	2.0518	2.4727	2.7707
28	0.6834	1.3125	1.7011	2.0484	2.4671	2.7633
29	0.6830	1.3114	1.6991	2.0452	2.4620	2.7564
30	0.6828	1.3104	1.6973	2.0423	2.4573	2.7500
31	0.6825	1.3095	1.6955	2.0395	2.4528	2.7440
32	0.6822	1.3086	1.6939	2.0369	2.4487	2.7385
33	0.6820	1.3077	1.6924	2.0345	2.4448	2.7333
34	0.6818	1.3070	1.6909	2.0322	2.4411	2.7284
35	0.6816	1.3062	1.6896	2.0301	2. 4377	2.7238
36	0.6814	1.3055	1.6883	2.0281	2.4345	2.7195
37	0.6812	1.3049	1.6871	2.0262	2.4314	2.9154
38	0.6810	1.3042	1.6860	2.0244	2.4286	2.9116
39	0.6808	1.3036	1.6849	2.0227	2.4258	2.7079
40	0.6807	1.3031	1.6839	2.0211	2.4233	2.7045
41	0.6805	1.3025	1.6829	2.0195	2.4208	2.7012
42	0.6804	1.3022	1.6820	2.0181	2.4185	2.6981
43	0.6802	1.3016	1.6811	2.0167	2.4163	2.6951
44	0.6801	1.3011	1.6802	2.0154	2.4141	2.6923
45	0.6800	1.3006	1.6794	2.0141	2.4121	2.6806

附录三 χ^2 分布分位数表

$P\{\chi^2(n) > \chi^2_a(n)\} = a$

n	α=0.995	0.99	0.975	0.95	0.90	0.75
1	-	-	0. 001	0. 004	0. 016	0. 102
2	0. 010	0. 020	0. 051	0. 103	0. 211	0. 575
3	0. 072	0. 115	0. 216	0. 352	0. 584	1. 213
4	0. 207	0. 297	0. 484	0. 711	1. 064	1. 923
5	0. 412	0. 554	0. 831	1. 145	1. 610	2. 675
6	0. 676	0. 872	1. 237	1. 635	2. 204	3. 455
7	0. 989	1. 239	1. 690	2. 167	2. 833	4. 255
8	1. 344	1. 646	2. 180	2. 733	3. 490	5. 071
9	1. 735	2. 088	2. 700	3. 325	4. 168	5. 899
10	2. 156	2. 558	3. 247	3. 940	4. 685	6. 737
11	2. 603	3. 053	3. 816	4. 575	5. 578	7. 584
12	3. 074	3. 571	4. 404	5. 226	6. 304	8. 438
13	3. 565	4. 107	5. 009	5. 892	7. 042	9. 299
14	4. 075	4. 660	5. 629	6. 571	7. 790	10. 165
15	4. 601	5. 229	6. 262	7. 261	8. 547	11. 037
16	5. 142	5. 812	6. 908	7. 962	9. 312	11. 912
17	5. 697	6. 408	7. 564	8. 672	10. 085	12. 792
18	6. 265	7. 015	8. 231	9. 390	10. 865	13. 675
19	6. 844	7. 633	8. 907	10. 117	11. 651	14. 562
20	7. 434	8. 260	9. 591	10. 851	12. 443	15. 452
21	8. 034	8. 897	10. 283	11. 591	13. 240	16. 344
22	8. 643	9. 542	10. 982	12. 338	14. 042	17. 240
23	9. 260	10. 196	11. 689	13. 091	14. 848	18. 137
24	9. 886	10. 856	12. 401	13. 848	15. 659	19. 037
25	10. 520	11. 524	13. 120	14. 611	16. 473	19. 939
26	11. 160	12. 198	13. 844	15. 379	17. 292	20. 843
27	11. 808	12. 879	14. 573	16. 151	18. 114	21. 749
28	12. 461	13. 565	15. 308	16. 928	18. 939	22. 657
29	13. 121	14. 257	16. 047	17. 708	19. 768	23. 567
30	13. 787	14. 954	16. 791	18. 493	20. 599	24. 478
31	14. 458	15. 655	17. 539	19. 281	21. 434	25. 390
32	15. 134	16. 362	18. 291	20. 072	22. 271	26. 304
33	15. 815	17. 074	19. 047	20. 807	23. 110	27. 219
34	16. 501	17. 789	19. 806	21. 664	23. 952	28. 136
35	17. 192	18. 509	20. 569	22. 465	24. 797	29. 054
36	17. 887	19. 233	21. 336	23. 269	25. 613	29. 973
37	18. 586	19. 960	22. 106	24. 075	26. 492	30. 893
38	19. 289	20. 691	22. 878	24. 884	27. 343	31. 815
39	19. 996	21. 426	23. 654	25. 695	28. 196	32. 737
40	20. 707	22. 164	24. 433	26. 509	29. 051	33. 660
41	21. 421	22. 906	25. 215	27. 326	29. 907	34. 585
42	22. 138	23. 650	25. 999	28. 144	30. 765	35. 510
43	22. 859	24. 398	26. 785	28. 965	31. 625	36. 430
44	23. 584	25. 143	27. 575	29. 787	32. 487	37. 363
45	24. 311	25. 901	28. 366	30. 612	33. 350	38. 291

（续表）

n	α=0.25	0.10	0.05	0.025	0.01	0.005
1	1.323	2.706	3.841	5.024	6.635	7.879
2	2.773	4.605	5.991	7.378	9.210	10.597
3	4.108	6.251	7.815	9.348	11.345	12.838
4	5.385	7.779	9.488	11.143	13.277	14.860
5	6.626	9.236	11.071	12.833	15.086	16.750
6	7.841	10.645	12.592	14.449	16.812	18.548
7	9.037	12.017	14.067	16.013	18.475	20.278
8	10.219	13.362	15.507	17.535	20.090	21.955
9	11.289	14.684	16.919	19.023	21.666	23.589
10	12.549	15.987	18.307	20.483	23.209	25.188
11	13.701	17.275	19.675	21.920	24.725	26.757
12	14.845	18.549	21.026	23.337	26.217	28.299
13	15.984	19.512	22.362	24.736	27.688	29.819
14	17.117	21.064	23.685	26.119	29.141	31.319
15	18.245	22.307	24.996	27.488	30.578	32.801
16	19.369	23.542	26.296	28.845	32.000	34.267
17	20.489	24.769	27.587	30.191	33.409	35.718
18	21.605	25.989	28.869	31.526	34.805	37.156
19	22.718	27.204	30.144	32.852	36.191	38.582
20	23.828	28.412	31.410	34.170	37.566	37.997
21	24.935	29.615	32.671	35.479	38.932	41.410
22	26.039	30.813	33.924	36.781	40.289	42.796
23	27.141	32.007	35.172	38.076	41.638	44.781
24	28.241	33.196	36.415	39.364	42.980	45.559
25	29.339	34.382	37.652	40.646	44.314	46.928
26	30.435	35.563	38.885	41.923	45.642	48.290
27	31.528	36.741	40.113	43.194	46.963	49.645
28	32.620	37.916	41.337	44.461	48.278	50.993
29	33.711	39.087	42.557	45.722	49.588	52.336
30	34.800	40.256	42.773	46.979	50.892	53.672
31	35.887	41.422	44.985	48.232	52.191	55.003
32	36.973	42.585	46.194	49.481	53.489	56.328
33	38.053	43.745	47.400	50.725	54.776	57.648
34	39.141	44.903	48.602	51.966	56.061	58.964
35	40.223	46.059	49.802	53.203	57.342	60.275
36	41.304	47.512	50.998	54.437	58.619	61.581
37	42.383	48.363	52.192	55.668	59.892	62.883
38	43.462	49.513	53.384	56.896	61.162	64.181
39	44.539	50.660	54.572	58.120	62.428	65.476
40	45.616	51.805	55.758	59.342	63.691	66.766
41	46.692	52.949	53.942	60.561	64.950	68.053
42	47.766	54.090	58.124	61.777	66.206	69.336
43	48.840	55.230	59.304	62.990	67.459	70.616
44	49.913	56.369	60.481	64.201	68.710	71.893
45	50.985	57.505	61.656	65.410	69.957	73.166

参考答案

习题 1

1. (1)1;(2)0;(3)−115;(4)0.

2. (1)$x_1=\frac{1}{3}$,$x_2=\frac{5}{3}$;(2)$x_1=0$,$x_2=0$;(3)$x_1=1$,$x_2=-2$,$x_3=2$;(4)$x_1=\frac{1}{2}$,$x_2=6$,$x_3=\frac{9}{2}$.

3. (1)0;(2)0;(3)5;(4)$(a-1)^2(a-10)$(提示:第 2 列、第 3 列的元素分别加到第 1 列的对应元素上去,然后提出公因子 $2x=2y$,再利用性质计算).

4. 略.

5. 176.

6. a_{33}的余子式 $M_{33}=\begin{vmatrix}2&1&-4\\3&-1&-1\\5&0&2\end{vmatrix}$,代数余子式 $A_{33}=(-1)^{33}\begin{vmatrix}2&1&-4\\3&-1&-1\\5&0&2\end{vmatrix}$;

A_{14}的余子式 $M_{14}=\begin{vmatrix}3&-1&2\\1&3&3\\5&0&6\end{vmatrix}$,代数余子式 $A_{14}=(-1)^{1+4}\begin{vmatrix}3&-1&2\\1&3&3\\5&0&6\end{vmatrix}$.

7. (1)$a_1a_2a_3a_4a_5$;(2)240.

8. (1)−1;(2)56;(3)726;(4)310.

9. (1)$x=1$ 或 $x=-2$;(2)$x=-6$ 或 $x=-2$.

10. (1)$\begin{cases}x_1=0,\\x_2=\frac{4}{5},\\x_3=\frac{3}{5},\\x_4=-\frac{7}{5};\end{cases}$ (2)$\begin{cases}x_1=-3,\\x_2=3,\\x_3=5,\\x_4=0.\end{cases}$

11.(1)只有零解;(2)有非零解.

12. $k=4$ 或 $k=-1$ 时,有非零解.

习 题 2

一、填空题

1. 3.

2. 18.

3. $\boldsymbol{AB}=\boldsymbol{BA}$.

4. $(\boldsymbol{E}-\boldsymbol{B})^{-1}\boldsymbol{A}$.

5. $\begin{pmatrix} 1 & 0 & 0 \\ 0 & \frac{1}{2} & 0 \\ 0 & 0 & -\frac{1}{3} \end{pmatrix}$.

6. 2,0,0.

7. 1,$\begin{pmatrix} 6 & 6 \\ -6 & -6 \end{pmatrix}$,$\begin{pmatrix} 2 & -2 \\ 2 & -2 \end{pmatrix}$,$\begin{pmatrix} -2 & -2 \\ 2 & 2 \end{pmatrix}$.

二、单项选择题

1. C.　2. B.　3. C.　4. A.　5. B.　6. B.

三、解答题

1. (1)$\frac{5}{2},\frac{1}{2}$;(2)$\frac{1}{9},\frac{4}{9}$;(3)$\frac{1}{2},\frac{1}{2}$.

2. $\begin{pmatrix} 1 & 4 & 4 & 7 \\ 4 & 0 & 5 & 4 \\ 2 & 0 & 3 & 5 \end{pmatrix}$,$\begin{pmatrix} 2 & 10 & 9 & 17 \\ 12 & 1 & 10 & 10 \\ 4 & -3 & 8 & 15 \end{pmatrix}$.

3. (1)$\begin{pmatrix} 19 & -5 \\ -15 & 4 \end{pmatrix}$;　(2)10;　(3)$\begin{pmatrix} 3 & 6 & 9 \\ 2 & 4 & 6 \\ 1 & 2 & 3 \end{pmatrix}$;

(4)$\begin{pmatrix} -1 & 4 \\ -1 & 2 \\ -3 & 6 \end{pmatrix}$;　(5)$\begin{pmatrix} 35 \\ 6 \\ 49 \end{pmatrix}$;　(6)$\begin{pmatrix} 6 & -7 & 8 \\ 20 & -5 & 10 \end{pmatrix}$.

4. (1)$\begin{pmatrix} 0 & 0 \\ 0 & 0 \end{pmatrix}$;　(2)$\begin{pmatrix} -1 & 3 & -2 \\ -2 & 2 & 0 \\ 1 & 1 & -1 \end{pmatrix}$.

5. (1) $\begin{pmatrix} -3 & 0 & 0 \\ 1 & -3 & 0 \\ 1 & 1 & -3 \end{pmatrix}$; (2) $\begin{pmatrix} -3 & 0 & 0 \\ 4 & -3 & 0 \\ 4 & 1 & -3 \end{pmatrix}$.

6. (1) $\boldsymbol{A}$ 可逆，$\boldsymbol{A}^{-1}=\frac{1}{4}\begin{pmatrix} -3 & 3 & 1 \\ -4 & 0 & 4 \\ 5 & -1 & -3 \end{pmatrix}$；(2) $\boldsymbol{B}$ 不可逆；

(3) $\boldsymbol{C}$ 可逆，$\boldsymbol{C}^{-1}=\frac{1}{2}\begin{pmatrix} 1 & 3 & -1 \\ -1 & 5 & -1 \\ -1 & -1 & 1 \end{pmatrix}$；(4) $\boldsymbol{D}$ 可逆，$\boldsymbol{D}^{-1}=\begin{pmatrix} 1 & 1 & 3 \\ 2 & 3 & 7 \\ 3 & 4 & 9 \end{pmatrix}$.

7. $ad-bc\neq 0$，$\boldsymbol{A}^{-1}=\frac{1}{ad-bc}\begin{pmatrix} d & -b \\ -c & a \end{pmatrix}$.

8. (1) $\begin{pmatrix} 4 & -3 \\ -1 & 1 \end{pmatrix}$；(2) $\begin{pmatrix} 0 & 2 \\ -1 & -1 \\ 0 & -1 \end{pmatrix}$.

9. (1) $\begin{pmatrix} 0 & \frac{1}{2} \\ \frac{1}{3} & -\frac{1}{6} \end{pmatrix}$；(2) $\begin{pmatrix} 1 & -1 & 0 \\ 0 & 1 & -1 \\ 0 & 0 & 1 \end{pmatrix}$；(3) $\begin{pmatrix} \frac{3}{4} & \frac{3}{8} & -\frac{1}{4} \\ \frac{1}{4} & \frac{1}{8} & \frac{1}{4} \\ \frac{1}{4} & -\frac{3}{8} & \frac{1}{4} \end{pmatrix}$；(4)不存在；

(5) $\begin{pmatrix} 22 & -6 & -26 & 17 \\ -17 & 5 & 20 & -13 \\ -1 & 0 & 2 & -1 \\ 4 & -1 & -5 & 3 \end{pmatrix}$；(6) $\begin{pmatrix} -2 & 0 & 2 & 1 \\ 0 & -1 & -1 & 0 \\ 2 & -1 & -2 & -1 \\ 1 & 0 & -1 & 0 \end{pmatrix}$.

10. (1) $\begin{pmatrix} -17 & -28 \\ -4 & -6 \end{pmatrix}$；(2) $\begin{pmatrix} -14 & -17 \\ -8 & -9 \end{pmatrix}$；(3) $\begin{pmatrix} 2 & 9 & -5 \\ -2 & -18 & 6 \\ -4 & -14 & 9 \end{pmatrix}$；

(4) $\begin{pmatrix} 1 \\ 3 \\ 2 \end{pmatrix}$；(5) $\begin{pmatrix} 3 & -\frac{6}{5} \\ 2 & -\frac{13}{5} \\ 4 & -2 \end{pmatrix}$；(6) $\begin{pmatrix} 2 & -1 & 0 \\ -1 & -3 & \frac{1}{2} \\ 1 & 0 & 1 \end{pmatrix}$.

11. (1) $r(\boldsymbol{A})=3$；(2) $\lambda=2$，$r(\boldsymbol{A})=2$.

习 题 3

1.(1) $\begin{pmatrix} 1 & 2 & 0 & -\frac{1}{2} & -\frac{3}{2} \\ 0 & 0 & 1 & \frac{1}{2} & \frac{13}{6} \\ 0 & 0 & 0 & 0 & 0 \\ 0 & 0 & 0 & 0 & 0 \end{pmatrix}$；(2) $\begin{pmatrix} 1 & 0 & 0 & 2 & -3 & -1 \\ 0 & 1 & 0 & 0 & 0 & 0 \\ 0 & 0 & 1 & -3 & 2 & -1 \\ 0 & 0 & 0 & 0 & 0 & 0 \end{pmatrix}$.

2. (1) $\begin{cases} x_1 = 9.5, \\ x_2 = -1.5, \\ x_3 = 0.5; \end{cases}$ (2) $\begin{cases} x_1 = -2 + x_3, \\ x_2 = 3 - 2x_3, \end{cases}$ 其中 x_3 是自由未知量；

(3)无解； (4) $\begin{cases} x_1 = 1 - x_4, \\ x_2 = -x_4, \\ x_3 = -1 + x_4, \end{cases}$ 其中 x_4 是自由未知量； (5)无解；

(6) $\begin{cases} x_1 = 4, \\ x_2 = 3, \\ x_3 = 2; \end{cases}$ (7) $\begin{cases} x_1 = 0, \\ x_2 = 0, \\ x_3 = 0, \\ x_4 = 0; \end{cases}$ (8) $\begin{cases} x_1 = -3x_3 - 5x_5, \\ x_2 = 2x_3 + 3x_5, \\ x_4 = 0, \end{cases}$ 其中 x_3, x_5 是自由未知量.

3.(1)有唯一解;(2)有无穷多解;(3)无解.

4.(1)有非零解;(2)只有零解.

5.当 $\lambda \neq -3$ 时,无解.

当 $\lambda = -3$ 时,有无穷多解,解为 $\begin{cases} x_1 = -8, \\ x_2 = 3 + x_4, \\ x_3 = 6 + 2x_4, \end{cases}$ 其中 x_4 是自由未知量.

6.当 $\lambda \neq -2$ 时,只有零解.

当 $\lambda = -2$ 时,有非零解,解为 $\begin{cases} x_1 = 0, \\ x_2 = 0, \\ x_3 = x_4, \end{cases}$ 其中 x_4 是自由未知量.

7.当 $\lambda \neq 1$ 且 $\lambda \neq -2$ 时,有唯一解,解为 $\begin{cases} x_1 = -\dfrac{\lambda+1}{\lambda+2}, \\ x_2 = \dfrac{1}{\lambda+2}, \\ x_3 = \dfrac{(\lambda+1)^2}{\lambda+2}; \end{cases}$

当 $\lambda = 1$ 时,有无穷多解,解为 $x_1 = 1 - x_2 - x_3$,其中 x_2, x_3 是自由未知量;

当 $\lambda = -2$ 时,无解.

8. (1) $(-1\quad 12\quad 8\quad -11)^T$；(2) $(0\quad 0\quad 0\quad 0)^T$；

(3) $(x_1-3x_3\quad 2x_1+x_2+10x_3\quad 3x_1-x_2\quad -x_1+2x_2-5x_3)^T$.

9. $\boldsymbol{\gamma}=(-21\quad 7\quad 15\quad 13)^T$.

10. (1)$\boldsymbol{\beta}=2\boldsymbol{\alpha}_1-\boldsymbol{\alpha}_2-3\boldsymbol{\alpha}_3$，表示方式唯一；

(2)$\boldsymbol{\beta}$ 不能由 $\boldsymbol{\alpha}_1,\boldsymbol{\alpha}_2,\boldsymbol{\alpha}_3$ 线性表出；

(3)$\boldsymbol{\beta}=-\boldsymbol{\alpha}_1-5\boldsymbol{\alpha}_2$，表示方式有无穷多种.

11. (1)$\boldsymbol{\beta}=b_1\boldsymbol{e}_1+b_2\boldsymbol{e}_2+b_3\boldsymbol{e}_3+b_4\boldsymbol{e}_4$；

(2)$\boldsymbol{\beta}=(b_1-b_2)\boldsymbol{\alpha}_1+(b_2-b_3)\boldsymbol{\alpha}_2+(b_3-b_4)\boldsymbol{\alpha}_3+b_4\boldsymbol{\alpha}_4$.

12. (1)线性相关；(2)线性相关；(3)线性相关；(4)线性无关.

13. 用反证法证明.

14. (1)极大无关组为 $\boldsymbol{\alpha}_1,\boldsymbol{\alpha}_2,\boldsymbol{\alpha}_3$，且 $\boldsymbol{\alpha}_4=-3\boldsymbol{\alpha}_1+5\boldsymbol{\alpha}_2-\boldsymbol{\alpha}_3$；

(2)极大无关组为 $\boldsymbol{\alpha}_1,\boldsymbol{\alpha}_2,\boldsymbol{\alpha}_4$，且 $\boldsymbol{\alpha}_3=3\boldsymbol{\alpha}_1+\boldsymbol{\alpha}_2$，$\boldsymbol{\alpha}_5=-\boldsymbol{\alpha}_1-\boldsymbol{\alpha}_2+\boldsymbol{\alpha}_4$；

(3)极大无关组为 $\boldsymbol{\alpha}_1,\boldsymbol{\alpha}_2,\boldsymbol{\alpha}_4$，且 $\boldsymbol{\alpha}_3=\boldsymbol{\alpha}_1-5\boldsymbol{\alpha}_2$.

15. (1)因为 $r(\boldsymbol{\alpha}_1,\boldsymbol{\alpha}_5)=2$，所以 $\boldsymbol{\alpha}_1,\boldsymbol{\alpha}_5$ 线性无关；(2)$\boldsymbol{\alpha}_1,\boldsymbol{\alpha}_5,\boldsymbol{\alpha}_2$.

16. 利用向量组线性无关与向量组的秩之间的关系证明.

17. (1)基础解系：$\boldsymbol{X}_1=(-5\quad 3\quad 14\quad 0)^T$，$\boldsymbol{X}_2=(1\quad -1\quad 0\quad 2)^T$；

全部解：$k_1\boldsymbol{X}_1+k_2\boldsymbol{X}_2$，其中 k_1,k_2 为任意实数.

(2)基础解系：$\boldsymbol{X}_1=\left(\frac{19}{8}\quad \frac{7}{8}\quad 1\quad 0\quad 0\right)^T$，$\boldsymbol{X}_2=\left(\frac{3}{8}\quad -\frac{25}{8}\quad 0\quad 1\quad 0\right)^T$，

$\boldsymbol{X}_3=\left(-\frac{1}{2}\quad \frac{1}{2}\quad 0\quad 0\quad 1\right)^T$；

全部解：$k_1\boldsymbol{X}_1+k_2\boldsymbol{X}_2+k_3\boldsymbol{X}_3+k_4\boldsymbol{X}_4$，其中 k_1,k_2,k_3 为任意实数.

(3)基础解系：$\boldsymbol{X}_1=(1\quad 1\quad 0\quad -1\quad)^T$；

全部解：$k_1\boldsymbol{X}_1$，其中 k_1 为任意实数.

(4)基础解系：$\boldsymbol{X}_1=(3\quad 1\quad 0\quad 0\quad 0\quad)^T$，$\boldsymbol{X}_2=(-1\quad 0\quad 1\quad 0\quad 0)^T$，$\boldsymbol{X}_3=(2\quad 0\quad 0\quad 1\quad 0)^T$，$\boldsymbol{X}_4=(1\quad 0\quad 0\quad 0\quad 1)^T$；

全部解：$k_1\boldsymbol{X}_1+k_2\boldsymbol{X}_2+k_3\boldsymbol{X}_3+k_4\boldsymbol{X}_4$，其中 k_1,k_2,k_3,k_4 为任意实数.

18. (1)$(8\quad 0\quad 0\quad -10)^T+k_1(-9\quad 1\quad 0\quad 11)^T+k_2(-4\quad 0\quad 1\quad 5)^T$，其中 k_1,k_2 为任意实数；

(2)无解；

(3) $(-1\quad 2\quad 0)^T+k(-2\quad 1\quad 1)^T$，其中 k 为任意实数；

(4) $(0\quad 1\quad 0)^T+k(-1\quad 1\quad 1)^T$，其中 k 为任意实数.

19. 当 $a=0$ 且 $b=2$ 时，有解，全部解：$(-2\quad 3\quad 0\quad 0\quad 0)^T+k_1(1\quad -2\quad 1\quad 0\quad 0)^T+k_2(1\quad -2\quad 0\quad 1\quad 0)^T+k_3(5\quad -6\quad 0\quad 0\quad 1)^T$，其中 k_1,k_2,k_3 为任意实数.

20. $\min S=5x_1+6x_2+7x_3$，

$$\begin{cases} x_1+x_2+x_3=1000, \\ x_1\leqslant 300, \\ x_2\geqslant 150, \\ x_3\geqslant 200, \\ x_1\geqslant 0, x_2\geqslant 0, x_3\geqslant 0. \end{cases}$$

21. $\min S=2x_1+8x_2$,

$$\begin{cases} 5x_1+10x_2=150, \\ x_1\leqslant 20, \\ x_2\geqslant 14, \\ x_1\geqslant 0, x_2\geqslant 0. \end{cases}$$

22. $\max S=30x_1+28x_2+32x_3+72x_4+64x_5+80x_6$,

$$\begin{cases} x_1+x_2+x_3+x_4+x_5+x_6\leqslant 850, \\ 2x_1+5x_4\leqslant 700, \\ 2x_2+5x_5\leqslant 600, \\ 3x_3+8x_6\leqslant 900, \\ x_j\geqslant 0(j=1,2,3,4,5,6). \end{cases}$$

23. $\max S=30x_1+5x_2+0.6x_3$,

$$\begin{cases} 17x_1+2x_2+\frac{1}{2}x_3\leqslant 500, \\ 8x_1+\frac{1}{2}x_2+\frac{1}{6}x_3\leqslant 100, \\ x_1\leqslant 10, \\ x_2\leqslant 30, \\ x_3\leqslant 100, \\ x_j\geqslant 0(j=1,2,3). \end{cases}$$

24. (1) $\max S=-3x_1-2x_2-3x_3+0x_4$,

$$\begin{cases} x_1+x_2+x_3+x_4=12, \\ 2x_1+3x_2+x_5=20, \\ x_3+x_6=5, \\ x_j\geqslant 0(j=1,2,3,4,5,6); \end{cases}$$

(2) $\max S=-3x_1-2x_2-3x_3+0x_4+0x_5$,

$$\begin{cases} 6x_1-x_2+4x_3-x_4=21, \\ 2x_1+3x_2-5x_3-x_5=20, \\ x_j\geqslant 0(j=1,2,3,4,5); \end{cases}$$

(3) $\max S=2x_1-5x_2-x_4+x_5+0x_6+0x_7$,

$$\begin{cases} 9x_1+5x_2+x_6=14, \\ x_1+3x_2-2x_4+2x_5=2, \\ 8x_1-x_2+4x_4-4x_5-x_7=4, \\ x_j\geqslant 0(j=1,2,4,5,6,7). \end{cases}$$

25.(1)最优解 $\boldsymbol{X}=(4\quad 1)^T$,最优值 $S=-3$;

(2)最优解 $X=(0 \quad 1)^T$,最优值 $S=1$;

(3)无最优解;

(4)$\boldsymbol{X}=\alpha(3 \quad 0)^T+(1+\alpha)\left(\frac{5}{2} \quad \frac{3}{2}\right)^T$, $0\leqslant\alpha\leqslant1$,最优值 $S=9$;

(5)无可行域,所以没有最优解.

以上各题图略.

26.

$$\left(\begin{array}{cccccc:c} -1 & 0 & -2 & 0 & 0 & 0 & -5 \\ \hdashline -1 & 2 & -1 & 1 & 0 & 0 & 2 \\ 2 & -2 & 3 & 0 & 1 & 0 & 3 \\ 2 & -5 & 3 & 0 & 0 & 1 & 4 \end{array}\right)$$

27. (1)最优解 $\boldsymbol{X}=\alpha(0 \quad 2 \quad 0 \quad 4)^T+(1-\alpha)(1 \quad 3 \quad 0 \quad 0)^T$, $0\leqslant\alpha\leqslant1$,最优值 $S=6$;

(2)无最优解;

(3)最优解 $\boldsymbol{X}=\left(\frac{3}{5} \quad \frac{6}{5} \quad 0 \quad 0 \quad 0 \quad 0\right)^T$,最优值 $S=-\frac{18}{5}$.

习 题 4

1. (1)$AB\overline{C}$;(2)$\overline{A}\,\overline{B}C$;(3)$ABC$;(4)$\overline{A}\,\overline{B}\,\overline{C}$;(5)$\overline{A}\,\overline{B}\,\overline{C}$ 或$\overline{A}BC+A\overline{B}C+AB\overline{C}+A\overline{B}\,\overline{C}+\overline{A}B\overline{C}+\overline{A}\,\overline{B}C+\overline{A}\,\overline{B}\,\overline{C}$.

2. $\frac{1}{12}$.

3. (1)$\frac{8}{25}$;(2)$\frac{9}{25}$.

4. 0.3.

5. 0.113.

6. 相同,均为 0.07.

7. (1)0.56;(2)0.14;(3)0.94.

8. $\frac{8}{15}$.

9. (1) $\frac{3}{7}$; (2) $\frac{3}{4}$; (3) $\frac{3}{5}$; (4) 0.58; (5) 0.63; (6) 0.75; (7) $\frac{3}{16}$; (8) $\frac{1}{2}$; (9) 2ln2; (10) $\frac{1}{3}$.

10. (1) C; (2) A; (3) B; (4) D; (5) D; (6) A; (7) C; (8) A; (9)

B； (10) C.

11. $\frac{1}{6}$； $\frac{1}{2}$； 1； $\frac{5}{6}$； $\frac{5}{6}$.

12.

X	-1	2	6
P	0.1	0.3	0.6

13. (1) $\frac{6}{9}$； (2) $\frac{1}{2}$； (3) $\frac{1}{\pi}$.

14. (1) $f(x)=\begin{cases}1, & 0<x<1,\\ 0, & \text{其他}.\end{cases}$ (2) $1, \frac{1}{2}$.

15. (1) $a=2$； (2) e^{-6}.

16. $P\{X>0.9\}=0.28$.

17. 0.83995； 0.9545.

18. 0.95254； 0.79384.

19. 8.6 .

20. (1) $\frac{2}{3}$； (2) $\frac{1}{18}$.

21. 4, $\frac{3}{20}$.

22. 略.

习 题 5

1. 略.
2. 略.
3. $\bar{x}=3.6$；$s^2=2.59$.
4. 0.8158.
5. (1) $\frac{1}{\bar{x}}$； (2) $\frac{1}{\bar{x}}$.
6. $\hat{p}=0.499$.
7. $\frac{5}{9}$； $\frac{5}{8}$； $\frac{1}{2}$.
8. (992.16, 1007.84).
9. 15000 条.
10. 因 3.9>1.96，故总体均值有变化.
11. 可以.
12. 有.

13. 接受.
14. 相等.
15. 无差别.

参考书目

1. 庞进生,韩可众.应用数学.郑州:大象出版社,2006

2. 顾静相.经济数学基础.北京:高等教育出版社,2002

3. 宣立新.高等数学.北京:高等教育出版社,2001

4. 阎章杭.高等数学与应用数学基础.北京:中国人民公安大学出版社,2004

5. 宣立新.高等数学学习指导书.北京:高等教育出版社,2001

6. 高文君,孙帆.经济数学.郑州:郑州大学出版社,2006

打造学术精品　服务教育事业
河南大学出版社
读者信息反馈表

尊敬的读者：

感谢您购买、阅读和使用河南大学出版社的____________________一书，我们希望通过这张小小的反馈表来获得您更多的建议和意见，以改进我们的工作，加强我们双方的沟通和联系。我们期待着能为您和更多的读者提供更多的好书。

请您填妥下表后，寄回或发 E－mail 给我们，对您的支持我们不胜感激！

1. 您是从何种途径得知本书的：

   □书店　□网上　□报刊　□图书馆　□朋友推荐

2. 您为什么决定购买本书：

   □工作需要　□学习参考　□对本书感兴趣　□随便翻翻

3. 您对本书内容的评价是：

   □很好　□好　□一般　□差　□很差

4. 您在阅读本书的过程中有没有发现明显的专业及编校错误？如果有，它们是：

   ____

   ____

   ____

5. 您对哪一类的图书信息比较感兴趣：____________________

   ____

6. 如果方便，请提供您的个人信息，以便于我们和您联系（您的个人资料我们将严格保密）：

   您供职的单位：____________________

   您教授的课程（老师填写）：____________________

   您的通信地址：____________________

   您的电子邮箱：____________________

请联系我们：

电话：0371－86059712　0371－86059713　0371－86059715　0371－86059721

传真：0371－86059713

E－mail：hdgdjyfs@163.com

通信地址：河南省郑州市郑东新区 CBD 商务外环路商务西七街中华大厦 2304 室

河南大学出版社高等教育出版分社